西南大学教育学部
现代教育文库

仪式中的教育：

摩梭人成年礼的教育人类学研究

吴晓蓉 著

人民出版社

图书在版编目（CIP）数据

仪式中的教育：摩梭人成年礼的教育人类学研究 /吴晓蓉 著.

—北京：人民出版社，2018

ISBN 978-7-01-020027-9

Ⅰ.①仪… Ⅱ.①吴… Ⅲ.①教育人类学－研究 Ⅳ.①G40-056

中国版本图书馆CIP数据核字(2018)第257839号

仪式中的教育：摩梭人成年礼的教育人类学研究
YISHIZHONG DE JIAOYU:MOSUOREN CHENGNIANLI
DE JIAOYU RENLEIXUE YANJIU

著　　者：吴晓蓉
责任编辑：阮宏波　韩 悦
出版发行：人 民 出 版 社
地　　址：北京市东城区隆福寺街99号
邮政编码：100706
印　　刷：廊坊市海涛印刷有限公司
版　　次：2019年4月　第1版
印　　次：2019年4月　河北第1次印刷
开　　本：710毫米×1000毫米　1/16
印　　张：22.25
字　　数：280千字
书　　号：ISBN 978-7-01-020027-9
定　　价：88.00元
销售中心：(010) 65250042 65289539

修订版几点说明

1. 本书写作于 2003 年，诸多原因，快速于 2003 年得以出版。出版后，得诸业内同仁看重，推广，总体说来，反映尚好，到现在也十年又余了。当初出版，因时因事所需，印数有限。致使后来有来电话、邮件，或当面索书者，作者手头缺书，无以奉送。网上甚至将定价 20 元左右的书，炒到翻出六七倍价格。作为作者，心生惶恐，遂生再版之念。几经动念，却也几经枉然。直至今天，才既应需求，也应机缘，遂了这份再印刷之必要的心愿。为能充分反映现实教育理论研究取向、现实教育实践动态，和本人十余年来的研究成果，对本书予以适度修订。

2. 修订后，本书尽量保存了原有基本内容。修订内容具体包括：一是将原书名《教育，在仪式中进行》，更改为《仪式中的教育》；二是在秉持原有以广义教育为研究对象理念的基础上，明确了教育基本理论问题"教育研究的人类学基础"；三是基于共生教育和位育理念，揭示了十多年来我国学校教育，包括民族地区学校教育新事件，包括存在的新问题和解决路径。即或如此，终非新作。故而，无法有效规避修订之弊，所以，旧稿框架之束缚是客观存在的。而这，似乎恰也是修订的价值所在，在反映前沿、当下教育理论与实践研究的基础上，还读者一个原型，当不负索书之情。

3. 人民出版社、西南大学教育学部在本书修订与出版中，所给与的支持，编辑付出的大量时间、精力与劳动，在此一并致以深深的谢意。

目　　录

序

欲研究西南诸民族的教育，须知西南诸民族教育的特点。西南诸民族的教育有什么特点？欲答此问，需将问题置于更大的背景方能讨论，比较中才能凸显特点。

20 世纪初，摆在中华民族面前的首要是推翻封建帝制。历经帝制推翻后数十年的战乱，苦难深重的中华民族用了 80 年的时间，好不容易才摆脱了"阶级斗争"的魔魇，真正赢来了和平发展的年代。然而，刚开始理直气壮作为口号的"现代化"，其含义就发生了巨变。用美国学者丹尼斯·贝尔的话说，自 1956 年起，以美国为龙头的全球，就开始了从"工业社会"（Industry Society）向"后工业社会"（Post – Industry Society）的过渡。

我们还未来得及完全进入"工业化"，"工业化"就已被甩在了后面。搞阶级斗争的当口，我们错过了从容进入以"工业化"为主要特征的那个"现代化"的光阴。

到 20 世纪八九十年代，尤其是跨入 21 世纪之后，其过渡，更呈现加速发展的态势。所谓"数码时代"，所谓"信息社会"，所谓"全球化"真正到来了。

时代要我们"迎头赶上"，尽管还未进入发达的"工业化社会"，也得进入"后工业化社会"。毋庸分说，必须"两步并作一步走"。

于是，这意味着，众多的刚建好，甚至还在建设中的企业或者项目就已过时；

于是，整个以"工业化社会"为旨归的产业结构，面临着巨大的调整；

于是，过去传统的计划经济体制，必须进行彻底的变革；

……

凡此种种，不一而足。

所有这一切，反映到教育上，便是全社会对教育的需求前所未有的高涨；从事第一产业和第二产业的人口，其绝大部分要转向第三产业。这一比例竟是中国人口总数的 2/3！

仅此一条，中国建立在计划经济基础上的教育便严重的不适应。

21 世纪伊始，西部大开发成了国家发展战略的首要。

一百年的历程，从政治革命到经济建设，中华民族完成了社会发展重心的转移。

从远古走来的中国西部，终于被纳入了国家发展重点的大视野，终于被置于全球化进程的大背景。

西部幸甚，中国幸甚。

然而，西部开发，开发什么？又该怎么开发？这却是问题。

是的，西部广阔，地广人稀，有大量尚未开发的处女领域，发展空间极大……

是的，西部资源富集：植物、动物、矿物；水能、热能、电能……

是的，西部落后，无论经济部类，或者产业结构；无论技术水平，或者人均收入……

是的，西部奇特；自然风光、民族风情、古迹名胜、探险朝圣……

凡此种种，不一而足。这些都该发展，也都是西部，然而却只是西部的表象，开发的也只是西部的皮毛。倘若就这样理解西部开发，就如同站在巨大的金矿上，只盯着表土的些许沙金，而不知整个矿脉走向。而且，更可怕的还在于，似这样东一镐、西一锹般地"开发"，不仅会最终落得"开"而不"发"的结局，而且还将把整个矿脉彻底破坏，继而造成更大的自然与人文生态系统灾难性的毁坏。

当我们考虑到：从"世界屋脊"到北部湾的这一举世无双的自然地貌，怎样生发了喜马拉雅山等世界最高的大山，长江、黄河、雅鲁藏布江、恒河、湄公河等孕育伟大文明的大河，以及这些大山与大川对整个世界生态作用的不可替代性；

当我们考虑到：这一世所仅见的立体天地系统，如何繁衍了植物、动物、微生物等等物种生命，以及这些遗传基因所代表的生物多样性对生命进化以及全球生态的意义；

当我们考虑到：占中国民族种类 90% 以上的民族性及其与这一世界上最复杂多样的环境从古到今形成的文化多样性，以及这一文化多样性对中华民族形成，对民族精神弘扬，对世界文明发展的意义，我们就应该明白，中国西部的开发所具有的世界性意义。

因此，西部开发的前提：必须是在认识西部、了解西部、尊重西部的基础上，探寻西部良性的可持续发展思路。而发展西部教育的思路，又必须遵循西部发展的特点。

如果说，西部大开发的关键在于西部人的发展，即西部教育的发展之上，那么，在这样的大环境中，西南诸民族的教育的特点的首要便是：现代化发展与多元文化发展并存。

如果这一前提成立，那么，便又决定了：

一、西南民族社会的发展类型，即其经济、文化、科学技术等的发展水平所决定的社会发展类型的多样，又决定了其教育发展类型的多样；

二、西南诸民族教育发展类型的多样，又决定了其现代化发展水平的参差及其发展反差的巨大；

三、教育发展类型的多样与现代化发展水平的参差，又决定了这些教育发展的进程及其促进其发展的方式、政策的多样。

而这一切可谓是：人类社会发展的巨大实验场，是教育及其理论发展重大的资源宝库。充分认识这一重要性，不仅是中国教育理论建设的需要，亦是整个人类社会发展理论建设的需要。

明白了西南诸民族教育发展的特点，便是抓住了西南诸民族教育发展的中轴，便能构筑起西南，乃至整个西部良性的自然/文化生态，从而实现其可持续发展。

以上数言，聊以为序。

张诗亚　谨识

自 序

　　本书有机会得以再版，对此我感觉甚是欣喜。当然，我也认为，再版于本书而言，有其再版的理由与意义。因为我深知，就本书主张的大教育观、泛教育思想；本书对共生教育与位育理念的鼓与呼而言，其不乏共鸣群体与现实针对性。在我自己长期身处我国偏僻乡村的成长经历，就我长期对摩梭人居住社区，对我国西南、西北不同族群文化心理场的洞察与考量中，越来越清晰地意识到，虽然正规的学校教育于个体发展意义重大，学校外教育于个体生命成长的重要价值与人生意义，也不容小觑。也就是说，家庭影响、社会文化环境对人身心成长的教育学意义，并不比学校教育差，甚至在一定程度上，远远超出学校教育于人生命成长的教育学价值。

　　1632 年，捷克的夸美纽斯（John Amos Comenius, 1592—1670）发表了《大教学论》；1806 年，德国的赫尔巴特（Johann Friedrich Herbart, 1776—1841）发表了《普通教育学》。前者全面论述了教育理论的各个方面，从而奠定了现代教育学的基本分析框架，并使教育学从综合性的知识领域中分离出来，成为一门独立学科。后者提出了作为独立的一门科学的教育学理论体系。这两者，就建构学科体系、确立教育学学科地位而言，影响广泛而深远。关于教育的学术研究范畴的专门化与窄化，似也发源于此。而无论教育现象的丰富性，教育对象的复杂性，教育方式的多元性，包括教育效果的滞后性，都远非一门学科及其体系所能包含。

17 年前，在恩师的引领和教导下，我第一次主动申请教授关于教育人类学的课程。之所以如此，不是因为我对此领域有多熟悉与了解，亦或说我是这方面的专家，已然有所建树。相反的是，在求学和工作过程中，尤其研究生和博士生阶段所受教育，和所阅读的书籍，让我逐渐了解到这门学科的学术旨趣、研究主题，及其对教育的整体把握与宏观观照。我认为自己有需要、更有必要多了解些关于这门学科的知识。许多在高校工作，有一定教学科研经历的人也都知道，若想系统、深入地了解某门学科，大抵有两种路径：一是广泛涉猎群书，二是给学生授课。我大部分要教与所教的课，多受益于上述两种观念。所以，十余年来，我几乎每年都要给本科生上教育人类学这门课程。

众所周知，在教育人类学领域，国内外已有学者发表过很多相关文章，并出版过相关书籍，我也介绍给学生，并让他们读过其中的一些。藉此让他们和我，都能借助他者的研究成果、研究视角、研究智慧与方法，或多或少，或深或浅地了解了这门学科，由此也逐渐有了自己关于这门学科，包括教育与人、教育与文化，及其社会发展相关性的多维理解。

浸润这个学科愈久，便愈是深刻地意识到：教育人类学，是关于教育问题的人类学省思；教育，是极具生活性、文化性、民族性、历史性和整体性的活动；教育，并不单纯囿于学校，教育目的，当是直指"成人"的。至于成为一个什么样的人，既是教育所能憧憬与追逐的，也是教育所不能控制与把握的。因为，人的复杂性、可变性，决定了教育结果的不可把控性，尽管人的可塑性，为其受教育提供了可能性，也为其未来发展，提供了多种潜在条件。但人只有通过教育才能成为人；人只有通过人，通过同样是受过教育的人，才能被教育。作为探寻人的存在意义与价值的学问，哲学从人作为主体的性质出发，探讨人与世界的关系。主体和主体性的问题，也成为哲学研究最核心的问题之一。集教育学与人类学对人主体性给予高度关注的教育人类学，指出教育天然地与生活结合在一起，认为教育具有极强的人文气质、道德品质，以及其对教育过程中人人关系的恰当把握，都彰显出教育的人性光芒。此种信念，萌芽于我的成长历程，生长于我的受教育经历，形成于我为人师、为人母的求索过程。也正是这些信念引导着我，这么多年执着于此。

在教育学兴起之初，尽管人类学影响隐藏其下，但在形成教育学特殊本质的主体中，无不体现着人类学的思想基础及其广泛影响。西方的柏拉图、奥古斯汀、阿奎纳、夸美纽斯、卢梭、裴斯泰洛齐、康德、洪堡；我国的孔子、墨子、孟子、荀子等的教育思想与相关著作，都彰显出人类学的思想光芒，很早就关注到了教育与人之间存在的紧密联系。这些联系，最终构成教育人类学的两大出发点：第一，生活在各个不同文化和时代中的人们，都需要得到教育，以获得生活的能力，并促进人的潜质的发展；第二，不同文化和历史时期的所有教育形式，都以人类的形象为基础，确定了人类对于教育的理解、构想和实现。本书展示给读者的，是通过长期的实地调查，所了解到的中国西南摩梭人在漫长历史长河中传承的教育理念、教育内容、教育形式，及其朴素的教育人类学思想。

导论：

教育问题的人类学省思

　　文之为德也大矣，与天地并生者，何哉？夫玄黄色杂，日月叠璧，以垂丽天之象；山川焕绮，以铺理地之形：此盖道之文也。仰观吐耀，俯察含章，高卑定位，故两仪既生矣；惟人参之，性灵所钟，是为三才。为五行之秀，实天地之心。心生而言立，言立而文明，自然之道也。旁及万品，动植皆文，龙凤以藻绘呈瑞，虎豹以炳蔚凝姿；云霞雕色，有逾画工之妙；草木贲华，无待锦匠之奇。夫岂外饰，盖自然尔。至于林籁结响，调如竽瑟；泉如激韵，和若球锽。故形立则章成矣，生发则文声矣。夫以无识之物，郁然有彩；有心之器，其无文欤！

——《文心雕龙·原道第一》

一、人类学提供的教育反思之眼

　　在面对多元文化挑战和追求和谐的当代中国，以人、人与文化、人与社会为研究对象，以探求人的应然教育生态为旨归的教育人类学研究，不仅是教育理论与实践进步的支点，也是谋求社会发展的逻辑分析基础。① 这一缘起并发展于西方世界的学科，通过对人类学的理论与研

---

① 吴晓蓉：《中国教育人类学研究述评》，《民族研究》2010 年第 2 期。

究方法，应用于教育理论和实践研究重要意义与价值的追问，人类学家注意到教育家的困惑和对困境的思考，教育学家也注意到人类学所提供的，观察、解释和解决教育问题的理论基础与方法借鉴。

（一）审视学校的育人功能

教育起源于社会群体传递、发展文化和社会个体社会化的共同需要，也即知识文化的传递与促进人的社会化是教育面对的两大主题，这两大主题的实现有赖于多种教育方式。人类教育经历了从自在走向自为的过程。自在教育时期的教育活动以口耳相传的形式存在于人类社会群体之中，教育与生产活动密切相关，人们在实际生活中实现知识文化的传承和个体社会化。能者为师，分散、自发、随机简单等，是当时教育的主要特征。随着社会生产力的发展、文字的发明以及印刷术的产生等人类文明的进程，学校这个被视作自为教育标志的新兴机构产生了。至此，人类有了专门从事教育活动的场所，学校教育也逐渐演变为一种社会事业，发挥专门的教育职能，承担专门的教育任务。在倡导教育专门化的今天，教育中涌现的许多问题成了我们无法回避的痛。由此需要追问：教育究竟出了什么问题？问题出在什么地方？在放大学校教育功能的同时，可能忽略了一个根本问题：即人与社会的复杂性。事实证明，学校教育成效在人的发展中备受置疑。公元6世纪，尤斯汀学派关闭了在雅典的哲学学院，这是柏拉图式学校的终结，这一结束是暴力的结果；后来，原初性的哲思活动在学校变成了有系统的教学，这又是一个终结，因为把哲学浓缩成一个有系统的教学，本身就意味着哲学的休止。现代的学校教育会不会面临着和哲学一样的命运呢？

在认识和研究宇宙时，人们将本身统一整体的宇宙予以人为离析与分割成许多互相独立的学科，这种分解不是缘于事物的本质，而是由于人类自身认识能力的局限。教育研究是否应该突破这一认知局限，打破传统依据教育实施的空间场所的简单分类，试图从一个合格公民应具备何种素质以及这种素质养成所赖以存在的条件来分类？其中哪些关涉教育？涉及教育的哪些要素？这些都是本书力图解决的问题。

（二）关注教育内涵的文化性

教育概念只有在每一个民族的文化传统中才能得到恰当而充分的诠释。离开了民族的语言文化背景，对教育概念的理解顶多也只能停留在技术的逻辑层面上，难以把握其精髓。每一个民族都有自己的教育理念，有自己表达教育主张的教育语言，有自己施行教育的方式和内容，文化传承和人的社会化据此而得以实现。摩梭人的成年礼也是如此，其真正的教育价值与教育意义不只在于传授做男人或女人的内容与秘密，它实际上是转变了一个人对其民族生活和社会习惯的关系，它赋予新人一个崭新的视角来观察人生。一个民族的育儿风俗和模式不只是提供学习场所，而且也表达了该民族如何看待儿童及其学习方式的意识形态和理论。反观现代学校教育从制度化模式、课程、教学技术到关于教育在社会中的作用等基本观念，无不来自于西方的学校教育。西方的学科分类体系、课程设置模式、教育价值乃至于与之相应的话语体系在我国文化与教育中获得了特殊的主导地位。格林（Andy Green）曾言：如果各种关于全球化的理论描述哪怕只有一半成为现实，那么民族国家教育的存在基础将不复存在，民族国家将失去对国家教育体系的控制能力，教育"再生产"民族文化的空间将受到极大的压缩，民族国家的教育传统也将从此消失。西方的教育理论与教育模式在世界范围内不断获得普适性，该影响既凸显在学校领域，也对国家民族传统文化的传承与发展形成巨大的钳制。正因如此，张诗亚教授在其《西南少数民族教育文化溯源》一书中指出："如果说某一文化就是某一部分人类与其生存环境相互作用的适应形式，那么，不同的生存环境，就将导致不同的适应方式，即不同的文化形态。"教育作为文化生态系统中的子系统，必须将其同整个民族文化生态系统联系起来考虑，才能相对正确认识教育的系统功能。

进入 80 年代后，随着中国东、中、西经济格局的划分及其所派生的"梯度理论"与"反梯度理论"的激烈争论，区域性研究再度构成理论研究的重点并上升到关系着国家重大决策的程度，西部大开发、"一带一路"等，正是这些时代与社会背景之下的产物。西部凭借其丰富的自然资源与人文资源而被人们称之为人类文明的"基因库"；"一带一路"（The Belt and Road，缩写 B&R）是"丝绸之路经济带"和"21 世纪海上丝绸之路"的简称，其充分依靠我国与有关国家既有的双多边机制，借助既有的、行之有效的区域合作平台，借用古丝绸之路的历史符号，以和平发展为旨向，积极发展与沿线国家的经济合作伙伴关系，力求形成政治互信、经济融合、文化包容的多种共同体。

现代文明对生物与文化多样行的极其珍视、环保价值观，在西部与一带一路的传统和文化符号里，能找到智慧依托，并得到内在支持。但在实践中，因牵涉多方利益而形成的发展性季风，很可能使许多美好的发展愿景沦为空谈，从而造成自然资源与人文资源的极大破坏。我国各民族因特殊的社会历史轨迹和所处的独特生态环境，既是构成民族传统文化的内容，又从根本上决定了各民族传统文化的所有特点和文化传承模式。各民族依其不同生态环境和发展水平而形成不同的文化模式，其教育也应在不同文化模式基础上形成不同的形态。探究不同区域民族的文化类型与教育形态是思考、权衡国家开发方略与模式所必需的。基于此，关注教育内涵的民族文化性格，也成为民族文化发展与教育改革的重要命题。

（三）强调本土知识与多元文化教育

如果说，现代物质文明是以生物多样化的减少为代价，那么，现代精神文明则是以文化多样化的减少为代价的。当消费推动经济增长的西方发展模式被大多数决策者接受并付诸实践的时候，在技术文明日益发达的今天，民族文化的多样性成为人类发展不可或缺的宝贵资源，是人类走向未来的现实基础。因为在文化的多样性中，蕴藏着人类解决现代危机的"启示"。日趋多元化与本土化的趋势，使传统民族文化受到珍惜，并获得相对的发展空间。丰富多彩的民族文化是不同民族依据其独特的生态系统所创造的，体现着该民族的生命本质和人性化的过程，离开了文化的民族性，也就无所谓文化的多样性与文化本身的"魅"。一个民族的精神产品不能完全为另一个民族所接受，现代教育却以其西方式的教育理念和教育方式作用于不同文化生态系统中的个体与群体，单一线性的思维与操作模式导致教育中诸多弊端的浮现。关注并克服这些弊端成为反思现代教育无法推却的责任。多元化本身就标志着某种统一完整的体系或系统的消失或不再建立，可以也应该有从各种不同角度、层次、途径、方法出发和行进的教育。这不仅只是教育理论的不同，而且也是教育理念的不同。教育既要关注主体民族的优秀传统文化，同时更应关注各少数民族优秀的传统文化。

（四）人的本质与教育本质的自然勾连

关注人自身，是人类及其人类学的永恒主题。人类学应用于教育领域之后，为教育研究对人本质的认识和教育研究方法拓展提供了新视角。人类学认为，人的本质是非专门化、非完成性的。故，人具有可塑性、可教育性，发展的多种可能性和教育的需要性。在《人论》中，卡西尔力图解决的基本问题是：人只有在创造文化的活动中，才成为真正意义上的人。真正的人性，也就是人的无限的创造性活动。国内、国外诸多关于人性的论证也显示，尽管人性非一实体性东西，但人无限的创造文化的过程，却成为人人性彰显的最好路径。被称为德国人类学之父的哲学家康德（Lmmanuel Kant, 1724—1804），在其《论教育学》著作中指出，人是唯一必须受教育的被造物。这里的教育，指的是保育（养育、维系）、规训（训诫），以及连同塑造在内的教导。因为，人只有通过教育才能成为人。人除了教育从他身上所造就出来的东西外，什么也不是。而且需要注意的是，人只有通过同样是受过教育的人，才能被教育。因此，在规训和教导上的欠缺，使一些人成为儿童的糟糕的教育者。教育一方面是把某些东西教给人，另一方面还要使某些东西靠其自身发展出来。所以，人不可能知道，在自己身上的自然禀赋到底有多大。① 关于教育何以能实现对人的培养，以及人为何需要教育的问题上，康德指出：人性中有很多胚胎，教育要做的，是让自然禀赋均衡地发展出来，让人性从胚胎状态展开，使人达到其本质规定。教育是一门艺术，其运用须经由许多世代才能逐步完善。由于有前人的认识积累，每一代人总能更好地推进一种均衡，且合目的地发展人之一切自然禀赋的教育，并由此把人类带向其本质规定。人类本质的规定，并不局限于当前状况，而是指向人类未来可能的更佳状况，也就是合乎人性的理念及其完整规定。由此，要求教育者明确"为何而教、为谁而教、教的结果如何"等问题。这也是评判教育好坏的重要依据。康德指出，好的教育，应该是让人全部的"善"，能在世界中产生出来。存在于人之内的那些萌芽、可能性与可塑性，须得到更大的发展。"人要么是仅仅被驯服、被调教、被机械地训导，要么是真正地得到启蒙。但靠驯服是达不到教育的目的的，问题首先在于让孩子们学习思考，对那些一切行动由之而出的原则进行思考。"

教育之所以能顺利进行，概因于两大要素：一是人与动物之间存在本质区别。有学者从人与动物的生理区别、行为方式、思维能力三方面，对人与动物做了区分。人有两个特别的生理器官，即扩充了脑容量的大脑和喉位较低的发音器官；两个特别的行为方式，即工具制造和语言交流；两个特别的思维能力，即想象能力和抽象能力。并指出，生理

---

① ［德］伊曼努尔·康德：《论教育学》，赵鹏、何兆武译，上海世纪出版集团2005年版。

器官是基础，行为方式是表象，思维能力是本质。① 二是人类对教育与人性之间的关系假设。人有受教育的可能；人必须接受教育；教育能对人与人性的成长，有所作为，且这种改变是向着良好的方向发展；教育既能促进人个体的发展，也能促进人类群体，即社会及其衍生之物，如政治、经济、科技等的发展。由此，也才有了教育功能的个体本位论和社会本位论的历史争论。今天看来，这些争论为厘清教育价值、明确教育功能、规范教育目的等作出了重要贡献。而鉴于社会是人的社会，人是社会的人这一大前提，理想的教育，应是服从人的身心发展规律，特别是大脑的发育规律，须有意识、有针对性地激活大脑的各个部位，使得受教育者在知识、能力等诸方面都得到发展。理想的早期教育的基本理念，是注重智力开发，而不是注重知识传授。早期教育在本质上，应当是基本思维能力的教育，特别是要关注学生想象能力和抽象能力的培养，其根本课程目标应该是以思维训练的需要为核心。② 藉此，教育的核心命题则在于，以人的可塑性、发展的可能性为前提，人的教育的需要性为动力，激发人的自主性与创造性。

二、教育内涵的民族文化性格

教育具有不同的内涵、文化意蕴和价值追求，在历史长河中，这种文化意蕴不断地被阐释、修正和实现，用现代的时髦术语来讲，"教育"概念的阐释不断经历着建构、解构与重构的过程，由此使教育事业与整个民族的文化发展密切地结合在一起。"教育"概念内涵过度贫乏，太少的信息容量已经无法透过它窥知一个民族的教育精神，但其所扎根的历史土壤却依然可以使我们明白其真正的意义。

只有在民族的历史文化传统中，教育概念才能得到恰如其分的理解

---

① 史宁中：《试论教育的本原》，《教育研究》2009 年第 8 期，第 3 页。
② 史宁中：《试论教育的本原》，《教育研究》2009 年第 8 期，第 3 页。

与使用。教育在具体的国家和民族进行，其思想、制度、内容、方法和手段等都有其民族特性。"文化性"使教育表现多姿多彩，文化的多元性之源亦在于此，对教育的理解自然也离不开民族的语言文化背景。"离开了民族文化的语言背景，我们也许只能在技术的逻辑的层面上理解一种教育概念，决不会把握它的精髓。也正是由于这样，所以每一个民族都有自己特有的教育学概念，有自己特有的表述教育主张的教育学语言。一定意义上，语言的界限就是不同文化传统下的教育学理论可理解性的界限"。① 李凯尔特（1863—1936），Rickert, Heinrich）在《自然科学与文化科学》一书中指出，自然科学与文化科学概念的构成是不同的，前者的概念是普遍的，以一致性为前提；后者的概念是历史的，以个别性为前提。他形象地将两者比做衣服，前者有如给两个人缝制一套同样适用的衣服，而后者则是为两个人每人缝制一套衣服。我认为教育概念就是李凯尔特所说的文化科学概念，它强烈要求人们为其制作一套不同于别人的衣服，因为它是具有文化特征的，文化也是教育概念的根。

民族性是指一个社会人一般的人格特征，是一个民族群体的普遍人格，即一个民族特有的不同于其他各民族的思想、习惯、情操、价值取向和行为方式，这是民族教育滋生的土壤，也是一个国家建立自己的教育制度的基础。19 世纪中叶，俄国教育家康斯坦丁·德米特里耶维奇·乌申斯基（1824—1871），在其《记公共教育的民族性》中指出："一个没有民族性的民族，就等于一个没有灵魂的肉体，它只能屈从于衰败的规律，只能消亡在另一些保存着自己的独特性的肉体之中。"他进而重申"一种教育如果不是根据民族性原则建立起来的，它就不可能成为'民族发展历史过程中有生命力的工具'"。他要求教育始终要从这个丰富而纯洁的源泉中吸取自己所需要的东西，要按照本民族的特点建立起自己所特有的国民教育制度，确定自己的特殊目的和达到这个目

---

① 石中英：《教育学的文化性格》，山西教育出版社 1999 年版，第 133 页。

的的特殊手段。一切民族共同的教育制度，不仅在实践上，而且在理论上都是不存在的。因为日本人的教育学只能是日本人的教育理论，它是日本人的教育理念和教育经验、认知方式的总结概括，美国人的教育也只能是美国人的教育理论，尽管可以学习、借鉴、仿效国外的教育经验和操作方式，但我们不能照搬或是完全按照国外的教育制度来培养人，不管他们的制度有多么完善、严整与周密。

卡西尔（Ernst Cassirer，1874—1945）在《人论》第二章以"符号：人的本性之提示"为标题探讨人的问题。认为将人界定为理性动物"乃是以偏概全；是以一个部分代替了全体。因为与概念语言并列的同时还有情感语言，与逻辑科学语言并列的还有诗意想象的语言。语言最初并不是表达思想或观念，而是表达情感和爱慕的"。① 卡西尔进而认为，理性对于理解人类文化生活形式的丰富性和多样性来说是个很不充分的名称，但所有的文化形式都是符号形式，所以他最终将人定义为符号的动物（animal symbolicum）。关注人与符号并非源起于卡西尔，从圣·奥古斯汀到皮尔士、涂尔干、塔尔德、梅洛、庞蒂乃至于列维·施特劳斯等都对此有所涉猎，只不过有些是直接涉足，有些从语言的角度入手，还有些则从实物分析出发。从字母、语言、数学符号、交通标志直到人们日常生活中打招呼的动作、仪式、游戏、文学、艺术、神话等各种构成要素。通过对符号本质、意义及其发展规律，符号与符号，符号与思维，符号与客体间的关系最终揭示人与符号间的关系。而"学会符号的过程迅速而牢靠，在象征系统里绝对找不到可以同日而语的现象。"② 人所具备的利用符号去创造文化的能力、将信号改造成有意义符号的能力特性成为人的根本特性所在，人借助符号表现自己的情感世界和认知世界，并借助符号系统实现文化的传承与人性的塑造，人对符

① ［德］恩斯特·卡西尔：《人论》，甘阳译，上海译文出版社 1985 年版，第 34 页。
② ［法］海默然：《语言人——论语言学对人文科学的贡献》，张祖建译，生活·读书·新知三联书店 1999 年版，第 120 页。

号的习得是教育与学习存在的根源所在。

"没有一个人能认识到自己天分中沉睡的可能性，因此需要教育来唤醒人所未能意识到一切。"① 关注人的发展与教育的关系，关注教育内涵的民族性，关注人的发展的多种可能性是教育人类学研究视域的核心所在。教育是一个大系统，是社会生活的一部分，传统依场域划分的家庭教育、社会与学校教育模式，片面重视甚至夸大学校在人发展中的重要作用，忽略了学校本身只是人类文明发展进程中的产物。具有多种发展可能性的人，需要多样环境与教育的影响，学校教育只是其成长影响因素之一。倘若过分夸大与倚重学校教育职能，一定程度上会导致家庭教育和社会影响在人发展过程中教育作用的削弱。甚至出现家庭、社会影响，与学校教育的错位，这些都不利于人的健康发展。因为家庭和社会在人的发展和人性形成中所发挥的潜在的、巨大的作用，许多方面均是学校教育无法代替的。作为文化传承和人性塑造的一种方式和手段，学校教育有其一定的目的内容、方式方法和存在价值。但仅就这种方式的教育，就将人的发展模式化、单一化，淡化家庭和社会对人的影响，削弱或有意忽视家庭与社会与人发展的教育职能，是现代教育的一大误区。

教育人类学对教育与人类文化、教育与国家发展，以及教育的文化功能与人的发展问题的关注，为探究现代社会中各民族依然存在的各种教育形态、教育方式等，提供了分析路径，包括从中寻求对现代学校教育及其改革提出可参照的理论依据和实践指导。关注人在学校外教育场地的发展，把人的身心成长，置于学校教育与其他教育形态的共生系统中，从而提出理想的、有益于人的发展的教育，是本书论证的焦点所在。虽然摩梭人的成年礼只是一个民族的教育传统和习俗，却反映了人类社会文化传承和人性塑造的另一面。尽管这个面很小，却也值得关

---

① ［德］雅斯贝尔斯：《什么是教育》，邹进译，生活·读书·新知三联书店1991年版，第65页。

注、研究与借鉴。关注本身不是徒劳的，它将有助于我们探究人无限发展的可能性与教育内涵民族文化性格间的关系。

"文化是思想的活动，是对美和人类情感的感受。零零碎碎的信息或知识对文化毫无帮助。如果一个人仅仅见多识广，那么他在上帝的世界是最无用且无趣的。我们的目标是，既要塑造有广泛的文化修养，又在某个特殊领域有专业知识的人才。因为，他们的专业知识，可以赋予其进步、发展的基础，他们的广泛文化，能使他们成为一个有情趣、懂规矩的人。教育始终要记住：自我发展，才是最有价值的智力发展，且这种发展通常在 16 岁和 30 岁之间发生。"①

怀特海强调，教育的目的，在于实现人的自我发展。而每个自我，又都是不同的。这意味着，自我发展中的自我，存在各种可能性、丰富性、未专门化与未特定性等特点。任一一种工具理性取向的教育目标或价值，在极具未确定性特征的自我这里，都太过狭促。要承认人是万物之灵这样一个命题，就得承认，人自身的发展，尤其是人精神发展的无限可能性。在无限多种发展可能性的人面前，任何了不起的"用"都显得十分有限。

现代教育，不能因为追求一时的实用与功利取向，而影响乃至伤害教育之根本。对"用"的过度关注，已成为我国教育改革的掣肘。理性化教育、模式化教育、脱离生活的教育，正大行其道地挤兑和替代着人的自我发展。将研究视角转向现实生活、转向活生生人的自然情境、转向真实存在的教育事实，探究人的发展与多重因素的交互作用，既是人性生动的体现，也是教育自我完善和发展的美好意愿。从人类学角度分析具有描述性的、解释性的、规范性、情感性和生动的教育现象会发现：教育不像科学理论那么抽象、冷静、理性与客观，它存在于日常生活中，存在于一定文化背景下每个人的心灵深处。每个人、每个家庭、

---

① ［英］怀特海：《教育的目的》，庄莲平、王立中译注，文汇出版社 2012 年版，第 1 页。

每个民族，在借助、遵循自身生活经验、文化传统的基础上，解释、并践行着自己的教育理念。

人的哪些问题是现代和传统社会所共有的？教育的哪些要素是现代和传统社会所共有的？人和教育之间究竟是怎样一种辨证关系？摩梭人如何解决人的教育问题？学校教育是如何解决的？摩梭人成年礼赖以存在的依据是什么？成年礼的深刻内涵与现代教育之间如何做到有机融合？研究如何突破传统依教育实施空间场所进行的简单划分？复杂的人的发展可不可以进行类分？单纯依靠学校教育是否真能达到我们预期的教育目的？有人提出五天的学校教育不及两天的家庭教育与社会影响意味着什么？泸沽湖摩梭人的成年礼仪式，对反思今天的学校教育问题，有着怎样普遍的教育价值与社会意义？本书中的三次考察始终立足于对上述问题的思考，并尽力把人、文化与教育三者的作用过程，放到广阔的社会文化背景中研究，为全方位考察教育与人的发展，提供新的研究视角与立论维度。

三、学校教育功能的异化

有学者在考察学校教育职能问题时，指出我国以往关于学校职能问题的研究，虽然从价值取向维度关注到学校职能，却也存在三种缺陷：一是把学校职能单纯视为社会需求的演绎，使学校职能问题的研究简单化；二是无形中把学校应有的职能当作实有的职能，从而掩盖了事实真相；三是把不应有的学校职能作为无意义的事实，不予认可，使学校职能问题的研究贫乏化。[①] 由此，他要求研究者区分学校职能，即明确学校、家庭、社会在个体成长过程中，各自应承担的责任和使命，并力求各司其职，各负其责。因为，家庭与社会，本身就具有教育未成年人的

————————

① 陈桂生：《教育原理》，华东师范大学出版社 2000 年版，第 235 页。

职能。倘若不对其予以关注与强调，伴随时代发展、社会变迁，尤其家庭结构变化，人们居住格局的调整等，会直接引发如下结果："一是在直系家庭转变为核心家庭以后，出现了家庭教育与抚养经验的真空；二是在工人家庭解体以后，出现了工人家庭教育的真空；三是在儿童成为劳动力以后，出现了儿童权利保障的真空；四是这三个真空又造成未成年人教育的真空。"① 今日看来，陈桂生教授是有远见卓识的，他所提出的"四大真空理论"，在今天已然成为社会现实，并在很大程度上，影响着一代又一代人的成长。

　　在今日社会，教育早就不再是家庭的私事，但家庭对其成员的影响，却依然重要。美国教育人类学家奥格布（John Ogbu，1939—2003），把家族职能分为"经济（生产）职能、社会职能与心理职能"三类。其中，社会职能又包括"保护、娱乐、教育、宗教、地位"五种。伴随社会分工越来越细，这五种职能都逐渐被社会专门机构所代替。以教育为例，家庭的教育职能，正日益被学校或家庭之外的公共教育机构或设施代替。这可能也是今日学校形式上越来越走向正规化、制度化，职能上越来越走向多样化、专业化的重要原因。家庭教育职能，也随之越来越淡化、弱化，甚至消失。家庭教育职能颓势的直接后果，是学校既要承担其作为学校的职能，也要分担或代替家庭承担"保教、养护、照管未成年人"的职能。学校教育独立，原本是人类教育文明的历史飞跃，是教育发展的必经之途。而学校教育职能家庭化、社会化，以及现代家庭、家长对它的过分倚重，使"学校代替家庭承担照管未成年的职能，并因此而使学校固有的教育职能的实现中出现真空，另一方面家庭越俎代庖，接替学校承担它所难以胜任的那种教育职能，扭曲了本应是'最自然的家庭关系'"。② 家庭教育学校化和学校教育家庭化，都不是发挥教育最大功效的有效办法。

---

① 　陈桂生：《教育原理》，华东师范大学出版社 2000 年版，第 253－254 页。
② 　陈桂生：《教育原理》，华东师范大学出版社 2000 年版，第 81 页。

那么，教育当如何各归其位、各司其职、各担其责，发挥其在人类社会进化过程中的关键作用，是值得教育学研究深思的问题。作为"研究和实践如何培养人的学科，教育学想要履行教育学科本身的理论和实践使命，"① 就必然要站在教育学的立场，以跨越学科疆界的理论与方法，解决其瓶颈问题。人类学正好提供这样的观察视角与方法。尤其人类学基于哲学思辨和实地调查，对人的本质、文化、教育，环境及几者之间关系的深入考量，为解决学校教育功能异化，提供了一定的理论借鉴和方法论基础。

四、走进教育理论生成的土壤：田野

教育研究当回归生活，步入教育研究的本真地段。

由于深知自己对纯粹性的、思辨性的理论分析和建构力不从心。于是，依据研究情境中的文献，对个人专业和经验等知识的了解程度，试图在自然、非人为控制的环境中，不使用任何其他测量工具和量表，而将自身作为一个研究工具。通过与调查对象摩梭人的交往、互动，观察他们的日常生活与行为，访谈他们中的各类人群，参与他们的各类活动。结合调查中获得的丰富资料，以及所生发的学术触觉，从教育人类学角度，对其予以解读并做出意义阐释。本书运用开放型访谈、参与型观察和实物分析等方法，对朴素的生活世界，以及日常生活的具体运作的整体探究，使用归纳法分析资料，并在资料分析的基础上提升自己的理论假设。走进田野，既为了解成年礼本身，仪式与摩梭人其他行为之间的关联；也为了解成年礼仪式赖以存续的社会文化背景，包括其在其经济生产方式转型与社会文化变迁中的发展状况。所以，实地调查摩梭人的成年礼，自然也注意到其社会、文化现象的整体性和关联性。对摩

---

① 丁钢：《教育学学科问题的可能性解释》，《教育研究》2008 年第 2 期，第 3 页。

梭人成年礼的理解，必然依赖于对摩梭人社会文化的整体把握，而对整体文化的把握，也须依赖于对部分的理解。藉此循环阐释，达到对成年礼仪式的深刻洞察和解读。

教育研究的动力，源于在变革的特定时期，教育理论发展和教育实践活动变化的迫切需要。这种需要，往往是个人发展、社会变迁和教育实践之间交互作用的结果。每一个置身于教育研究的教育者，在提出和解决教育问题的过程中，并非个个都处于纯粹理智的思辨状态，同时也受个人先行经验、主观意愿、喜好和价值取向的影响。这种状态，如果用海德格尔本体论解释学的术语，即是"前有、前见和前设"。前有指解释的社会文化背景、传统观念、风俗习惯以及所处时代的知识水平、精神和思想状况、民族文化心理结构等；前见可以理解为解释的特定角度和立场，是被解释者意识到并加以选择的东西；前设是指解释前针对解释者与被解释者之间关系的已有概念形式的假设，任何主体的任何解释，都包含了类似的假设，并离不开这些假设。我与我的研究对象，也呈现出这样一种前有、前见和前设的关系，即其既是一种客观的研究者与被研究者的关系，也是研究主体与研究对象对话的关系。所以，研究应该不会只是理智活动和研究作用对象的产物与结果，更是我整个心灵生活的结晶，是我基本教育价值观、教育理念的体现。因为我对我研究对象的关注，不仅局限于他们日出而作、日落而息的生活，更是深切真诚地研究完整的人和生命的生成、生活与生长的过程，这个过程本身是具有情境性、文化性、民族性和教育性的。情感、理想、喜乐、好恶、直觉、敏感、感性认识等，这些生命中本真的真实，或许被科学研究所排斥，但教育学研究没有必要将这些东西挤压或驱赶出去。相反，应在教育学研究中，保持、发扬研究者的主观体验与真实感受。因为，它们是研究者真实的、不可或缺的思维材料和动力源泉，没有这份情感参与和投入，教育学研究又从何体现个体差异以及生之意义与存之价值。读着缺少灵魂和真情实感的作品，除了让人觉得生涩难懂、枯燥乏味、讳莫如深，并将其拒之千里之外以外，似乎难以产生其他效应。所以，教育研究更应考虑，其能多大程度上唤起读者的关注、共鸣、兴趣，激起读者的深入思考，引发读者对某一问题的持续关注与深刻讨论。试图突破这种研究习惯的樊篱，让读者真正理解作品和研究思路，理解作者想阐释的不只是教育的知识，还包括教育的精神。

纵观中国教育研究史，研究者们多关注教育的理论基础和科学基础，关注学科教育，关注教育与社会发展的关系，以及教育理论与教育实践的关系问题。教育功能、教育目的、教育内容、教育研究方法、教育学理论体系构建，一直都是教育学及其原理研究中的重要课题。民族传统教育在教育理论研究和教育实践中的重要作用，少人问津。作为由广大本土人民在长期生产、生活过程中创造、传承和积累的民族传统教育，既包括口耳相承的教育方式、教育手段，也包括耕读传家、克己复礼的教育价值，还包括谚语、故事、诗歌等教育内容。是极富生命力、延续性的民族智慧，是民族社会文化得以承续的重要依托。现实表明：现代学校教育和民族传统教育之间几乎互不相涉，很少有人去关注并研究两者间的密切联系。本书的研究试图纠正这种认识偏见，指出民族传统教育是本土民族不同教育理念的执行方式，是人们教育思想的发展与结晶。学校教育与民族传统教育，都是建立在教育现实和教育活动基础之上，形式相异却又彼此联系的认知方式和指导原则体系。从历史的角度看，两者之间相互蕴含，彼此依托，虽有差异却又批判存在着；就现实而言，两者之间相互疏离。本书以个案方式，藉教育人类学理论和分析视角，提出如何在两者之间重新建立起有效蕴含、相互依托、合理支持的联系，以此建构新的教育实践生活。

成年礼，是摩梭人世代相袭的文化传统，所有的摩梭人都要举行这种人们自称"里给""毯给"的仪式。之所以选择该仪式作为实地调查对象，基于以下思考：首先，成年礼是摩梭人一生中除葬礼外的另一重要和隆重的仪式，其鲜活生动地反映了该民族传统文化、人们的言行举止和心理状态，在学校教育普遍推行的今天依然兴盛。由此认为仪式生动、全面细致地再现和反映了摩梭人的文化传承与人性塑造的教育方式和教育理念，有效实现了使个体"成为一个人"的教育目的。其次，摩梭人成年礼仪式的实施过程就是一个全环节的教育过程，是一个教育者、教育影响与受教育者交互作用的互动过程，是仪式中的教育发生。成年礼仪式具有多样的教育功能，不同的教育功能体现了教育内涵的文化性与民族性，它能证明教育内涵的文化性与民族性，能证明对教育内涵的理解只有在每个民族的文化传统中才能显示其存在价值与意义的合理性。第三，现代教育对理性的过分强调使教育成了唯理性教育，唯理性教育的结果是大量向学生灌输基本技能、人定胜天等自然科学知识，强调人对世界的攫取与占有，对世界的改造、重建与征服，人转而变成了工具，变成了器皿、器物或器具，至于人的理想、价值、感情则也因此被泯灭或丧失，人因此而变得麻木与干枯，成了干瘪的理性的主体。假设该仪式能对现代片面、理性、工具性与机械性的教育提供在理论研究与实践操作中可资借鉴的依据。第四，因为教育将人、教育与学校教育三者之间随意的简单等同。事实上，三者之间并非涵盖关系，因为复杂的人的发展不论外延还是内涵都大于教育，而教育的外延与内涵也是大于学校教育的，学校教育是促进人的发展的部分方式和手段而非全部。由此假设：学校教育只是实现人多种发展可能性的一种方式，学校教育之外的教育阵地同样能实现文化传承和人性塑造的教育目的。实地研究在此基础上展开。

本书的研究主要运用人类学的研究方法，以期将分析摩梭人成年礼仪式与其文化生态系统的丰富内涵相结合，为探究摩梭人成年礼提供实证。在自然情境下运用研究方法，对摩梭人的生活世界以及社会组织日常运作进行考察，通过与摩梭人直接的长期交往了解其日常生活状态与生活过程，考察他们所处的社会文化环境以及这些环境对摩梭人的文化影响，揭示其社会文化现象的整体性与关联性。

  2002 年 1 月 7 日至 2002 年 2 月 15 日和 2002 年 9 月 13 日至 2002 年的 10 月 15 日以及 2003 年 1 月 28 日至 2003 年 2 月 8 日，笔者分别三次去了摩梭人聚居地四川省凉山彝族自治州盐源县泸沽湖镇的左所和前所两地进行实地考察研究。考察期间，曾先后去过摩梭人的其他居住地，如云南落水、宁蒗和永宁，试图通过对不同地方摩梭人的文化、习俗、宗教信仰和发展状况的了解，进一步充实和完善自己的研究。对泸沽湖畔摩梭人的研究并非是个新鲜话题，相反，对于该民族大多数人都耳熟能详，原因多半来自人们对其两性交往方式和社会形态的好奇吧。从社会形态看，许多人认为其处于母系氏族社会，并被冠之以"女儿国"的美名；其次是其婚姻形态，用"婚姻"一词也许并不恰当，因为该民族中的大多数男女所采取的是她们自称 Tisese 的两性交往方式，男方晚上从自家到女方家过夜，第二天早上再返回自己家中的两性交往形式，该方式被研究者们称为"走婚""走访婚"或"拜访婚"。旅游或文学作品对摩梭人两性关系和社会形态的炒作与过分描述，使人们忽视了该民族文化中其他有价值并值得关注的内容。或是出于研究领域的问题，不同人对其强调的重点都有所不同。文学研究强调其两性关系的神奇与浪漫；社会研究重在其政治经济和社会形态的分析；旅游学者重要在其与游客所处环境相异处的渲染与夸张，其中尤以两性关系中的 Tisese 为主；本土学者则系统、概略性地加以描述；民俗研究重其民俗多重意义的宏大叙述，鲜少有人将其整体研究和部分叙述相结合。

  为真切了解和体验摩梭人成年礼和摩梭文化，力求以"局内人"的身份参与到他们的生活中去与之共饮食、共起居、共劳作、共娱乐，不想让他们认为笔者是外来人、城市人或是旁观者，于是从着装、言行举止上我都尽量真诚、朴实、积极主动地不让他们把笔者当作外人。结果发现，他们那么谦恭有礼，用他们本真的、实在的、自我的方式生活。教育本身是一个自然发生、不断发展的过程，教育中的人和事也并非总是处于静止状态之中。因此，对教育过程进行动态的、综合的、与现实情境相融合的考察，从而实现并完成对考察对象的共情与理解。

考察中，每天都有不同程度的收获，我为之庆幸并欣喜不已。同时，在考察中我也遇到了许多人类学者在研究的共同经验，那就是访谈对象往往并不能就生活或仪式上的某一动作行为，或某一符号的意义做出详实明确的解释。当问及他们某一动作、行为、物质、符号的意义时，常听到的回答是："我们也不太清楚，虽然我们也知道它有特别的含义，但具体是什么我们也闹不懂，我们这样做是因为我们小时候看到大家都是这样做的，这是规矩了，我们的规矩就是这样的"。曾几何时，我因为这样的答案而产生深深的受挫、失落与无成就感。渐渐地，反躬自省，我明白了答案本身包容的深刻内涵与自己的急功近利。因为我忽略了文化习得与人性形成的习惯性与生活性，生活习惯、信仰、仪式、文化等都是人们从日常生活中习得的，文化习得、人性形成和习惯的养成如同他们所讲述的一样，是按照生活中仪式、符号或习惯的操作方式和意义去行动、去表达、去实践的，这不需要刻意的、理性化的、模式化的或专门性的学习，"规矩"是当地人对自己文化的最好诠释。这也坚定了我的研究思路和研究方向，对仪式文化内涵和教育内涵的深刻揭示与解读，显然是不能仅仅依靠对它的直接观察和在场访问，更需要将仪式本身放到其所属的社会文化背景、象征体系和更为深远的历史中去思考、鉴别与分析。

五、教育活动当如何助人"成人"

仪式研究，一直是人类学研究的重要领域。无论是德语、法语国家的人类学，还是以英美为典型代表的、英美国家的人类学，其人类学家们均不同程度地表达了，对仪式及其结构、过程、隐喻、象征意义，包括社会价值属性的考察与探究。说西方传统的实地调查与民族志研究，始终伴随这一主题，似乎也不为过。西方人类学的仪式研究，大致可归纳为以下主题：一是研究社会中的仪式。社会是宏观切入视角，抑或因为先了解某一社会、族群，其次才关注到该族群与社区的仪式，继而思考社会与仪式关系。二是仪式中的社会。该类研究关注到仪式类型与功能的不同，尤其个体与群体的人，在仪式中的心理、认知与精神变化。三是关注仪式的社会价值与解释价值。四是阐释仪式的象征意义。五是关注仪式研究方法及其理论构建。埃米尔·涂尔干（émile Durkheim，1858－1917）强调运用"一个特殊的场合"来表达"集体表征"，即社会规范、象征符号、神话和价值观本身的社会价值。这个场合，就是仪式进行的场合。维克多·特纳（Victor Turner，1920－1983）在《仪式过程：结构与反结构》一书中，通过对仪式过程与象征的研究，籍物质性个案，将仪式作为一种结构性冲突的模型来分析，使其对仪式阈限理论中象征意义的挖掘方面，更具"解释价值"。范·根纳普（Arnold van Gennep，1873－1957）在《通过仪式》一书中，描述仪式之中的"过渡礼仪"三段论，强调仪式的通过意义。格鲁克曼（Gluck－man）的《东南非洲的反叛仪式》等，可以说是仪式研究方面开先河性的经典之作。其中尤以范·根纳普为代表，他"将人的生理和生命阶段的物理性质社会化；将人的生命过程与社会化过程在仪式理论中整合到了一起，为仪式研究，特别是仪式过程和仪式内部的研究，开了一个先河"①。"在一个社会里，人的社会性的随着年龄的增长而被赋予不同的权利和义务。这些社会性的获得并不是当一个人达到某一年龄段的时候便自然具备，而需要经过'通过仪式'方被赋予。"② 成年礼研究，向来受到人类学家的关注与重视价值也在于此。

纵观中外关于成年礼的相关研究，大致可以归为以下四类：一是认为其属于民间信仰，二是认为其属于民风民俗，三是认为其属于宗教礼俗，四是认为其属于社会习俗。教育研究也曾涉猎与此，但关注的重点

---

① 彭兆荣：《仪式之翼与阈限之维》，《读书》2018 年第 12 期，第 74 页。
② 彭兆荣：《仪式之翼与阈限之维》，《读书》2018 年第 12 期，第 75 页。

限于教育史的研究，在谈到教育的起源时，大多教育史学家认为，成年礼是人类社会发展早期，即氏族公社时期的教育形式，是年轻人被接纳为正式氏族成年男女的人类教育的萌芽。事实上，成年礼作为人类教育的形式，从时间上来看，其存在不只限于人类历史发展的早期，在今天的人类社会依然存在；从其存在的范围来看，也并不限于古代西方，在今天仍然以多种形式，存在于世界上许多不同的地方；从其存在的意义和价值来看，也不只意味着为解释教育的起源提供证据。因为，从教育学角度看，成年礼具有直观的、生动的、鲜活的、描述的、解释的、情感的、规范的等多种功能。诸种功能浑然天成地杂糅在一起，构成一幅极其生动的教育意象，给人以直观的、生动的、长效的教育启迪。许多民族的成年礼不仅生动描述了民族文化的演化历程，也具体解释了仪式本身丰富的教育内涵和在民族文化传承中重要的社会意义。仪式本身即是一种具体的、生动的、情境性的教育施行过程，而不似今天的学校教育，显得那般严肃、理性、抽象、机械与脱离生活。仪式中个体的学习，对传统文化的了解，对仪式的意义的体会都不需要经过特别、专门的训练、讲解与演练，仪式本身是在日常生活中举行，存在于一定文化背景下每个人的内心深处。仪式中，个体依据个人的生活经验，在耳濡目染的过程中可以迅速而又直观地理解并掌握，仪式通过个体的观察、模仿与身临其境，通过在场其他人的言行举止，通过现场营造的气氛来唤起参与者相似的内部情感而实现，仪式中没有也不存在需要经过严密的可行性论证和条件性分析的场景，不需要造作、紧张和刻意的制造，一切都在情理之中进行和完成着。当然，成年礼的形成与民族性、地域性和文化性密切相关，不论是哪个民族，仪式一旦离开了本身赖以生存的文化环境，也就失去了其本身所具有的解释力和指导力。如果这样，如同今天的教育因对共同教育价值理念的追求，而对不同地域、不同民族的不同人实施着千篇一律的课程内容和教育方式，在追寻一体的同时我们忽视了多元。这犹如将一个襁褓中的孩子与他同类之间的交往和联系人为断开，不仅如此，我们还剥夺了他与人交往和联系的环境。其实，对成年礼的关注不能仅限于人类学和社会学，教育学更应该关注其在个人成长中的重要作用，挖掘成年礼俗中重要的教育价值和经验，并据此提供与现代教育学相结合的生长点。

教育人类学，正好是这样一门学科。

教育人类学的研究离不开对人类学理论的运用，人类学理论大师们的经典理论为教育人类学的研究开辟了新视野，如何将这些深邃独到的理论运用到对当前人类教育的研究中去，是教育人类学研究中不可规避的问题与现实。"行远者储粮，谋大智者育才"，文化传递与人的培养构成教育理论研究和教育实践的核心。生活是整体的，从生活本身出发来认识教育以及教育的存在形式与意义是本书的研究基点。运用人类学的研究方法，研究摩梭人成年礼仪式在实施过程中发挥的教育功能，摩梭人如何借助这一传统教育力量使当地摩梭人遵守其行为规范与伦理道德以及成年礼仪式在摩梭人文化传承和人性塑造中所发挥的教育作用和教育功能。

依成年礼俗在民族教育中所发挥的教育功能，可以将其归之为教育习俗。作为摩梭人习俗的成年礼，在摩梭人生活经验、人格塑造、文化传承中起着主导性作用。成年礼仪式在文化中的重要性，不只是在于其为一个民族中的人传授做男人或女人的经验、内容、秘密与方法，而是在刻骨铭心的经历之后，戏剧性地改变了一个人在本民族中的社会地位。仪式，形象地转变了一个人与自己的民族生活和社会习俗的关系。它赋予每个新人一个崭新的角度来认识自我、观察人生和认同族群。本尼迪克特（Ruth Benedict）在《文化模式》中，就习俗与人性关系展开分析。她认为，一个人生活在自己的文化历史中，首要的是对自己所属社群传下来的那些文化模式和准则的适应。落地伊始，社群的习俗便开始塑造个人的经验和行为；到咿呀学语时，个人已成为所属文化的创造物，到成人并能参加社群的文化活动时，社群的习惯已是个人的习惯，社群的信仰也成为个人的信仰，社群的戒律也已经成为个人的戒律。其观点说明习俗在个体成长中重要的社会意义与教育价值。

一直以来，民族习俗在教育领域内处于少人问津的状态。深入考察民族习俗，并从教育人类学角度出发进行研究，不是研究者个人的怀旧情怀，更不希望有人将摩梭人传承至今的成年礼俗，作为当代社会残余的原始习俗。因为我并不认为，我国各民族今天依然存在的风俗习惯，是人类行为原始形态的再现。相反，这些传承至今的风俗习惯，历经漫长的历史长河，经历住了时间的考验、岁月的沉淀，在不同历史时期的经济生产方式转型与社会文化变迁过程中，彰显出了勃勃生机、重要的社会作用和强大生命力。这本身就彰显着仪式的时代性。一个民族的育儿风俗和育儿模式，事实上不只为个体提供学习场所，也是民族教育得以实施的场所。习俗本身再现和反映了一个民族如何看待自己的儿童、儿童的学习方式，以及对人进行教育的教育价值取向和意识形态。

作为一种典型的教育习俗，成年礼在摩梭人中存在着，它的直观、形象、生动、情景性强等特点，使教育既能出自内心也能进入内心。成年礼仪式不仅是摩梭人培养新人的适宜途径，也是摩梭人的教育方式和教育传统，它深刻揭示了文化习俗与人发展之间的紧密联系。借用现代科学范畴的专业术语来分析，摩梭人的成年礼仪式，包括了从教育目的到教育方法、教育内容、教育手段、教育途径、教育价值取向和学习方式等方面的广泛内容。仪式与生活和人物故事的浑然一体，使人难以将其一一离析出来，成年礼仪式贯穿每个摩梭人的一生，是一个全环节的教育行为。教育人类学研究成果认为，教育是不局限于学校而是更多来自校外的一种存在。人的发展是复杂多样的，不能将人的发展简单等同于教育，更不能将教育简单等同于学校教育。人的复杂性赋予其无限多发展的可能性，而学校教育则只是实现诸多可能性中的一种。传统依教育的实施场域对其所做的家庭、学校和社会的划分人为地将人的生活空间予以分割，导致人与人、人与自然以及人与自己的疏离，对主体学习的忽略与对工具理性教育过程的片面强调，使现代教育陷入前所未有的困境与尴尬之中。如何在社会发展的历史进程中，使学校、家庭、社区各自发挥其本真的育人功能，是现代教育需要深入思考的问题。本书试图借助对民族习俗的考察，通过对摩梭人看似无意，实则处处充盈着对教育理念和教育行为的关注与研究，揭示现代教育的最新走向。

摩梭人成年礼仪式的几度考察，使我深刻认识到，对学校教育功能的过分夸大，以及现代学校教育本真功能的失落与派生功能的局限，影响学校教育本真功能的有效。使教育，尤其学校教育的诸多问题日益突出。对"为什么学校会对学生的发展不负责""中国教育改革为什么会这么难""谁是'迫害者'——儿童'受逼'学习的成因追询"[1] 等问题的思考，都意味着，单纯对学校教育的强调，与单纯依赖学校教育塑造人的神话，在某些方面的落空。摩梭人的成年礼似乎证明：文化传承与人性塑造可以通过多种方式而实现。摩梭人如何通过成年礼仪式培养人，进行文化传承？个体如何在仪式的过程中学习？教育过程又如何以仪式为依托来完成？活生生的人与符号在仪式过程中如何发挥作用？仪式本身对教育怎样提出全新的诠释与解读？究竟如何客观公允地看待和评价学校教育，在人成长历程中所担负的职能等，是本书思考和力图解决的问题。

教育人类学是一门介于人类学和社会科学之间的学科，研究时要求研究者同时关照到两个方面，教育研究的人文性，使其非常关注教育结构和教育活动中的人，要求对教育活动中各类人的生存状态、情感感受、思维方式和行为习惯进行探究。运用人类学研究方法，考察摩梭人成年礼的教育价值、教育意义与教育形态，意在揭示那些表面看来自然的事实背后

---

[1] 吴康宁：《谁是"迫害者"——儿童"受逼"学习的成因追询》，《教育研究与实验》2002 年；吴康宁：《为什么学校会对学生的发展不负责》，《教育研究》2007 年；吴康宁：《中国教育改革为什么这么难》，《华东师范大学学报（教育科学版）》2010 年。

的价值选择、价值冲突与利益关系。教育研究不能一味地停留于对事实本身的"理性""真实"和"客观"的片面追求，更要关注教育活动的整体性，教育活动中人的情感、态度、价值观，以及他们对教育行为的影响。人类学的研究方法对人的价值欲求较为关注，认为人的道德标准、行为动机、利益关怀、价值取向、情感表达等都是研究的重要内容。这里的人，既包括研究者主观认知与被研究者间的关系，对研究过程和结果的影响，也包括对被研究者价值观念和行为规范的意义解释和深入引发。另外，人类学还要求注重研究本身的过程性和情境性。

教育总是对人的教育，总是在意愿上追求着一种完美的人格形象。各民族因其居住自然环境和人文地理的境遇，所以会遭遇到不同的来自自然和社会生活的挑战，生活在不同地域人们的文化模式与习俗，反映了这种差异。人的发展的多种可能性、影响人发展因素的多样性、教育内涵的民族性、教育形态的多元性和学校教育功能的局限性，应成为现代教育研究的价值取向与关怀主题。

第一章

摩梭人的文化生态系统

第一章

一、调查区域

费孝通先生在《江村经济——中国农民的生活》一书中，提出界定调查区域的问题。他说："为了对人们的生活进行深入细致的考察，研究人员有必要把自己的调查，限定在一个小的社会单位内来进行。这是处于实际的考虑。调查者必须容易接近被调查者，以便能够亲自进行密切的观察。另一方面，被研究的社会单位也不宜太小，它应能提供人们社会生活的较完整的切片。"① 先生之意在于，调查者对调查区域适切性的把握程度要恰当。因为调查区域的大小，将直接影响研究主题的客观性与科学性。如果调查区域太大，给调查者的调查带来一定的难度，不容易接近被调查者而容易使调查结果显得空泛；但调查区域也不宜太小，太小不足以构成研究样本，也就无法详实、完整地反映被调查对象的生活实际生活。对考察对象范围的"度"的把握成为衡量研究者的一种基本素养。在国外，也相继有人就此提出类似的观点，诸如：A. 拉德克利夫·布朗（A. Redcliff Brown）和雷蒙得·弗思先后在自己的文章中论及这一问题，他们认为初期的研究应该以一个村子作为一个研究单位，然后再以初期研究的村子为核心，逐渐向外围辐射，从而进行更加深入细致的了解。

---

① 费孝通：《江村经济——中国农村的生活》，商务印书馆 2001 年版，第 24 页。

　　在共同的观点中，村社被作为基本的调查单位。依据《文化学辞典》的解释，村社是北欧的切列米人和西伯利亚的沃加克人的一种区别。界定为同属一村社的人定期在一起庆祝宗教节日，祭祀自然界的各种神。同一村社人的共同特征往往是：同一个族；习俗相近；姓名和产权标记也都可能表示出氏族关系；村社在或长或短的固定的时间段里举行宗教仪式。① 甲骨文字典没有"村"字，仅有"社"字，对社字的解读为"《说文》（注释：《说文解字》）'社，土地也。'卜辞用土为社，见卷十三土部土字说解。"② 在土部解字中，甲骨文字典引《说文》对土字字形的分析。《说文》："土，地之吐生物者也。二象地之下，地之中物出形也。"并将其释义为：一是指土地，如，东土，西土，北土，南土，被称之为殷商时的四方疆土；二是读为社，乃土地之神。邦社即祭法之国社。③ 三是指方国名。由此看来，《甲骨文》与《说文》不管是对"社"还是"土"解说，终其一点是对土地和祭祀参拜活动的强调，这与《文化学辞典》的解释有共同之处。对村社的理解与土相关，对调查区域的限定自然也依土地范围的限定为基础。

　　这里的村庄，虽然就村名而言，各有所属。但就个村之间人们的血缘关系、人际关系、姻亲关联、人事往来等而言，又联系密切，相互融合。用当地人对 Tisese 两性关系的描述或许有助于说明问题："我们是'走婚'，你走我家，我走她家，他走她家，走婚的线越来越长，越走越宽，邻里乡村几乎都挂上了亲戚关系。逢年过节都要相互送礼物。摩梭人懂得结交一个朋友很难，得罪一个朋友很容易的道理，所以能够团结、和睦相处，互帮、互助、互敬。"藉此，考察区域，也不可能只局限于一个村庄，势必涉及与这个村子相关的其他人与事物。以一个村庄作为考察重点，只能说为研究找到了一个"切入点"，要想全面地了解

① 参见覃光广主编：《文化学辞典》，中央民族学院出版社 1988 年版，第 392 页。

② 徐仲舒主编：《甲骨文字典》，四川辞书出版社 1998 年版，第 26 页。

③ 王国维认为，豪社、唐社等都是各地祭祀土地神的地方。

一个民族的文化，必须在这个点的基础上向外延伸，形成一个辐射面，达到考察中"点"的辐射与"面"的结合。既有利于了解该村与外界的作用方式与关系，也有利于了解其文化变迁。

遵循人类学调查对此的建议与对村社本身的理解，在调查中，将调查范围限定在左所区母缓大队的凹夸村。在左所摩梭人广泛的聚居区选择该村，出于以下几方面的原因：一是该村全系摩梭人，没有外族杂居，显得相对单纯；二是该村有一所小学，调查不同于人类学的还在于其研究范围的限定，对其村民之间的相互关系、经济组织、道德伦理、风俗习惯以及宗教信仰等文化因素的全面调查，最终还是要落脚于研究主题——教育学，所以选择有学校的该村；三是寄宿家的女方是该村教师，男方系当地医生，对自己的文化较为了解，两人不仅在当地人缘较好，而且对汉语也非常熟识，这为我的访谈提供了许多便利与帮助。因此，在第一次和第二次的调查中，我都住在凹夸村，在以该村为重点的基础上，同时也涉足左所的布树、格撒和泸沽湖镇所在地，以及云南的摩梭人居住区大落水、小落水、宁蒗和永宁等地，第三次访谈则以前所的屋崖村为主。书中采用的个案，在左所凹夸村和前所乡屋崖村。先后实地考察了额四家摩梭人的成年礼仪式，再综合叙述。

研究中涉及的调查对象，由于在经济发展水平等方面存异，分析时需结合比较研究的方法，对不同地区摩梭人成年礼仪式，包括男孩女孩在仪式中存在差异的比较，以便阐释仪式在民族经济生产方式转型和社会文化变迁中的适应、坚守、与嬗变。同时，研究中还会用到个案研究方法。个案研究，亦称案例研究，是社会科学中极最为常用的质性研究方法。"个案可以简单，也可以复杂。它可以是一个儿童、一间儿童教室，或是一个事件，一次发生（happening）……它是许多个中间的一个……个案是一个'有界限的系统'（bounded system）。① 该表述，一方面意味着个案的开放性，同时，也表明了个案的局限性。由此需要思考，伴随社会发展，案例异质性、复杂性程度也随之增加，个案研究将"如何处理特殊性与普遍性、微观与宏观之间的关系问题。"② 对此，有学者在考察"超越个案的概括、个案中的概括、分析性概括，以及扩展个案方法"③ 四种主要处理方式的基础上，提出走出个案的路径——扩展个案方法。扩展个案方法的里程碑意义，在于其"在分析性概括的基础上再向前推进一步：跳出个别个案本身，走向宏大场景"。④ 费孝通先生也曾有言："对这样一个小的社会单位进行深入研究而得出的结论，并不一定适合于其他单位。但是，这样的结论却可以用作假设，也可以作为在其他地方进行调查时的比较材料。这就是获得科学结论的最好方法。"⑤ 上述思路，都为本书立足个案与跳出个案，提供了理论借鉴和实践依据。

二、摩梭人的族称、族源和分布

（一）摩梭人的族称

考据一个没有文字记载民族的族称、族源，事实上有相当的难度，

---

① Robert E. Stake, Qualitative Case Studies, In Norman K. Denzin and Yvonna S. Lincoln（eds.），*The Sage Handbook of Qualitative Research*, Sage Publications, 2005, p. 444.

② 卢晖临、李雪：《如何走出个案——从个案研究到扩展个案研究》，《中国社会科学》2007 年第 1 期，第 118 页。

③ 卢晖临、李雪：《如何走出个案——从个案研究到扩展个案研究》，《中国社会科学》2007 年第 1 期，第 118 页。

④ 卢晖临、李雪：《如何走出个案——从个案研究到扩展个案研究》，《中国社会科学》2007 年第 1 期，第 130 页。

⑤ 费孝通：《江村经济——中国农村的生活》，商务印书馆 2001 年版，第 26 页。

但也并非毫无头绪。浩繁的史籍和文献资料表明，关于摩梭人的记载古来有之。《史记》《汉书》《华阳国志》均有关于此民族的文献记载。摩梭语属于藏缅语系彝语支，依据摩梭语的发音，牦牛的发音是"么"的弹唇音，"人"的发音是"亨"字的轻声，亨字的轻声与些字谐音，摩梭自称的"么儿亨"，将"么儿亨"音译成汉语就成么些，翻译成汉语意思是"放牦牛的人"。《史记》《汉书》中记载的牦牛羌或牦牛夷即是对该民族的称谓。文献记载直观翔实地反映了古代摩梭为"放牦牛的人"，这表明该族古时是游牧民族，放牧是该族人们当时主要的生产方式。"么些""麽些""末些""磨西""摩沙""摩娑"当属对同一民族同一称呼的不同写法。"摩梭"的谐音词最早见于《后汉书》第二十五卷之《郡国五》，在校注定筰（今四川盐源）条中记载："县在郡西，宾刚徼白摩沙夷有盐坑。"在以后各代的历史文献记载中，均有关于该民族的相关记载，隋唐代史籍《蛮书》卷四载："磨些蛮，亦乌蛮种类也。铁桥（今云南丽江塔城）上下及大婆、小婆（今丽江地区）、三探览（属今丽江）、昆池（近四川盐源）等川，皆其所居之地也。""其铁桥上下，昆明（今盐源）、双舍（今四川盐边）至松外以东，边近泸水（雅砻江），并磨些种落所居之地"。（《蛮书·卷六》）中国历代史书，都有明确记载。宋时称其为"么些"或"摩西"，元时称之为"末些"或"么西"，明时称之为"麽些"或"磨些"，清时则称其为"摩娑"或"摩挲"。上述关于摩梭的不同写法，皆是同音异译，而"沙、些、娑、挲"，古时都读"suo"，即人的意思。

汉文古籍中有关于摩梭和蒙族"摩梭"（磨些、么些、摩沙等）的部分记录。但在20世纪50年代正式更名为"纳西"的决定，得到了当时丽江地区较有政治势力的地方组织的支持，国家政府于1956年、1958年前后分别对云南、四川等地少数民族的社会历史展开调查，并于50年代将云南宁蒗、永宁等地的摩梭归为"纳西族"，将四川盐源、木里、盐边等地的摩梭归为蒙古族，并将现今云南丽江及临近的中甸、雅西、兰坪、剑川、鹤庆、永胜部分地区的纳西族与宁蒗县的"摩梭人"定为纳西族的一个支系，而四川边境①的摩梭人却被划归蒙古族。名称虽改，基本特征却维持原样。

对这许多不同的称谓，纳西、阮可、摩梭、蒙人们曾追问：我们究竟是什么族？我们不过是生活在这个地方的少数民族。尽管名称仅是符号，但界定少数民族并使其称谓贴切，对民族学家而言尤为重要。"同则同之，异则异之，……名无固宜，约之以名，约定俗成谓之宜，异于约则谓之不宜。"荀子的话似要说明关于名称问题的两个方面：一是名称依据事物间的共同特征和外部相似性而定；其二，名称是社会认同的事物。一个长期发展而来的坚固的人群共同体，倘若有共同语言、共同领土、共同经济生活和所表现出的共同的心理构成，人们一般将其认定为同一民族。

上述"四大共同"原则，虽然从理论上提供并确定了区分不同民族的基础，事实上，对不同族群的区分，却并没有那么简单。尤其在我国西南的一些少数民族杂居地区，鉴于"大杂居、小聚居"居住格局，许多人口少数族群能流利地掌握三到四种，甚至五种语言。而一些父母不同族群的孩子，从小就在不同的语言环境中长大。针对以功能性规律为基础的"表征分类"所面临的难题，民族学家在为人口少数民族界定族称时，转而从历史中寻求解释。由于人口少数民族有其自身的文化和历史，民族学家们至少要考虑两种以上的历史背景。首先，是汉古籍文献中有关于人口少数民族的记载；其次，是运用被认同的恩格斯和摩尔根的以社会文化演变为核心的另一种历史划分方式。

在纳西—摩梭称呼的界定问题上，似乎能看出摩尔根理论的影响。依据摩尔根的划分模式，可将摩梭与纳西的文化差异，定位为一个族群的两个不同发展阶段：摩梭是过去的纳西。纳西—摩梭的血缘关系、婚

---

① 四川边境即今天的盐源县、盐边和木里县。

姻和居住模式，必须对比邻近的族群，在他们繁衍的政治、经济、宗教体制的发展变化中予以考察。尽管纳西与摩梭在文化表征和实践上，存在诸多不同。较明显的区别是家族关系、宗教与婚姻。但从两者的政治、经济、历史，和语言在传统上的共同点而言，差异却又不甚明显。

对比分析发现，丽江纳西族和沿海泸沽湖地区摩梭人的先行制度，是截然相对的。更广泛的地方历史背景也揭示了这两个地区的制度模式，只是川滇边界上涉及几个民族的，更大范围内不同制度模式中的两个。左所部分摩梭人接纳自己是蒙古族后人的说法，认为蒙古族是候选的民族名称。因为蒙古的名字已经深入人心，以它来命名四川左所、前所的摩梭人，可避免建立一个新民族的需要。有本地人说，"他们更喜欢外面的人，称呼他们为摩梭人，他们也正在努力凭借这个名字，而得到人们的认可"。而在日常生活用语和谈话中，老年人多用"Naze"（或"Naxi"）来称呼自己。差异形成的原因表明，虽然摩梭人有悠久的、可考证的发展历史，但"Naze"听起来太像"Naxi"，人们似乎对被称作纳西，也没有多大的异议。

文献资料对摩梭人族称的考据，相对较少。而实地调查显示，摩梭人对自己称谓的想法，远比书面资料要丰富得多。四川省地图上，明确标识着"沿海蒙古族乡""屋脚蒙古族乡"；盐源县第三次和第四次人口普查汇总资料的统计、《盐源县县志》和《盐源县教育志》等官方资料，多写作"蒙族"，并相继在这里成立了蒙古族乡。访谈发现，不同年龄群体的人，其表述存在差异。其一，年轻人普遍是说"我们摩梭人"；其二，部分中年人多表述为"我们蒙族"；其三，老年人大多有讲成"我们纳人"，或"我们纳日人"；其四，一部分人对其称谓持不置可否的态度。问到该问题时，他们说对于如何称呼或自己该叫什么无所谓。他们认为这些是当官人决定的事，就算自己不那么认为也没有用。关于这个问题，我曾就"究竟该如何称呼自己"的问题，访谈过摩梭人中受过一定学校教育的人（中专以上文化程度）。他们认为：

"至于大多数人认为自己是蒙古族人，实际上是没有任何事实根据的。之所以如此，是因为人们认为当时忽必烈南征途经于此，在泸沽湖畔屯兵扎营，将一些元兵留居于此的事实，这并不表示现在的人就是当时那部分人的后裔，因为在这些人之前，我们的祖先就已经世居于此，我们认为，我们应该是摩梭人。"

关于何以被称为蒙族，其实不只是个口头表述，也有文献可考。据《永北直隶厅志》记载："在汉末时（约公元二十四年），影宁土司的祖先尼月乌绥靖土蕃并在他们的领土上定居。"而尼月乌系泸沽湖地区摩梭人共同的祖先。《川康边政资料辑要》之《盐源概况资料辑要》（1936 年）记载："么沙，此称又为鞑子，当系鞑靼族，蒙古族也。元室蒙崛起，而蒙人之足迹则随其兵力遍于各地。木里县境内之么沙族，当系出征兵士于元室瓦解后，留住于斯地者。"同时，该辑要又说："考摩些、摩娑、摩沙，于音为近，殆系一族而三称也。沙则摩娑，古已有之，殆非元室之遗裔耶。"这种前后矛盾的论证最后依旧认为将该族确认为摩梭人较为妥帖。事实上，摩梭人从语种、风俗习惯、婚姻家庭、宗教、饮食、服饰和社会结构都与蒙古人迥然相异。文献考据和实地考察表明，沿海和前所的摩梭的族称应该摩梭而非蒙族，本书一律将摩梭称为摩梭人。

（二）摩梭人的历史概况

在（1271—1368 年）之前的汉语文献里，纳西—摩梭的历史记载非常的少。少数民族的诸多迁移更替，现在要弄清历史上人口少数民族族群，以及同一时期不同少数民族之间的互相关系，已相当困难。摩梭人、纳西、汉族，西欧学者一致认为的纳西—摩梭人以及一些居住在同一地域内的缅甸人和西藏人都来源于汉语文献早期记载中出现的羌——这一模糊的族群。从汉代（公元前 1750—公元 220 年）记载和最初甲骨上的刻字来看，羌有着一打或更多已命名的小族群和小部落。在羌族的整个历史中，它利用西藏和缅甸之间地区上的部落轻散、不团结等缘由而致力于攻占缅甸和西藏之间（包括现在的西藏）的区域。同时，羌族还攻占了四川西部、甘肃南部和青海东部的部分地区。

尽管"羌"的词源推断和原始名称都不太清楚，但汉文文献关于羌的记载并不鲜见：

"羌，西戎牧羊人也。从人、从羊；羊亦声。"（《说文解字·羊部》）

"羌，本西戎卑贱者也，主牧羊。故'羌'字从羊、人，因以为号。"（《太平御览》卷794）

《甲骨文字典》关于"羌"之解字："从羊从人，或从象绳缚之形，或又从火，或省人形作等，皆为羌之异构。《说文》：'羌，西戎牧羊人也。'即羌族之先祖，早期居于甘肃辛店，李洼一带。殷代羌与商为敌国，故卜辞中多有伐羌、逐羌、获羌等记载。"[1] 据此来看，"羌"是在商代与汉代之间被命名的，在此期间，该民族生存的地域范围逐渐减少并开始向西部迁移，而且"羌"之由来可能本身就与该民族向西迁移的生活边界有关。西部边界的人们保持了东部农民久坐的习惯和以畜牧业为主的田园生活，生活边界的向西移动，使这个术语在不同历史时期里被用于描述不同的族群，但都称其为"羌"。

虽然远古的羌族本身并没有什么特别清晰确定的东西留下来，然而，他们和居住在东部低地农民之间相处的不太融洽却是较为明显的。"殷代羌与商为敌国，故卜辞中多有伐羌、逐羌、获羌等记载。且每用羌为人牲，以供祭祀，甲骨文羌字从绳缚从火诸形，是为人牲惨况之实录。"[2] 从商朝开始，殷商之战频繁发生，争执不休。甲骨文字解，反映了商王朝奴隶主对羌人的屠杀与奴役。商王朝的胜利，使其吸收部分羌人向西部和东部迁移，这段模糊不清的、难以追溯的历史，今已无据

---

① 徐仲舒主编：《甲骨文字典》，四川辞书出版社1998年版，第417页。
② 徐仲舒主编：《甲骨文字典》，四川辞书出版社1998年版，第417页。

可考，但部分纳西、汉族以及西方历史学家一致认为，汉代时在宁蒗、盐源和木里就已然出现了摩梭。在汉唐之间（公元前 206—公元 907 年），一些摩梭人迁移到更远的西部和东部，进入了丽江县（现今纳西人最多的地区）和中甸县东部。之后，元、明、清（1271—1911 年）时期，从四川省西部同时再一次向西移居，进入了丽江县维西县和德庆县的西南部；向东南部迁移，则到了四川省西部的巴唐和里唐。

汉族的历史和摩梭人自己在摩梭达巴经文在主要事件上记载的一致性，本身就值得深究。摩梭人的历史是通过达巴（摩梭人自己的巫师）在各种仪式活动，尤其是大规模的超度祭典上，诵读古代经文的形式流传下来的。在部落民族历史上，葬礼上的经文是最重要的经文。同其邻近的彝族、栗僳族、普米族、纳西族以及其他藏缅接壤处族群的宗教一样，摩梭人相信人死后，灵魂会沿着一条确定的路线回到祖先定居的地方，从而在死后获得安详宁静。由于不同血统家族迁移历史的不同，灵魂回归祖先驻地的路线也不一样。道路的变化在经文中有细致的描述，达巴在送魂经中以唱诵的方式，将死者的灵魂送到其祖先所在的地方。这样，不仅死者的灵魂得到安宁，生者也觉得是一种莫大的欣慰。在一些特别情况下，祖先的名字会被提及，但更多的时候，道路是按一定顺序排列的地名。这些地名包括重要的地理学意义上的名字，或是一些富含文化、历史意义的器、物的名字，如：山、河、桥、吃的食物、喝的东西以及有地方特色的衣饰等。这一系列的名字是按颠倒的年代顺序（从今至古的逆推方式）写在经文上并被诵读出来，这样，被超度的死者的灵魂就可以从今到古地游历回祖先的所在地。

摩梭人的达巴一致认为，祖先走过的道路经过了无量河①谷，这在摩梭人的达巴经文有详实记载，只是经文中提及的诸多地名，现在大多已不复存在了。这些地名的消失，与不同历史时期政府的改制、改名密

---

① 金沙江的支流，位于丽江北部，永宁西部。

切相关。摩梭人中部分有识之人和个别达巴，曾想进一步探究经文中提及的相关路线，终因大多地名的不复考据而没有成功。

摩梭的历史概况表明：汉代以前，摩梭人和纳西族，都是从北方的某个地方移居到盐源、宁蒗、永宁和泸沽湖地区或其附近区域。之后，便逐渐分散，致使大量的摩梭人，迁移到更远的西部和东部，这部分迁徙之后的摩梭人，即今天的纳西族；另一部分留了下来的，就是今天的摩梭人。该迁徙大致发生在汉唐之间。至此，导致了摩梭人与纳西族之间的分离。也有人指出，摩梭人和纳西族之间的分裂，可能发生在更早的时候，超过了今天许多学者的想象，甚至可以追溯到战国时期（公元前475—221年）或西汉（公元前206—公元24年）便分裂了。如果此推测属实，那么摩梭人就是摩梭人，纳西族就是纳西族，两者间不应该存在直到今天都还在考据的归属问题。

古时牦牛夷和越嶲羌，实为么些，长期居住在大渡河流域，有些早早迁移于雅砻江。《西康图经志》载："今泸定摩西面，实称摩些面，谓摩梭古境也。""么些为康滇间最大民族，亦最优秀之民族也，……其族在汉为越巂诏，六朝为笮国诏，唐时为摩些蛮，宋时曰摩些诏。"其记载标示：摩梭人古时的活动场所主要在今四川甘孜州境内大渡河畔泸定桥和安顺场之间，后来南迁至定笮，即今盐源县一带。《后汉书》云："和帝永元十二年（公元100年），牦牛徼外白狼、楼薄、蛮夷王康缮等，遂率种人十七万口，归义内属。安帝永初元年（公元107年），蜀郡三襄种夷与徼外三种夷三十一万口，……延光二年（公元123年），牦牛夷叛，攻零关，杀长吏，益州刺史张乔与西部都尉击破之。"资料表明，摩梭人活动于大渡河畔并迁至定笮由来已久。《元史·地理志》载："永宁州，昔名楼头赕，接吐蕃东徼，地名答蓝，么西蛮祖尼月乌诸出吐蕃，遂居此赕，世属大理。元宪宗三年（公元1253年），其三十一世孙和字内附。"如果此记载属实，据其推算，摩梭人在永宁的居住时间，已有1500多年。摩梭达巴的《归宗引路经》载：滇葉（今宁蒗）地摩梭人是从四川沿海迁至蒗蕖，共记录着 62 代族谱，据其推算，摩梭人定居于蒗蕖也有 1500 多年，两种记载的不谋而合，都表明摩梭人久已有之，蒗蕖摩梭人的先祖，则是从沿海迁徙而至。前所达巴打发·鲁若①念诵的经文，多次涉及"拉塔"（今左所）、"瓦汝"（今前所）、"里登"（今永宁）和木里等地的地名，这些地名在敬老人、送魂经、成丁经中都有反映。这可能意味着，沿海摩梭人存在的历史更为久远。

（三）摩梭人的分布

据《西康图经志》记载，古时摩梭人主要的活动场所在今四川甘孜州境内大渡河畔泸定桥和安顺场之间。后南迁至定筰，即今盐源县一带，古时摩梭人分布较广。《三国志·蜀志·张嶷传》有摩沙夷帅磐木王之舅狼岑的记载，狼岑家族当时居于定筰，从狼岑与磐木王家族的婚姻和亲属关系，时间可推测至三国初期公元 3 世纪初叶之前。《后汉书·西南夷传·筰都夷传》有关于摩沙夷帅磐木王的记载，磐木部落当时居于大渡河牦牛地区，时间应当不晚于公元 1 世纪。常璩在《华阳国志》中关于定筰县"摩沙夷"的记载，被许多学者认为是最早关于摩梭人的记载，但从前文分析看，其实不尽然。到唐时，唐人将居于雅砻江流域定筰地区的"摩沙夷"称为"麽些蛮"，樊绰所著《蛮书》云："昆明、双舍至松外以东，边近泸水，并麽些部落所居之地……台登城，泸水从北来，至曲罗萦回三曲，每中间皆有麽些部落。"唐时昆明即定筰，双舍即盐边县，泸水即雅砻江，台登城在盐源之东冕宁县南的泸沽镇。以此证明，唐时雅砻江流域的盐源、盐边和雅砻江之东皆为当时麽些部落的分布地区。今宾川县境内的摩梭人，也是当时定筰部分麽些蛮过金沙江，向南进入洱海东部的结果。宋时的摩梭，主要分布在越嶲郡

---

① 打发·鲁若系摩梭人中目前的资深达巴，生于 1932 年，据他讲述，他家祖祖辈辈都有人学达巴，到他这里已经是第 20 代了，如果他离世以后，就是第 21 代。

的定笮县境内。元时（即 13 世纪中叶）元世祖忽必烈，曾到达麽些地区，并先后在麽些分布地区建立路、府、州、县，《元史·地理志》载："昔摩沙夷所居。汉为定笮，隶越嶲郡。唐立昆明县，天宝末设吐蕃。后复属南诏，该香城郡。元至元十年，其盐井摩沙酋、罗罗将瀺瀩、茹库内附。"罗罗是古时人们对彝族的称呼，现在的摩梭人依然称彝族为罗罗。该记载表明，彝族在元之前已与摩沙夷共居于柏兴府内。《清史稿》记载："到清朝，仅四川盐源县境内中左右前后所的摩梭土司就管辖 1745 户，瓜别安抚司管 1253 户，古柏树土司管 586 户，共计 3584 户，木里境内的麽些亦为数不多。"史料表明，明清之时，盐源、盐边的摩梭不仅分散，而且户数也大大减少，唐时雅砻江流域摩梭的繁盛景象已不复再现。特别是清之后，摩梭人的居住范围逐渐缩小到仅四川省的盐源县、木里县、盐边县和云南的部分地区。近代摩梭人大都居住在金沙江上游一带，即以长江第一湾至东经 100 度 41 分。从北至南，大致可以分成东西两个区域，其中川滇交界处的泸沽湖周围地区，即今四川盐源、木里、盐边县境内以及云南的丽江、宁蒗、维西、永胜和华坪是今摩梭人的主要聚居地。

现在的摩梭人，从人口数量看，是一个较小的民族。云南宁蒗大约有 15000 人，四川省盐源县的摩梭人大约有 13000 人，四川省木里县仅有 7000 人左右。尽管在盐边、缅宁和西昌等地，也有零散居住的摩梭人，似乎未有专门的统计数据。至 20 世纪 80 年代末，被称之为摩梭人的约计 4 万人。因为泸沽湖旅游业的开发和摩梭人独特的社会婚姻形态，盐源县左所区沿海乡、云南省宁蒗县落水村、永宁乡，尤其永宁乡的摩梭人，逐渐引起世人的广泛关注与研究。

（四）左所摩梭人概况

左所位于四川省凉山州西昌市盐源县西北，川滇两省盐源、木里和宁蒗三县交界处。面积为 1365. 59 平方公里，管辖沿海、盖租、碧基、前所、长柏和桃子 6 个公社，一共有 30 个大队，351 个生产队，205 个自然村，共有 5611 户人家，30616 人，其中非农业人口 387 人。有彝族、汉族、蒙族、藏族、纳西族等八个少数民族，其中彝族居多，区公所驻沿海公社多舍村，此处海拔 2690 米，距县城大约 170 公里左右。

左所是一个相沿成习的古名称，有关历史资料记载，元朝以后，盐源县一共设有五所四司，左所因地处中所的左边，故称之为左所土千户，简称为左所。新中国成立以后，沿袭此名。1952 年中国共产党在此处建立自治区，仍沿用旧时名称左所。左所区下辖沿海、碧基、前所、后所、长柏五个自治乡。1958 年的时候政府将其更名为左所区公所，下面增辖桃子乡。1965 年以后，后所划归为木里县管辖，1972 年新增加三河公社，管辖下属的 6 个公社。政府后来实行拆乡并镇，将左所区更名为泸沽湖镇，泸沽湖镇下属的公社均更名为乡，以前的左所区的小学称沿海小学，因区公所驻沿海而得名，现已更名为泸沽湖镇完小，左所现是泸沽湖镇下属的一个乡，当地老百姓依然习惯沿用旧时称谓，称泸沽湖镇为左所，称泸沽湖小学为沿海小学。

这里东邻卧罗河，与大草公社和牦牛山牧场隔江相望，西南方向与云南省的宁蒗县毗邻，北接木里县。整个地形除了西面与泸沽湖和盖租河一带较低外，其余的地区均是高山，主要山峰有马扎山、罐罐山、耳普后山、菩萨山、玻璃洼、格姆女神山（狮子山）。整个地形山高坡陡，顶平宽缓，绵亘逶迤。其中主峰海拔最高为 3131.5 米，最低为 2047 米。主要水系有前所、盖租、逗落、永宁和巴基河，汇入卧罗河。泸沽湖地区年平均温度为 11 度左右，整年的无霜期为 189 天左右，年降雨量为 970 毫米，此地的主要矿藏有铜和铁等。

泸沽湖地区幅员辽阔，森林资源也较为丰富，是盐源县的重要林区之一，森林覆盖面积为 125 万亩，成林面积为 71 万亩，有耕地约 7 万亩，农业主产土豆、玉米、红米和其他杂粮，当地老百姓的经济作物主要是白瓜子、向日葵、大麻和药材等。

　　摩梭人是左所古老的民族之一，具有悠久的历史，在《后汉书》以后的历代文献古籍中均有关于摩梭人的记载。1959 年以后，国家将居住在四川盐源、木里、盐边等地的摩梭划归为蒙古族，但迄今学术界、摩梭人自己以及盐源县委、各族各界人士对此意见未达成一致，故在未解决摩梭人族称之前，本书一律写作摩梭人。

　　20 世纪 30 年代伊始，美国植物学家洛克历经艰险，涉足于此长达 17 年之久，他在《中国西南古纳西王国》一书中，详细客观记录了摩梭人的社会形态与生活细节。从此，一大批中外学者与人类学家将独特的摩梭文化作为研究对象，渐渐掀起摩梭文化研究的热潮。但从中外学者的研究成果来看，大多从摩梭人的婚姻形态、文化模式、宗教信仰、族源、丧葬习俗、社会等级、语言、民族特征等角度展开调查研究。据个人不完全统计，从洛克初涉摩梭人研究至今，在关于摩梭人研究的 83 篇文章与 20 多部专著中，除专著只言片语提到摩梭人的文化传承与教育，其中只有两篇论文就摩梭教育展开研究，一篇是 1983 年云南省教育科学研究所民族教育调查组在《昆明师范学报》上发表的"永宁公社摩梭人教育初步调查"；另一篇，是 1992 年曹成章的"云南宁蒗彝族自治县教育考察报告"中提到摩梭教育情况。

　　摩梭人以其独特的文化模式，生存于中国西南这块多民族居住的地方，至今盛行着母系制家庭与走婚独特的文化模式，以其特有的组织形式、行为方式、家庭结构、伦理规范、婚姻习俗与宗教信仰等，教化养育着一代又一代摩梭人。各种汉语文献资料记载，在唐代的四川定筰、盐源、永宁、昆明等地，已有摩梭人踪迹。从唐至宋、元、明、清至今，摩梭人在历经几次巨大的文化冲突后，仍能兼收并蓄地传承其民族文化，保留着尊老爱幼、互帮互助的优良传统。在摩梭人居住地，几乎无偷盗、抢劫、打架、斗殴、遗弃小孩与虐待老人等社会问题。当前学校的"专门德育"，对学生的品德形成和发展，收效似乎并不显著。于是，有学者提出通过"支撑与制约、熏染与陶冶、引发与导向、检验与反馈等作用机制"，① 构建生态的现代学校德育环境。摩梭人的成年礼，既是一重要的促进个体"成人"的仪式，也是一贯穿生活的德育。这似乎是今日学校面对经济社会变迁时，要求树立新的德育观，即"生活德育论"的价值追求所在。

三、摩梭人文化生态系统分析

张诗亚教授在《祭坛与讲坛》一书中，论及文化生态系统时认为，文化生态系统通常由三大部分构成："第一，自然环境，即群体赖以生存和发展的各种自然条件（包括非生物）的总和；第二，社会环境，即与群体生活相关联的各种社会条件的总和。它包括该群体所构成的社会内部结构诸方面，和该群体与其他群体的交往、关系等外部环境诸方面的关系；第三，精神环境，即该群体所共有的道德观念、价值体系、风俗习惯、宗教形态等诸方面的总和。"② 这也将成为本书分析摩梭人文化生态系统的理论依据。

（一）摩梭人的自然环境

如果说自然环境是一个民族赖以生产和发展的各种自然条件的总和，左所及其自然状况等则是摩梭人赖以存在的物质基础。木夸村位于左所区沿海公社，沿海公社以前是左所区区公所，今天的泸沽湖镇政府所在地，总面积为 282.97 平方公里，辖母缓、多舍、八家、海门、布树、纳哇、直普和舍夸八个大队，其中母缓和布树两个大队为清一色的摩梭人，其余大队均有汉族、藏、彝族、纳西族等混合居住，呈小聚居、大杂居格局。共 93 个生产大队，40 个自然村，1324 户人家，8604

人，非农业人口 197 人，主要有汉族、摩梭人、藏族、彝族、纳西族等 6 个民族，其中摩梭人居多，此处海拔 2700 米，距离县城 174 公里。由于该社境内沿泸沽湖，当时人们称泸沽湖为左所海，沿海也因此而得名。左所的沿海乡位于盐源县西北，是泸沽湖镇镇政府所在地。据第四次人口普查统计结果，整个盐源县有摩梭人 14062 人，其中，沿海乡的摩梭人共计为 4207 人。选择的调查村庄，主要是格撒①和洼夸。② 除格撒有一家汉族，其余全系摩梭人，该村有一所木夸小学。

此处海拔 2700 米，距县城 174 公里。由于其境内沿泸沽湖一带，所以被称成为沿海。1952 年成立自治乡，取名为沿海自治乡。1957 年更名为沿海乡，1972 年建立沿海公社，后来国家实行拆乡并镇，这里也改为沿海区。沿泸沽湖一带，地势平坦，其余部分均为高山，年平均温度为 11 度，全年无霜期为 188 天，年降雨量为 970 毫米，农业主产以土豆、玉米、杂粮为主，经济作物主要是白瓜子。这里有公路与云南省宁蒗县相通，境内 6 个大队都有机耕道相连接。有区级中学一所，小学 11 所，有一个文化站，1 个广播站，1 所区级医院和 2 个医疗点。

随着旅游业的开发，在外界人们看来，泸沽湖似乎成了摩梭人的代名词。猪槽船、谢纳咪、格姆女神山、美丽的摩梭女，划船、打鱼、对歌、转湖，一切都浑然天成。事实上，泸沽湖的确滋养着世居于此的摩梭人，被摩梭人视作母亲湖。

从地理位置看，泸沽湖位于横断山脉中断，地处盐源县西北角，在北纬 27 度 38 分至 27 度 43 分和东经 100 度 50 分至 100 度 55 分之间。整个泸沽湖川滇共同管理，左所位于泸沽湖的东部，泸沽湖俗称左所海。古名为"勒得海""鲁枯湖"，在摩梭语中泸沽即为落水之意，泸沽湖面海拔为 2685 米，湖长 9.5 千米，湖最宽的地方为 6 千米，湖岸线长为 44 千米，湖水面积为 50.8 平方千米，湖水平均深度为 40 米，

---

① 摩梭语意为产麻之地。
② 摩梭语意为有园子的村子。

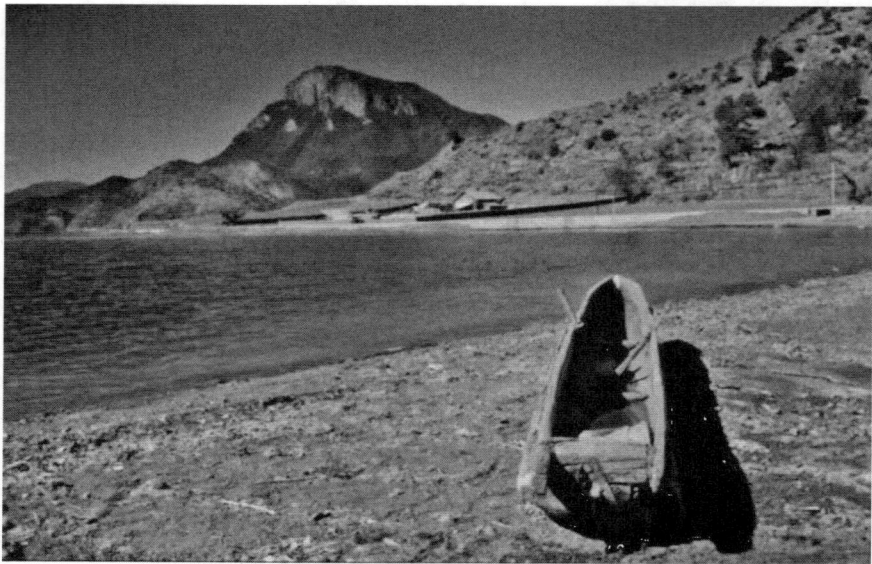

格姆女神山、泸沽湖和猪槽船蕴涵、演绎着摩梭人的真情与美好生活

最深之处为 73.2 米，湖的容量约计为 20.3 亿立方米，积水面积为 284 平方千米。泸沽湖属于金沙江水系，湖水经海门河，流经永宁河、盐源河，注入雅砻江。平均流量约计 1.6 立方米/秒，年出水量大约为 5200 万立方米。在湖的四周群山林立，大小溪涧约 10 余条，聚雨水入湖，这也是泸沽湖的主要水源所在。泸沽湖只有一个出水口，位于左所沿海湖边。湖边地表的组成物质以砂、粉砂和砾石为主，土壤的颜色多为褐红色、灰棕色的土壤，属于泥炭沼泽土。

泸沽湖四周虽群山林立，但整个湖内依然水质优良，光照十分充足，湖内水产资源极其丰富，盛产裂腹鱼、银鱼、小虾等。沿湖浅滩较多，水生植物较为丰富。泸沽湖包括草海和亮海两部分，草海因属于沼泽地带，主要生长水草，草海面积全在四川一带。在草海有一座草海桥，系木头所制，桥全长 255 米，宽 2.4 米，这座桥是没有公路前连通泸沽湖两岸人的唯一通道。

　　横跨泸沽湖的木制草海桥，全长255米，宽2.4米，有66个木栋，每栋由17块面花板（桥板）组成，所用材料：桥桩66乘以2，共132根，扶手66乘以2，共132根，直径4寸，桥梁330根，直径5寸，桥桩横梁66根，直径6寸；花板1122块，宽0.55尺，厚0.15尺；走道板306块，厚1.5寸，宽6寸。该桥是云南与四川未通公路之前泸沽湖两岸来往的唯一的交通要道。

退耕还草后荒芜闲置的土地

（二）摩梭人的社会环境

这里就摩梭人衣食住，以及两性交往方式、家族组织结构和社会环境几方面，介绍木夸摩梭人的社会环境。

1. 衣食住的简单介绍

退耕还草前，当地摩梭人的饮食以玉米、稻谷、土豆为主，也有大麦、小麦、青稞等。春秋季节有清白菜、萝卜、莲花等蔬菜，冬春之时有酸腌菜、干萝卜丝、干鱼和酸腌鱼。他们自己会制作酥油，印饵块粑粑。冬天一般每天只吃两餐，早餐吃得较晚，以酥油茶、烤土豆为主。招待客人也多用酥油茶，有正餐前喝酥油茶的习惯。因为一天两餐，大多早餐吃的晚，晚餐又吃得早。冬天太闲，没做什么事就不吃了，饿了可以烤土豆吃，喝苏里玛。当地肉食以猪膘肉为贵，人们喜欢自己灌制香肠、血灌肠、灌猪脚、米灌肠、晒猪肝。男女老少都喜欢喝自酿的苏里玛酒和呪当酒，对于饮食安排，多按照农闲农忙而随意调整。农忙活重时，不仅一日三餐，而且生活可以安排得好些，农闲或活轻时，可以烤点土豆，喝点苏里玛酒就行了。生活的好坏，也与有无客人有关，有客人生活就安排的好些。就餐时，当家人按照每个人的饭量以及所担负的劳动量合理分配菜肴，一般是先敬锅庄，然后敬老人，最后晚辈才吃，即使在吃饭时其他人暂时不在，也要分好留着。

传统摩梭人的服饰，一般成年女性穿白色百褶长裙，成年男性一般头戴有边的呢毡帽，金边衣，系花腰带，配腰刀，穿宽脚裤，长筒皮靴，裤脚一般折放在靴筒内，扎上花腰带，一幅放牧人的装扮。小时候，男女的着装没有作此区分，男女在未举行成年礼仪式之前，即 13 岁之前的时间都统一穿麻布长衫。现在，摩梭男女在幼年时的着装已大大改观，和汉族小孩的着装一样。13 岁的时候，不论男女都要举行成年礼仪式，女孩换上意味着成年妇女的裙子，男孩换上意味着成年男人的裤子。平时，年轻人基本不穿传统服饰，老人大多还是着传统服装，另外，有特殊情况时也会穿。① 年轻人在着装上受外界影响较大，尤其受来游客的影响。他们认为自己的传统服饰虽然漂亮，但样式单一，加之穿上劳作极其不便，一般很少穿。现在有些摩梭男孩子在举行成年礼时穿"冲巴"，即藏族人的服装，这与摩梭人与藏族的交往以及藏族对其的深刻影响有关。

摩梭人住房多依山傍水。房屋为木制结构，俗称"木楞子"。房屋四壁由削过皮的原木在两端砍上卡口垒制而成，房顶用四尺左右的木板盖上，俗称黄板。黄板是一块一块叠加覆盖在房顶上，保证下雨时滴水不漏，而且有冬暖夏凉的特点。摩梭人的房屋一般坐南向北，或坐东向西，其构成被称之为"三合一照壁"，即常说的四合院，分"依咪"②"奥拉依"③"搓依"④ 和草楼。正房是全家人集体活动、议事和炊事及祭祀的场所；经堂楼上一般为喇嘛的住房或是放佛像，进行佛事活动，楼下住单身男子或是作为客房；花楼是女子居住的地方；门楼楼上一般用于放草，挂辣椒串、玉米串或红薯藤等，楼下大门两边是畜厩。房屋大门一般朝东方或北方，四合院的井院比较大，有红白喜事都在井院举行。

2. 摩梭人的婚姻形态

摩梭人的婚姻，最为人们津津乐道，根源于它的走婚，与人们对走婚自由性与随意性的想当然有关。事实上，摩梭人的婚姻，远比"走婚"二字复杂和规范得多。目前在摩梭人中，主要存在以下三种两性交往方式：男女异居走访婚、男女同居婚和男娶女嫁婚。三种不同的方式，可能同时存在于一个家庭的几代人中。男女异居走访婚，摩梭语叫"Tisese"，即走来走去的意思。目前被外界误解最大、修饰最多的，也是走访婚。这可能1956年少数民族社会历史调查中，部分调查者对此

---

① 因为旅游开发的需要，旅游局规定年轻人必须穿传统服饰接待游客。
② 祖母房或正房。
③ 厢房或经堂。
④ 花楼。

的误解与粉饰有关。关于 Tisese，摩梭人中还有另一种说法，就是"敬锅庄"。即建立两性关系的男女双方，在正式确定男女关系前，要带上礼品，先敬女方家的锅庄石。敬完锅庄石得到女方家人的认可后，两者的关系就算是完全公开并确定下来。所以，摩梭人的 Tisese 两性关系，并不像外界人猜测与主观认为的那般随意。摩梭人有句俗话："年苦年腊索苦，冉冉哈哈索苦，差拉姆拉索苦"，直译成汉语，就是眉来眼去三年，谈情说爱三年，请媒说合三年。该俗语形象再现了摩梭人走访婚的一般程序与步骤，这也意味着，两人真要走到同居程度，需要九年时间。从时间上讲似乎略显夸张，但也反映了人们对此的慎重。这种两性关系的特点，是男女双方虽然已经建立性关系，但依旧各居母亲家中。男子晚餐之后到女方家过夫妻生活，第二天清晨又返回自己家中，和家人共同生活劳动。女方所生子女，一般和母亲住在一起，子女的日常生活和成长，由女方家人共同负责。孩子的父亲也承担部分抚养责任，如给孩子缝制新衣，帮忙缴纳部分学费等。建立这种关系的男女双方家庭之间。摩梭语叫"夸都务责"，即两家之间建立生产互助，农忙或有事时互相帮助。在摩梭人走访婚的传统中，有严格的界限和范围，如果同一家族或以前有姻亲关系的男女之间走婚，不仅摩梭人自己的家法不允许，也会遭到社会的谴责，人们会说："谷波基汪，潘汪呼日享"，意思是鸡狗不如，脸上长毛的畜生。

男女同居婚在摩梭人中存在两种情况，一是男子到女方家居住，二是女子入住男方家，前者摩梭人叫"若满"，[①] 后者摩梭人称"若处敏"，[②] 该方式的特点是：男女双方共同生活在同一个家庭，共同参加家中的生产劳动，共同承担抚养子女和赡养老人的责任。至于是男到女家，还是女到男家，一般视具体情况灵活处理，前提条件必须是双方自愿。两人所生孩子既可以与父母居住，也可以和外婆住在一起。即使是

---

① 相当于汉语中的女婿。
② 相当于汉族中的媳妇。

双方共居一室，从经济上讲也并
非独立的经济单位，而是与同居
方家庭一体的经济单位。

　　男娶女嫁婚则是双方经过媒
人说合，长辈主婚并举办隆重的
婚姻仪式后结合而成的夫妻关系。
和前两者比较，该婚姻要复杂得
多，先是请媒人，二是订亲，三
是送聘礼，四是女方家组织人送
亲，五是男方家组织人迎亲，六
是回门。男娶女嫁婚并非始于现
代，分析达巴经文《创世纪》，该
经文讲述了摩梭人的祖先从德鲁
依依与天神的女儿历经考验，并
终成眷属的美好传说。

云南落水摩梭之家的老达布

　　3. 摩梭人的家族组织结构与社会形态

　　上述三种不同的两性结合方式构成了摩梭人几种不同的家庭形态，
即许多研究所说的母系家庭、父系家庭和母系父系并存的家庭。调查中
发现，母系家庭在摩梭人中占的比例较大，这里就重点分析母系家庭组
织的结构特点。母系家庭的人口一般为十个人左右，多是也有达到二十
人的，家庭中一般是三代人，个别的也有四代甚至五代。家中的称呼是
祖母、姨祖母、舅舅、母亲、兄弟姐妹或是姨兄弟姐妹。男女异居的两
性结合方式，使家中的亲族关系显得较为复杂，整个家中往往是由一个
祖母或几个祖母与她们的兄弟姐妹的后人组成，女性是家族血缘关系、
经济关系的延续。母系家庭实行男女分工负责，各司其职的管理方式。
摩梭人古话有"若德阿打，若德阿敏"，译成汉语即是"长子为父，长
女为母"。摩梭人每家都有一位"达布"，译成汉语就是"主事"，也有

人将其译做"家长"。从访谈资料看，人们在表述上更习惯用"主事"而非"家长"，家长是我们汉族人的思维方式，这里采用"主事"一说。对于这种"长子为父，长女为母"的更具体的分工，用摩梭话讲就是"若德究意都达布""敏德究瓜鲁达布"。翻译成汉语就是，"长子是家庭主事，长女是火塘主事"，用目前最为通俗的话讲，就是"舅掌礼仪母掌财"。长子在家中，对内负责生产规划、婚丧节庆、房屋修缮等，对外负责集会、人际交往、诉讼事务和签约署名等。而家中具体的生产劳动、生活安排与计划、照家理财、饲养家禽、带领小孩、照顾老人主要由女主事负责。这种分工在一个家庭中并非截然分开，男女主事在家中也无任何特权，相反却显得极其辛苦与劳累，特别是女主事，必须处处首当其冲，以身作则，使整个家庭显得有条不紊，既要得到家中人的敬重，同时也要得到外人的尊敬，因为如果家当得不好，家中人生活得不好，人们会认为是不会当家，没能力，这对摩梭人来讲是极其害羞的一件事。

在劳动分工上，也是各尽所能，多是按照性别、年龄和体力进行分工。有轻微劳动力的孩子可以辅助家中干一些力所能及的事。比如：男孩子一般是放牧猪牛羊马，八九岁左右的可以帮家中赶马驮柴，收割的时候，从地里往家中驮玉米棒子、土豆等；女孩子一般是帮忙打猪草，帮助老人带小孩。有劳动力的成年男子，除了负担家中的重体力劳动活、生产劳动外，有的还要学一门手艺或是外出打工，或是跑运输。成年女子则主要负责生产劳动中的点播、施肥、除草、用手工磨进行粮食加工；饲养家畜家禽、纺织、酿酒等。老年男子一般负责管理骡马、放羊，在农业生产中对年轻人进行一些技术性的指导，管理田边地角等轻活，老年女性一般是在家中带小孩和协助年轻人喂养家畜、家禽。该分工方式，充分照顾了家中每一个人的能力。对于家庭中的收支管理，一般实行的长计划短安排，衣食住行实行按需分配。在财产继承上实行财产集体继承制的方式，这些财产主要包括房屋、土地、牲畜以及家中其他一些生活用品与劳动工具等。

父系母系并存家庭的主要特点是：不管是哪种情况之下形成的家庭成员，都必须尊重其所属家族的祖宗，不论男女在家中都享有平等的权利，这也表现在财产继承上，全家人都属于同样的生产与消费单位，不论是男方或是女方的成员都是亲属关系。父系家庭的特征和汉人类似，此不赘述。

关于摩梭人的社会形态，基本达成一致的观点是将其定位于母系氏族社会，人们甚至认为摩梭人的母系制就是原始社会母系制的活化石。原始母系制的生产方式、婚姻形态、承袭方式、家族制度等究竟如何，许多是现代考古学、历史学、民族学和人类学依据一些物质或文献材料的主观推断。但也正是因为考古学的日渐完善与发现，一次又一次地推翻了人们的推论并改写了历史。而摩梭人的社会形态、社会组织、等级制度、依托于家庭的生产管理方式、与外界交流和交往的疏密程度都不同于原始母系氏族部落。"我们没有正当的理由把某种当代存在的原始习俗等同于人类行为的原始形态。从方法论上来看，只有一种方法能使我们获得关于这些早期初始状态的大致知识。那就是研究那些在人类社会中，普遍的或较为普遍的少数特性的分布状况。……同时我们也没有任何方式可以通过研究原始形式的各种变体来重构原始形式本身。"① 我们试图借助今天摩梭人的生产生活方式来建立人类社会起源的做法与推测不仅投机而且欠更深层次的考虑。

从摩梭人的族源来看，摩梭人一直生存于封建领主制社会中，在土司的控制与监管中，社会组织、等级制度极其严密，司匹——责卡——娃的等级制度一经确立便永不能逾越。畜牧业农业是当地人主要的生产方式，农业是人们主要的经济来源，当地人的第二经济来源主要依靠畜牧业和赶马经商，马帮往返于川、藏、滇之间，运盐、金、银、玉石

---

① ［美］露丝·本尼迪克特：《文化模式》，王炜等译，生活·读书·新知三联书店 1988 年版，第 20－21 页。

等，有的甚至走到尼泊尔、印度和缅甸，马帮不仅促进了摩梭人的经济发展，也促进了摩梭人与外界之间的文化交流。家庭是主要的经济与社会组织，个体分散性的劳动已远远不同于原始氏族社会时期的集体性劳作方式。不能简单依据摩梭人部分的表现就将其认为是人类原始母系氏族的活化石，于理是极不妥帖的。摩梭人以母亲为主，以女性为家中根骨的社会形态，其实是适合于他们所处特殊环境的生存方式，是摩梭人独特文化生态系统的产物，是人们长期生活劳作中文化选择的结果。

带着小孩的摩梭老人

关于摩梭人家族组织的结构，有以下几种表述方式：尔、斯日、瓦、窝、衣杜、喳咪。尔是胞族的名称，瓦是氏族组织的名称，窝是部落组织的名称，衣杜、喳咪、斯日是血缘家族或血缘家庭的名称。[①] 在摩梭语中，最初的氏族首领为"窝咪"，其次是"喇梅"，最后是"司沛"。"窝"即群、堆之意，"咪"即女，合起来即为"一群女首领"；"喇"即虎，"梅"即支或片，合译为"一支虎人首领"，司沛相当于部落首领。现在摩梭人在表述同一家族时习惯用"家支"[②] 一词。

在已有的认知习惯中，人们一般认为母系氏族阶段是人类发展的早期阶段，甚至认为其是一种原始与落后的社会。摩梭人目前所处的社会

---

① 参见云南省社会科学院宗教研究所主编：《宗教论稿》，云南人民出版社 1986年版，第 119 页。

② 指有同一血缘关系的亲属或家人。

形态也被人们归之为母系氏族社会，我不知做此划分的依据究竟是什么，但如果将其视作落后却是不妥的。在将摩梭人的母系氏族社会作为落后社会代名词的时候，我们对摩梭人进行了一系列"帮助"，帮助始于1956年，首先从我们认为其有伤风化的两性交往方式着手。第一步是向他们介绍我国的婚姻法，之后要求他们男女双方走婚或不走婚都必须登记领证；同时让他们知道，一夫一妻制是唯一合法的两性交往方式，父母亲有责任居住在一起并同时教养他们的孩子。第二步是土地的重新分配，明确规定男方有权从女方处分得房舍和土地；夫妻应该共同建筑房舍，在食品短缺时互相帮助，鼓励妻子和丈夫同居一处，尽管可以未婚同居，这一措施的目的还是为了让两个有性关系的男女住在一起。许多摩梭人在那时结婚，但很多在婚后几个月又离了。要求走婚领证，不走婚时也要领证；要求男方即使不走婚也要负担子女的抚养费用；避孕药物的发放、计划生育政策在此地的落实、执行与推广，都从根本上改变了摩梭人固有的婚姻形态和生育观念。主流话语体系中的结婚、离婚、抚养费、避孕药、流产等新名词迅速进入人们的生活与意识之中。尽管"帮助"认为应该从法制上让摩梭人意识到自己的责任与义务；从生理角度上可以防止性病的滋生和促进优生优育，但也从根本上打破摩梭人固有的习俗、婚姻观念以及一系列约定俗婚姻与生育意识等。"帮助"以法律等方式强制性的介入，打破了人们先前对约定俗成心甘情愿的接受，"帮助"忽视了该文化中固有的处理这些问题的习惯法；"帮助"也忽视了人们对环境的自觉维护与帮助，甚至出现了许多意料之外的事，那就是，难以调解的纠纷从法律介入那一刻产生，第一种介入改变了人们固有的认知结构。

外界介入的第二种可能是导致妇女自身职位的转变。母亲因为害怕女儿日后离开家乡，因此不让他们接受教育，对儿子则不一样，母亲认为她与她离家的儿子还有联系。事实上也是，男子因为走马帮或去僧院接受教育而离开当地，女儿作为家庭的核心和一家之主必须留在家里。

摩梭妇女对当地政府提升她们当干部或人民代表所做的努力反映也不太积极，因为摩梭妇女在家里有着重要的地位，其价值可以在家中得到真正实现。在一个正规教育和正式代表成为经济成功必不可少条件的现代社会里，从长远来看，摩梭人的做法有可能削弱妇女在社会中的地位。在与外界的复杂联系中母系氏族很容易受到影响，对经济的变化反映比较灵敏，对外界提供的经济机会也能很好把握。这不是由于生产与继承关系的转变引起的，而是与当地社会组织结构的转变相关。

摩梭人的母系氏族社会是否会因为外界影响或者是由于其复杂的内部联系而逐渐走向衰微甚至灭亡？对婚姻和固定的居所的逃避，男女之间较难形成持久的两性关系，大多数摩梭男人很少因为忠诚问题而发生冲突。相反，这种灵活的处理方式还受到人们的喜爱。计划生育政策的实施有可能使很多家族没有女性后代而保证其永久的存在，结婚的人则有可能增多，计划生育有可能导致其结婚比例的增加，从而对其文化模式构成巨大的影响与冲击，至于这些两性关系是否一定能如人所愿目前还处于未知状态。退耕还林、退耕还草将会使越来越多的人不再依赖劳动力的分组，人们以劳动为主体的结合方式也将因此而改变；机器设备逐渐取代人力劳动，使家族在构成上也将逐步发生变化。所以，目前的变化虽不足以成为推测摩梭人社会和两性交往方式将来走向的有力证据，但我们也无法预测其在未来时间里当地的群体组成将受到哪种程度的影响。

（三）摩梭人的精神文化环境

下文从摩梭人的道德观念、价值体系、风俗习惯、宗教形态方面揭示其精神环境。

1. 道德载体——摩梭人的害羞文化

美国人类学家和文化人类学家 M. E. 斯皮罗和露丝·本尼迪克特在规范内在化探究中提出羞耻文化，本尼迪克特认为人之所以羞耻是源于内疚；斯皮罗则认为人之所以羞耻是因为"道德焦虑"，并认为羞耻是一种被个体内在化的文化激励。在摩梭人的语言表述中出现频率较高的是"含羞"一词，害羞用摩梭语讲即"适度（shiduo）"，周华山曾在其《无父无夫的国度？——重女不轻男的母系摩梭》一文中论及摩梭人的适度文化，他曾追问："为何传统摩梭人一方面可以在温泉男女坦然同浴，性模式多元开放；但在另一方面，不论任何场合，只要血缘亲属在旁，绝对不能提任何跟性相关的话题，甚至连'处咪'①与'汗处巴'②也绝对不容？摩梭既然接受与多人发生关系，也没有处女、私生子或未婚妈妈这些概念，为何同时却又连提及性事的词汇视作极大的禁忌？摩梭究竟是性开放抑或性保守？"③单纯从对性的谈论来论及害羞这并非摩梭人才有的特征，许多民族其实都存在这种现象。害羞文化的确在摩梭人中存在着，但不只表现禁止血缘亲属之间提及性的话题，而是表现在摩梭人生活的方方面面。待客不周；说过或可以做的事没有做到；明明知道却说错了话；家族中人做了偷盗抢劫、偷人的事或其他不好的事；谈及别人做了不好的事；举行月米酒、成年礼和葬礼，尤其是葬礼办的不尽如人意；或是因为招待不周而心中过意不去等，不论老人还是年轻人，惯常的表述是："……害羞咯"，该词的高频率出现引起我的好奇，曾有意识问询，他们解释说："不好意思、难为情、没面子呀"。关于害羞，现代汉语词典将其解释为：因胆怯、怕生或做错了事怕人嗤笑而心中不安，怕难为情，这一解释把人的心理反应诠释得合情合理，摩梭人对害羞的解释似乎引证了这一观点。想到自己的行为可能会使个人或自己的家族蒙羞，从心理上讲摩梭人是敏感的、脆弱的，从行为上讲也因为这种心理的敏感性而使人们无形之中约束自己的行为，

---

① 相当于汉语中的妻子。
② 类似于汉语中的丈夫。
③ 周华山：《无父无夫的国度？——重女不轻男的母系摩梭》，光明日报出版社2001年版，第150页。

尽自己所能为自己，也为家族争得"面子"，摩梭人所谓的面子几乎可以等同于"荣誉"和"名分"，关涉个人与整个家支的名分与荣誉。

为了避免因个人行为而对家族造成羞辱引起有关家族名分情义的问题，摩梭人有许多礼节、禁忌和讲究以此缓和事态，摩梭人认为待客必须热情、必须尊敬老人、必须尊敬锅庄石、必须要照管养护好家中的孩子、不能偷东西、不能打骂狗等。不管是怎样的禁忌、竞争与讲究，最终的目标都是为了荣誉。摩梭人的害羞是与其荣誉、社会规范联系在一起的。每一个人自出生就被置于这种文化氛围中，害羞成为每个摩梭人必须学习、接受的行为规范，人们按照这种规范来评价自己的行为，当个体意识到或可能要违背该行为规范时，人们会感到不好意思，即产生斯皮罗所说的道德焦虑，害羞成为违反规范的一个重要的威慑与制止因素。违规之后可能招致的斥责、责备、告诫、轻视与嘲弄等行为在摩梭人中表现出普遍被接受的功效，它符合人们行为的自我敦促标准，并成为控制人们行为的手段。

摩梭人常常通过日常生活中的各种事情和机会而暗地里"竞争"，摩梭人生活中竞争现象之多、之隐含是我们外界人意料不到的，尽管和谐也是他们的执着追求与向往。在成人礼仪式中，可以说每一个细节都充满了竞争，竞争是存在的，却也是自然的。自然间接的竞争，贯穿于摩梭人的全部生活，"和谐"却也是竞争的最大前提，竞争与和谐两者之间并行不悖，没有引发人们之间的恶性循环，相互排斥。相反，竞争成了约束人们道德规范的行为准则，因为竞争是以个人平时为人处事的情况为前提的，后文将对此详细分析。

2. 母屋和谐——摩梭人的价值取向

摩梭人的母屋既不能与"家庭"相混淆，也不能在涉及成员团体、发展循环、决策、经济、生产、仪式等一系列问题中将其定义为一个单位。法国人类学家列维·斯特劳斯（Levi strauss）认为房屋是社会组织的一种特殊形式，建议用"房屋"的观点去推理社会制度。列维·斯特劳斯介绍的观点在于房屋崇拜，当社会日益阶级化、人口流动以及人类群体从一种形式转变到另一种形式受到控制的时候，这些小而相对独立的"房屋"将提供一种制度较大的社会组织，房屋将变成一个受崇拜的对象，一个社会象征的普遍性类型，人类学家把房屋看作和人一样的作为社会组织的首要代言人。

　　关于房屋的种种观点通常至少有两层含义：一是描述某个特殊社会类型的基本组织个体，即房屋是社会的基础；二是房屋会被作为一个血族关系研究新视角的探索性钥匙。在一个新的社会类型中，房屋被作为一个基础的组织个体，即使是在等级社会人们通常也认为"房屋是社会的基础"。马克思和列维·斯特劳斯都强调"精神上的人"的重要性，并且与"法律意义上的人"或"共同团体"的概念进行了区别。后者认为"房屋"能够理解为一个"精神上的人"，一个"共同的主体"拥有一定的财产组成其物质和精神上的财富。这些财富使个人通过名字的传递而永恒。财富和称号介于一个或真实或虚幻的世界中。作为一个永恒不变的社会元素，除了在名字、等级、特权上的讨论外，列维·斯特劳斯还强调房屋是财产拥有的基础，这一基础在一定的时间内持久不变。把家屋作为等级社会的基本组织单位仍然是不变的，这成为我们分析摩梭人母屋关系的起点。人类社会的变迁——就像左所摩梭人一样，房屋被看作最重要的核心——这不仅仅因为其固有家族的更迭，还可以解释为联姻的发展，这一点与列维·斯特劳斯把房屋看作以"房屋为基础的社会"中所起的作用是一样的。列维·斯特劳斯关于家屋的概念本身暗含深意，包括"实施教育的场所"这一潜在的意思。正如人类学家所言，这使对家屋的分析显得更客观，更能让人意识到社会工作中人们自己的观念，更和谐地融入人们每天的生活实践中。家屋作为实施教育的场所在任何社会形态中都可以找到，并且在家庭为单位的社会中不受限制，在个体成长历程中发挥着极其重要的作用。把摩梭人的母屋作为实施教育和个体学习的场所，强调人、地域文化、土地环境的相互关系，重视母屋的地域文化性，强调摩梭人的母屋固守某地，是"家庭为社会基础"社会的一个重要特点。人类学家注意到地域关系对文化的影响，家屋应该成为研究的一个重要方面，因为它是一个民族丰富的文化与社会组织。

把家屋作为实施教育、文化传承和个体学习的场所，与人们自己观念中的房屋和家的观念非常接近。母屋不仅是摩梭人居住的地方，也代表摩梭人房屋建筑结构的物质性，它让人们把母屋和摩梭人置于同一个分析性框架中，摩梭人的母屋是一个让丰富的社会文化和社会结构的方方面面相结合的概念。同时，这一概念又让人们不自觉地对社会的各个方面进行区分。摩梭人特殊的家屋结构，以"回"字型的母屋为核心，母屋是每一个摩梭人从生到死的见证；是摩梭文化发展变迁实录与再现；既是生者的依靠，也是死者的依托；是人与神、灵与肉的交汇。对摩梭人而言，母屋中的人、神、生者与死者是相互依存，而非相互对立。摩梭人信奉灵魂不灭，他们认为家中已逝的任何一个祖先，只是肉体上不再与家中的人相依相伴，肉体虽然消失了，灵魂却活在家中每一个生者的身边，只是常人肉眼看不见而已。生者与死者的互动，在形式上具体表现为：生者每天在锅庄石上放食物祭奠祖先，祖先则时刻守候在家族中每个人的身边，护佑着自家母屋中的人、畜和所有生灵，甚至能护佑家族兴旺、五谷丰登；同时也时刻提醒家屋中的人多多与人为善，不能作恶。信念在人们行为中的表现是：不在火塘边讲污言秽语，祖先的灵魂如同家屋中活着的长辈一样，时刻在教导、敦促和看着母屋中的每一个人。如果家屋中某人处事不当，做出伤风败俗、有碍观瞻的事，将使整个母屋以及祖先蒙羞，会受到母屋中其他成员的谴责与批评。摩梭人的母屋以及母屋中的火塘与锅庄成为摩梭人心中的行动准则，摩梭人有着强烈的自己荣耀，母屋荣耀，自己出丑，就让母屋蒙羞的观念。母屋中心的观念成为摩梭人自我规范、自我约束、自我监督与自我规劝的处事准则与行事方针。

任何一个摩梭人，从生到死任何活动都在母屋中举行，从出生之日起，个体就在母屋文化的熏陶与浸染中成长。如何尊重长者、如何敬老爱幼、如何祭奠祖先、在火塘边有何禁忌、摩梭人的风俗习惯有哪些、如何耕种劳作使用工具等，长者对年幼者、不在谙世事者，特别是母亲与舅舅对后代的教养都在母屋火塘边有意、无意地进行。尊敬冉巴拉、吃饭饮茶喝酒前敬祖先、敬老爱幼、好客尊客、礼让谦恭、关心产妇、邻里相助、礼尚往来等都在母屋中得到淋漓尽致的展现，摩梭儿童就在这种氛围中学会了做一个摩梭人的规矩。母屋和谐是所有摩梭人的共同追求，所谓"礼之用，和为贵"并非只是部分民族的部分追求，也同样体现在摩梭人的价值取向中。

3. 两教并存——摩梭人的宗教信仰

盛装的前所达巴打发·鲁若

摩梭人信奉两种宗教，一是本民族的原始宗教——达巴教；一种是藏传佛教，又称喇嘛教。达巴教是摩梭人的原始宗教，其经典以口承的形式代代相传，记录了摩梭人的生产、生活、天文、族源、习俗等，反映了摩梭人的世界观、道德观、价值观和自然观。由于没有文字记载，摩梭经文在口承过程中变化较大，尤其是喇嘛教的传入对达巴教的冲击更大。达巴教是典型的原始宗教，其中既有巫的成分，也有教的成分。"达"本意是砍，"巴"是砍后留在木头上的痕迹，"达巴"之意是：达巴经文像铁器砍木头一样，一刀出现一个痕迹，一刀一刀的砍，一节一节的念，天地山川和祖先都能看到，妖魔鬼怪也被一节一节的砍断。摩梭人认为，能够让天地山川神灵和祖先看到，能够看见妖魔并和妖魔斗智斗勇并将妖魔降伏的人就是达巴，一般的人不具备这些能力，只有达巴才行。达巴被摩梭先民们看作是先知先觉的、有非凡能力的、能和神灵与祖先对话并与妖魔斗争，帮助人们驱除灾祸并代代传承摩梭文化的人。达巴教的教义规定，达巴只能举行此生的宗教活动，即为生者服务。达巴分三种：哈达巴，用骨卜、猜测和想象而成的祭祀天地山水及祖先灵魂、为死者指路和为节日祭祀的人，哈指祭、祈祷、乞求的意思；补达巴是主事敬神、驱除魔鬼的人；盘达巴指算卜的人。后来三种达巴融为一体，形成正式的教义、教规，所有宗教活动的从事者都叫达巴。在达巴教义中万物有灵的观点十分突出，讲求祖先崇拜、自然崇拜和多神崇拜，达巴经文与知识是世代相传的。

由于达巴可以追溯到前 35 代甚至 40 代的传授者，也许就是他们使摩梭人的文化传统在公元 10 世纪时确立起来，由此推论达巴教是非常古老的。在时间变迁中，达巴教也开始适应社会、政治和经济等各方面情况。达巴教没有寺庙、经书、文字、固定的节日和服装，口头传述的形式，使达巴经文与传统极易受外界影响。自 1956 年民主改革到现在的几十年间，达巴习俗有很多已经失传了，反宗教的政治运动和意义深远的经济和组织机构变化，1966—1976 的"文化大革命"对当地宗教习俗产生了强烈冲击，红卫兵不遗余力地摧毁了一切和宗教有关的用品。实际上，达巴的祭典活动也在这期间被禁止了，他们不仅自己不敢从事宗教活动，藏起所有的法器，而且不敢再培养新的接班人。从 1978 年开始，许多少数民族地区逐渐恢复了自治权，政治经济改革也促使了传统宗教习俗的复苏。现在，尽管左所和前所的宗教活动都很活跃，但知识渊博的达巴却所剩无几了。

时光的流逝好像带走了达巴的记忆，现代社会的进程也严重冲击着摩梭人的文化传统。比起子承父业成为达巴来说，有才干的年轻人更热衷于成为干部、教师、商人或技术人员，没有文字记载的达巴经文学起来较为困难。学习程度如何全凭学习者记忆的好坏，无形中造成许多人的半途而废。1996 年，摩梭学人拉木·嘎吐撒用近十年的时间把相关的达巴经文翻译成了汉语，这在一定程度上促进了外人对它的传承和研究。许多时候，达巴不是依靠巫术能力的高低而是依靠其天生的好记性，研究拉木·嘎吐撒编撰的《摩梭达巴文化》获知，达巴经文包含了大约一百多个仪式，大多数达巴知道 40—70 个仪式。达巴都是男人，年轻时就随舅舅或父亲学习，达巴是家族的头领，传统上每个斯日都有一个达巴。1956 年以前每个村落（由两到三个小村庄组成）都有一个或几个达巴，达巴的多少要视居住在此处家族的多少。前所乡目前有四大家族，一共有三个达巴，白姓家族是当地以前的土司，其宗教活动大多由打发·鲁若达巴负责；据拉木·嘎吐萨介绍，在拉柏，21 个村庄大约 2000 人有 6 个达巴。不管是拉柏还是前所，都没有正规的达巴教会。

　　人死后，灵魂一旦到达祖先的土地上，"我们将劝他和祖先呆在一起，没有被召唤就不要回去，每年十月的祭祖仪式达巴就将其带回，并叮嘱他不要在其他时候回来。"在我参加的一个葬礼上达巴都这样说，葬礼是一个让达巴展示自己学识和雄辩口才的场合，每一个达巴说多少，能有多少给人印象深刻的信息被传出去结果是不一样的。学识、清晰度、流畅性和善于表演的能力在仪式中的展示，将决定这个达巴以后在族人中的声望。达巴相信人、动物以及自然界生命的轮回，他们相信占卜和救赎，摩梭达巴在人们家中或在自然环境中举行宗教仪式。一直以来，人们认为达巴经文完全以口述的形式传播下来，没有象形文字或任何书面的记载。达巴一词源于藏语中 Ston – pa（老师）一词，因此，ddaba 一词可以看作是表示"雕刻师"一类的意思。因为"dda"一词是指在木棍上刻"V"字，这是达巴用来帮助记忆的，就像和尚或尼姑使用念珠一样，"ba"则表示"依者"。我在左所和前所的调查中获知，达巴有自己的象形文字，而且和纳西族的象形文字有区别。

　　前所达巴打发·鲁若有一刻在木棍上的达巴经文，主要用于做法事时的占卜，上面有一些山水、人物、飞禽、动物之类的图像，而且有其丰富的文字内涵和具体意指；左所木夸达巴杨梭龙有一本画在纸上的象形文经书，他本人无能力对经书进行解读，经书是其达巴舅舅传给他的，他说这本经书已传了很多代人。

　　从达巴教的发展历史来看，对它产生重大影响的是西藏的佛教，藏传佛教是左所摩梭人的正式宗教，喇嘛对这里人们的影响非常久远。在摩梭社会中，藏传佛教在宗教地位和地理位置上都取代了达巴，导致达巴的古老传统只能在拉柏那样的丘陵地带或河流流域幸存下来。当时的政治中心——泸沽湖周围地区，佛教成为最有影响力的宗教。以此，藏传佛教控制了摩梭人的丧葬仪式和民族性的膜拜仪式，像对山神格姆女神的崇拜仪式等。

正在经堂念经的喇嘛

　　喇嘛教的兴盛与其自身的许多因素有关，诸如喇嘛有自己的经堂、喇嘛庙、统一的经文、服饰、法器、专门的活动、严密的等级制度等。这些都使喇嘛教显得非常正式和系统化，有文字的传承方式是喇嘛教大兴其道的主要原因，它可以通过类似于班级教学式的寺庙教育成批培养自己的弟子。没有文字的达巴教不仅给达巴文化的传承带来困难，也给学习者带来很大的考验。因为达巴经文基本上是摩梭语的古文言文，年轻人要听清并弄懂它的含义都十分困难，更何况要将其全部烂熟于心，单凭记忆的学习方式不仅导致经文内容精确性的丧失和经文内容的流失，更为严重的是导致许多年轻人压根儿就不愿意去学习。

　　在现在的摩梭人中，达巴教和喇嘛教已经完全实现了融合。在摩梭人所有的宗教活动中，几乎都能看到达巴和喇嘛两者间的密切配合。只是在许多活动中，喇嘛经常是两到三个甚至更多；从参与宗教活动的时间上看，许多仪式喇嘛从头到尾都参与其中，而达巴很少有两个人一起参加某项活动的。每每看着达巴忙碌、孤独的背影，莫名的、淡淡的凄凉就会涌上心头，如同我深深地对摩梭人的祝福一样。达巴，愿你一路走好。

　　摩梭人的自然环境、社会环境和精神环境构成了摩梭人所赖以依存的文化生态系统。在平衡——变化——非平衡——适应——新的平衡的无限循环往复中，文化生态系统保持着自身的动态平衡。"生态系统越成熟，组成成分越多样，食物链越复杂，忍受外界干扰的能力就越大，调节能力也越强，生态系统越稳定。相反，成分单调、结构简单的生态系统，内部调节能力小，忍耐力较差，生态系统也就越不稳定。"① 摩梭人文化生态系统抗干扰能力的大小、调节能力的强弱，以及生态系统的稳定与否，都与生态系统的内部构成密切相关。生态系统"通过调节而获得的平衡，总是相对的、不断运动中的平衡，是人类整体以及人类个体（以及人类的一些群体，如家庭、氏族、部落、民族），即人类的各个层次都必须面对的问题"。② 摩梭人的文化生态系统如何在喧嚣的现代经济大潮的冲击下，在所谓现代文明的进入与影响下通过自我调节，以适应其无处不在、无时不在的动态变化，是新时期摩梭文化生态系统面临的新抉择。

---

① ［美］普洛格、贝茨：《文化演进与人类行为》，吴爱民、邓勇译，辽宁人民出版社 1988 年版，第 107 页。
② 张诗亚：《祭坛与讲坛》，云南教育出版社 1992 年版，第 216 页。

第二章

成年礼及摩梭人成年礼的文化意蕴

第二章

一、成年礼仪式及内涵

在原始人或现代部落民族，成年礼作为对青年人的教育仪式是必不可少的。每当一个人成长到族群规定的成年年龄时，族人或家人就要为其举行隆重、庄严的成年礼仪式。成人对于每个族群中的个体而言有如季节更替，预示着该个体对"旧我"的告别和对"新我"的迎接。个体在从出生至成年的过渡期间，完全依附于家庭并在族中长者的养护和教育下成长。一般而言，男孩子跟随舅舅或其他男性长者，在他们的影响和教化下习得性别角色的技能，女孩则主要跟随母亲或其他女性长者习得其性别角色的意识和能力。成年礼仪式的操作形式也因不同的民族而各具特点，各民族多借此向族中的成年者传授本族的历史知识、生产技能和风俗习惯等，由此使"成年礼"作为个人身份认同的标志与象征。

（一）成年礼仪式溯源

"成年礼"（rite of puberty，也有将其译作 Initiation rite）亦称"成丁礼""成人礼"或"青春礼"，指为达到性成熟或法定成年期的少年举行的一种仪式，以此确认其为成年，接纳为社会的正式成员，或一种宗教团体的成员。[①] 在拉丁语中，青年一词本意是指生长达到成熟或具

[①] 覃光广等编：《文化学辞典》，中央民族学院出版社 1988 年版，第 318 页。

有生殖能力。人类学者将其解释为："随着青春期到来而举行的一种典礼。"① 许多英汉词典将 puberty 译作青春期、发育期、发育、发身期、青春发动期等，随后又注明其具体所指为："按法律规定一般男子为 14 岁，女子为 12 岁。"② 德·朗特里主编的《西方教育词典》将其解释为："青春期的开始阶段，一个人逐渐具有生育能力，约 10—14 岁。"③ "一个人开始具有生育能力的青少年期，约 10—14 岁。"④ 梁实秋先生在其主编的《远东英汉大辞典》中将其解释为："青春发动期的一般之年龄，男子为 14 岁，女子为 12 岁。"⑤ 除了词源考证之外，中西方文化史和教育史对此也有明确记载。在我国，成年礼古称"冠礼"。《礼记·冠义》载："古者冠礼，筮日筮宾。所以敬冠事，敬冠事所以重礼，重礼所以为本国也。故冠于阼，以著代也。醮于客位，三加弥尊。加有成也，已冠而字之，成人之道也。见于母，母拜之。见于兄弟，兄弟拜之。成人而与为礼也。玄冠玄端，奠挚于君，遂以挚见于乡大夫，乡先生。以成人见也。"周代贵族男子 20 岁时由父亲在宗庙主持冠礼，行礼前加冠青年的父亲先筮日（即找人占卜，选定加冠的良辰吉日）、筮宾（选定为行礼者加冠的来宾），决定举行仪式的时间和为成年者加冠的来宾。行礼当天，加冠青年站在房中，由父亲请来宾进门，入庙就位，加冠青年出房就位，然后行礼。加冠的来宾按先加缁布礼；⑥ 次加皮弁；⑦ 最后加爵弁⑧的顺序给青年加冠。加冠完毕，青年行礼并向来

---

① 吴泽霖总纂：《人类学词典》，上海辞书出版社 1991 年版，第 588 页。
② 陆谷孙主编：《英汉大词典》，上海译文出版社 1993 年版，第 1596 页。
③ ［英］德·朗特里主编：《西方教育词典》，陈建平等译，上海译文出版社 1988 年版，第 254 页。
④ ［英］德·朗特里主编：《西方教育词典》，陈建平等译，上海译文出版社 1988 年版，第 377 页。
⑤ 梁实秋主编：《远东英汉大词典》，远东图书公司 1977 年版，第 1674 页。
⑥ 表示从此有治人的特权。
⑦ 表示从此要服兵役。
⑧ 表示从此有权参加祭祀。

宾敬酒后拜见母亲，然后由来宾取"字"，再拜见兄弟姑姊，最后戴礼帽穿礼服带礼品去拜见国君卿大夫和乡先生。主人向来宾敬酒赠礼品后，礼成。按规定，男子 20 岁方行冠礼，行加冠礼后男子方可娶妻，贵族女子 15 岁许嫁时举行笄礼①后结发加笄。《礼记·冠义》关于成人礼仪式的记载周详、全面并成体系，由此观之，周代成年礼俗不仅由来已久、广为流传，而且已约定俗成并初具规模。

事实上，冠礼的举行本身远比文字描述复杂许多，整个仪式显得极其庄重、烦琐。分析冠礼的实质性内涵，实际上就是今天的成年礼。据此推论，想必成年礼已然经过从草昧社会到开明时代的变迁，经过若干年岁的蜕化渐成气候。在我国历史上，历代帝王都有行冠礼的习俗。宋代朱熹在《朱子家礼》中曾详细具体地规定了笄礼程序，只是形式与《礼记·士冠礼》相比较简化了许多。《士冠礼》对冠礼的记载极其详尽，程序极其复杂，不仅仪式的举行时间、地点、参加人员详细涉及，同时区别性地对孤子，即无父亲孩子行冠礼的情况详加说明。三次加冠的具体程序、敬酒辞令都不一样，始加缁布礼时，宾客会说：月份和时日都十分吉祥，开始为你加冠，愿你丢掉童稚之心，慎善你的成人之德，愿你长寿吉祥，洪福广增。次加皮弁时宾客会说：月份和时辰都很吉祥，又一次为你加冠。希望你重视你外表的威仪，谨慎你内在的德行，愿你长寿万年，永受洪福。最后加爵弁时宾客会祝福说：在这吉岁美月，把成人的三种冠都加给你了，兄弟们都到场了，以成就你那些成人的美德，愿你长寿受到上天的眷顾与恩赐。仪式不仅寄托了成年者对即将成年者的美好祝福，同时也意味着人们通过该仪式赋予个人的权

---

① 笄礼，即汉民族女孩成人礼，古代嘉礼的一种。俗称"上头""上头礼"。笄，即簪子。自周代起，规定贵族女子在订婚（许嫁）以后出嫁之前行笄礼。一般在十五岁举行，如果一直待嫁未许人，则年至二十也行笄礼。冠（笄）之礼是我国汉民族传统的成人仪礼，是汉民族重要的人文遗产，它在历史上对于个体成员成长的激励和鼓舞作用非常之大。

利、义务与责任。

成年礼仪式作为一种具有民族特点和深刻内涵的风俗习惯在不同时期毫无例外地存在于世界不同区域的不同民族中。诸如，我国云南瑶族青年男子至 16 岁时，在夏历十月到第二年正月择吉日举行的为期七天的"度戒"仪式；纳西族、彝族和摩梭人在儿童 13 岁时举行的穿裙子、穿裤子仪式；海南黎族妇女在十三四岁时开始纹面，是人人必须施行的成人标志。周去非在《岭外代答》中指出，黎人"其绣面也，犹中州之笄也。"（周去非：《岭外代答》卷十）《台湾使槎录》载："水沙莲花港女将嫁时，两颊针刺如网巾纹，名刺嘴箍，不刺则男不娶。"又云：台湾高山族塞夏、泰雅人的纹身，男子为 14—20 岁，女子为 15、16 岁；排湾人的纹身，男子为 25 岁，女子为 13 至 18 岁；鲁凯人、卑南人的纹身，男子为 20 岁，女子为 15 岁左右。

不仅在我国，世界上其他许多地方也广泛存在着诸如此类的仪式。如肯尼亚的奥基艾克人视做成年仪式的"割礼"，他们认为，不经过割礼的人不是成人，也不能在社会上取得成人的地位与权力；泰国在女孩 11 岁和男孩 13 岁时举行"剃髻礼"。人们认为：隆重的剃髻礼的举行，标志着孩子已然进入青春期。不仅仪式前要做大量准备工作，仪式当天还要请和尚吃斋、念经。念完经后，由最受尊敬的老人先为成年者剃髻，接着由家族亲宗的代表剃一撮，最后由父母剃一撮，剃完后还要招待客人。在智利、澳大利亚、巴拉圭等地的土著居民以及亚非拉等地的一些民族至今都保持着为孩子举行成年礼的习俗。他们认为：成年礼不只是一个人成人的象征性标志，其目的更在于通过让青年人训练、考验和吃苦等方式来提高其适应和应对生活的能力。许多民族的成年礼仪式不仅隐蔽、秘密、时间长，甚至血腥与残酷。诸如，伊隆戈特人个体达到成人年龄段的时候，要举行猎头仪式，猎头的目的是要"抛弃"躯体的一部分，人们认为砍下一颗头颅是一种象征性的过程，该过程不是为了获得某种东西，而是为了丢掉某种东西。天主教和基督教为孩子举行"坚信礼",天主教是 11—12 岁,基督教则是 13—14 岁,仪式的举行标志着孩子接受了成人的宗教信仰。

上述资料显示成年礼仪式的存在,古今中外概莫能外。尽管仪式本身因气候条件、地域环境、民族社会历史文化现实的差异而在形式上表现出较大差异,究其实质,却包含着丰富的文化和教育内涵。

(二) 成年礼仪式特征及类型

1. 成年礼仪式的特征

世界上许多不同民族的成年礼仪式,虽形式各异,究其根本还是存在诸多共同特征。

(1) 对年龄的限定

大多数民族或部落的成年礼仪式,均有明确的年龄限制,从 11 岁到 20 岁不等。举行仪式年龄的不同与各民族自身的传统习俗、地域文化和民族自身的发展历程密切相关。年龄的限制,从前文对成年礼一词的解释来看,本身存在合理的生理与心理规定。从生理上讲,一个人青春期的开始阶段和逐渐具有生育能力的阶段,大约是 10—14 岁。人们普遍认为:这个年龄段的人,已达到性成熟,可以接纳为社会的正式成员,或一种宗教团体的成员。在拉丁语中,puberty 一词本指生长达到成熟或具有生殖能力。从心理上讲,该年龄段的人,已经具备一定的辨别是非善恶的能力和自我反省与思考的能力,同时也具有一定的劳动能力。尽管在仪式诞生之初,不存在如此理性的分析与思考,但仪式本身在此阶段的进行却表明,它与人的身心发展规律是相吻合的。14 岁的男子和 12 岁的女子,也符合人们规定的成人年限。

(2) 仪式的普适性

这里的普适性是指仪式普遍适用于同一民族中的每一个人,该民族中的任何一个人都必须施行,概莫能外。仪式本身的功能包括:导致个体身份的变化;区别于他族的标志;个体进入自己所属文化群体的标志与象征，因为仪式衍生出的标志符号使个体不同于他族。仪式是个体的学习过程，它不仅在个体的心理世界中加入了新的内容，同时也改变了个体心理的一些结构，不仅同族中人从一个新的角度来看待个体与群体的关系，而且行礼者本人也从一个新的角度来看待自己与群体的关系。仪式的普适性不仅在该种文化模式中每一个人的生活中增加了新的"元素"，更是在重新塑造一个完全不同于往日的新人，改变个体本身与世界的关系。"去旧迎新"不只是群体的期待、憧憬与向往，更是个体本人的期待、憧憬与向往。

（3）特征明显

不论古中原华夏族人的冠笄之礼，摩梭人的穿裙子、穿裤子仪式，还是百越族系人的断发纹身，其外在特征都极其明显。《说文》："族，失缝也。束之族族也。从㫃，从矢。㫃所以标众，从矢之所集。"族之本义为矢族，后衍化为亲族之意。"部落相邻之人，同事畋猎，或相争夺，于是各树旗帜，以供识别。凡在一旗之下者，即为一族。"① 古人以旗作为识别同一民族的标志。斯大林将民族定义为，一个长期历史发展而来的坚固的人群共同体，具有四点原则上的共同特征，即：共同语言、共同领土、共同经济生活和共同的文化特点所表现出的共同心理构成。摩梭人沿袭至今的成年礼在意义上类似于旗帜，类同于斯大林区别民族的四点原则中的共同的文化特点所表现出的共同心理构成的特征。据此，成年礼对个体服饰、身体、头饰等外部特征的改变，成为民族识别、身份认同、婚姻准许等的重要标志。它既是个体向族人明示自己身份的重要标志，也是族人识别自己民族成员身份的标志，仪式成为民族识别、增强民族凝聚力的象征性符号。

（4）"成人"——仪式共同的主题

"成人"，是青春期在特定时间、地点和许多人共同参与下隆重举

---

① 柳诒徵编：《中国文化史》，中国大百科全书出版社 1988 年版，第 17 页。

行仪式所追求的共同主题。"成人"一词在这里应该用做动词，即将其理解为"使其成为人"或"成为一个人"，而不是我们惯常对其的名词表述，即"成年人"。尽管成为人的前提是成年，但使其"成为人"才是仪式的真正目的与动机所在。我们普遍认为，人在断气之后就真正死了，即在我们习惯性的思维中，我们认为，人要么活着要么死了，没有非死非活的人。我们甚至认为如果存在非死非活的情形，也只能是天方夜谭。但许多民族的文化意识与宗教信仰表明，人的生与死是分阶段完成的。人们认为，一个人即使已经断气，但还没有真正死亡，因为只有当死亡与标志死亡的仪式彻底结束之后，死才真正完成。在断气之后与丧礼完成之前的那段时间里，断气的人处于非死非活的双重境界。死是从断气的那一刻开始，但死的真正完成却只有在为死者举行的标志其死亡的仪式完成之后，死的完成是以仪式的完全结束为标志的。同样，真正的生也在标志着生的成人礼仪式之后才完成的。成人礼仪式的目的是要使个人成为"完全的"人，使他能够执行部族的合法成员的一切职能，使他完成作为一个活人的过程。"生"在仪式中被人们赋予双重含义：一是指人的鲜活的生命，二是指生动的文化。

2. 仪式的类型

根据仪式的表现方式和手段可大致归为以下三类：

（1）教导型

仪式本身意味着告别"旧我"，迎接"新我"，意味着个体进入群体，实现从"生物人"向"社会人"的转变，是个人获致身份的标志与象征。成为人是以生理发育进入青春期为前提的，但仪式真正追求的还是"成为一个人"的丰富的文化内涵。露丝·本尼迪克特认为："事实上，人们所认识到的青春期是个社会问题，为这一时期而举行的各种仪式便是通过各种不同的形式来表明孩子将进入成年人的阶段。……所谓的进入成人阶段，其标志并不是生物学意义上的发情期，而是文化制约的青春期仪式。"① 在个体生理发育进入青春期的时间里，为其举行仪式，其用意不仅是对个体生理发育期需要的认同，更是社会文化意义上的角色转化。所以，人们借助仪式的方式实现文化的传承与人的培养与塑造，仪式的实施就是最好的教育方式。

瑶族人在男子 16 岁至 22 岁期间为其举行"度戒"（也称"过法"）仪式，仪式分"大度""小度"或"度天戒""度地戒"，由戒师主持，一般大度有七个戒师，小度有五个戒师。度戒期间，受戒人必须在戒师家吃住，不得出门，不得见天，不得与戒师之外的任何人讲话。晚上，戒师向其传授本民族的宗教礼仪与其他内容。度戒时，戒师让其背诵十戒并发誓，诸如：不偷盗抢劫、不杀人放火、不陷害好人、不做官欺人、不奸女拐妇、不虐待妇女等。宣誓完毕后，戒师将火掷于水碗之中，意即如果违背誓言，命运就会犹如入水的火一样，自取灭亡。瑶族人通过度戒仪式对成年者进行公德教育，使个体自成人之日起便懂得社会规则并努力遵循。

基诺族的长老们借助成人礼仪式带领大家唱乐诗、唱本民族传统的社会生活的习惯与法规、唱生产过程、古老的生产经验，他们歌唱着告诉成人者本民族的文化传统、人们的爱情和家庭生活；他们歌唱着教导年轻人如何谈恋爱，如何忠于自己的爱情，如何遵循与爱情有关的道德和习惯法。歌声既是教导的方式也是教导的内容，在美的、和谐的、享受的环境中使成年者接受教育并实现其文化传承与人性塑造的双重功效。

通过仪式教导成人者，其内容当然不只限于爱情、婚姻和家庭的主题，更包含着怎样做人、怎样生存和怎样适应环境的主题，天文、历法、劳动技能、宗教仪式等几乎无所不包，只是各自有所侧重而已。

（2）考验型

通过仪式考验个体，是许多民族成人礼仪式的必经之途。瑶族男子

---

① ［美］露丝·本尼迪克特：《文化模式》，王炜等译，生活·读书·新知三联书店 1988 年版，第 20－21 页。

"度戒"仪式时的上刀梯（赤着脚爬上插满利刀的梯子）、踩火砖（赤脚踩烧烫的砖头）、捞油锅（徒手在滚烫的油锅中捞物）；基诺族人在个体成人时，出奇不备的对个体突然袭击，试图使个体产生恐惧，在恐惧的那一瞬间，过去的我离开了，取而代之的是一个全新的自我；台湾卑南族的少年在 12 岁或 13 岁的时候开始进入"少年会所"，在这期间，禁止与女性讲话、禁止饮水、禁止吃肉，一天只能吃一餐，晚上去不为人知的地方练习跑步歌舞，动作不对，精神不好都将受到鞭打重罚，时间共计 7 天，在此期间还要为老人捕鱼，供其食用，并接受老人的训示。侗族在人的一生中要滚三次烂泥巴田，一次是 5 岁，一次是 10 岁，最后一次是 15 岁。人们认为一个人"从母亲那里学到善良，从父亲那里学到勤劳，从祖父那里学到耐性"，一生中滚三次泥巴也是与之相照应的，5 岁的人开始离开母亲的怀抱，由母亲带到田边，交给田坎那边的父亲，从此，孩子就要跟随父亲学习劳动，十岁时由父亲带到田边，在田坎那边接着跟随祖父学习，15 岁的时候由祖父带到田边，田坎那头已不再有人接应，这预示着 15 岁的个体，已经长大成人了，从这时起要独自去面对自己的人生，独自走自己的人生道路。

　　"恩古拉（Engwura）……实际上是一系列长长仪式，它们与图腾有关，而以那些最好叫做火考验的仪式（作为成年礼的最后一次仪式）告终。一个土人受过了所有这一切仪式的考验以后，就变成了那种叫做乌尔里亚拉的人，亦即变成部族的一个发育完全的成员……。"[①] 另外，在国外一些地方盛行的割礼、猎头、烟熏、敲打牙齿、用钩子刺进人的背部把人钩着钓起来、悬浮于空中、割礼、火考验等，其目的既在于考验新成人者的勇敢、耐性、丈夫气、忍受痛苦乃至于保守秘密的能力，关键还在于让新成年的人与社会集体的本质、图腾、神话祖先或自己的祖先之间建立某种联系，并实现双方之间的互动。

---

① ［法］列维·布留尔：《原始思维》，丁由译，商务印书馆 1981 年版，第 343 页。

（3）标志型

摩梭人的换裙换裤礼、藏族的戴巴珠礼、瑶族的换帽礼、土族的戴天头礼、柯尔克孜族的戴耳环礼、独龙族的黥面礼等（在脸上刺成记号、花纹、图形或文字并涂上墨）都是借助其独特的外部特征为标志。标志型的成人礼仪式既有服饰标志型，也有人体标志型，或借助于其他的装饰为标志。彝族母亲给女儿换裙时的叮嘱是关于标志型成人礼仪式内涵深刻揭示。"青年彩裙往下穿，姑舅之子往上来；莫乱伦，莫降级；同性家支防在外，姨表之子防在外，姑舅之子往里来……。基诺族人认为，一个人如果不纹身，死了以后就只能当野鬼，无法进入鬼寨与祖先团聚，从宗教信仰的角度来说，这是不为基诺族人所认同与接受的。清人何如璋《使东杂咏》第十一首诗写道：

编贝描螺足白霜，风流也称小蛮腰
剃眉涅齿源何事，道是今朝新嫁娘。

该诗透露出日本长崎妇女有染齿的婚俗，也透露出染齿与成年之间的关系。标志型仪式从外形上讲是一种变形，无论纹身、漆齿、割礼、戴帽、换裙换裤或是将头发盘起、变换头饰等，都是改变外形的一种标志而已，标志本身作为一种文化或民族认同的符号，该符号不仅是男女区分、种族与部落的区分标志，也是婚姻关系和性关系的区分标志。

3. 仪式的文化意蕴

综上所述，尽管仪式异彩纷呈且纷繁复杂，查其根本，却在于使人能够成为一个"完全的人"。关于成人礼仪式的深刻内涵，《礼记·冠义》有过详实的描述与阐释："成人之者，将责成人礼焉也。责成人礼焉者，将责为人子，为人弟，为人臣。为人少者之礼行焉。将责四者之行一人。其礼可不重欤?! 故孝弟忠顺之行立，而后可以为人；可以为人，而后可以治人也。故圣王重礼，故曰：冠者，礼之始也，嘉事之重者也。是故，古者重冠；重冠，故行之于庙；行之于庙者，所以尊重事；尊重事，而不敢擅重事；不敢擅重事，所以自卑而尊先祖也。"

寥寥数语，形象而又直观地道明了成年礼仪式对个体的重要性，仪式对个体德行、为人、做人、守礼、角色意识都有明确规定，在说明重冠事源由的同时也赋予个体作为成人所应该享受的权力和所应该遵循的规则。各民族借助成年礼仪式的完成来承认个体的成人，赋予个人成为一个人的权力与义务；各民族中的个体也借助仪式的完成来获致自己成人的权力与义务，个体通过仪式可以获得各方面的教育和各种社会资格。大概可以归结为以下五种：宗教的资格、法律的资格、经济的资格、婚姻和性生活的资格。鉴于后文在阐述摩梭人成人礼时的详实分析，这里就点到为止。

二、摩梭人成人礼仪式实地调查与描述

由于成年礼仪式在大年初一清晨举行，笔者为了详细考察仪式的施行过程，2002 年和 2003 年的两个春节分别在左所"木夸"村和前所"屋崖"村度过。为了使研究更客观，有意选择了两家男孩和两家女孩，左所和前所男女各一家，前后两个春节一共看过四家人的仪式，共计 6 个小孩，左所木夸村郭家是两弟兄同时举行，郭达次尔 13 岁，郭二车蒙补 9 岁，木夸村另外一家是两姊妹同时举行，八阿升格直玛 13 岁，八阿萨达直玛 11 岁；前所乡的一男一女各 13 岁，仪式都是在大年初一独自进行的。

（一）仪式实施程序

摩梭人相信：人最初只有 13 年的寿命，狗有 113 年的寿命，人嫌

自己年岁太短要求与狗互换，阿巴笃神①准许人与狗协商交换获得更长的寿命，摩梭人认为人之所以长寿是人狗换寿的结果。与狗交换寿命的条件是人对狗的终身养护、照顾，具体体现在摩梭人的民俗传说和神话故事中，也体现人们日常生活的禁忌中。如：摩梭人禁止打狗、杀狗、卖狗和吃狗肉，不能花卖了狗的钱；怀孕期的妇女绝对不能打狗、骂狗，否则生下来的小孩可能是畸形或不能健康、顺利地成长。在摩梭人的习俗中，小孩在换穿衣服前，要给狗和正房里面的那道门槛磕头。为了感谢狗，行成年礼的时候把狗拉进正房，先给狗喂饭和肉，然后给狗磕头并说：您将您的寿命给我，现在我已经长大成人了，我非常感谢您。不论男孩、女孩仪式中即将换穿衣服时，都要把新衣服先在狗身上或头上象征性地放一下，表示这件衣服狗已经穿过了，然后再给人穿，穿好后给狗磕头；另一种做法是行礼者在换衣服之前给狗喂饭，告诉狗自己已经 13 岁，要换穿衣服了。至于摩梭人具体为什么选择在 13 岁举行成年礼仪式，摩梭人达巴经文中有详细记载。如，摩梭人在秋后举行

---

① 达巴经文中赐摩梭人寿命的神。

的祭山神、天神、土地神和畜神时念诵的松干经中有："家族的后代像夜里的繁星，期待众神护佑，最尊贵的阿巴笃神，你赠赐人寿不变卦，从九岁到十三岁，从十三岁到二十五岁，从二十五岁到三十七岁……"。①

仪式在个体虚岁 13 岁那年举行，如果当年家中另有 9 岁以上、13 岁以下的其他小孩，家长一般把两个小孩的仪式放在一起同时举行。考察中获悉，出现该情况的缘由主要受传统文化的影响，另外也有经济方面的原因。摩梭达巴认为：13 岁、25 岁、37 岁、49 岁、61 岁都是人生生命的关口，又被称之为危险年，所以到 13 岁的时候必须布道重续人的寿命，是为了给人嫁接新生命，使人顺利度过关口。举行仪式要宴请宾客，花费较大，于是促成部分家庭把两个年岁相近孩子的仪式同时举行。9 岁为孩子行成年礼仪式曾经成为个人或家族地位高低的象征。达巴说，在过去，只有土司家的孩子才能在 9 岁举行仪式，老百姓或地位低下的人是绝不允许的，因为土司觉得自己家的孩子享有提前成人的权利，可以提前成人，其他人的孩子则是绝对禁忌在 9 岁举行仪式的。在摩梭人的观念中，没有举行成年礼的个体还不是人，只有举行仪式之后才算个人。在今天，这依然是人们对孩子为什么必须举行成年礼仪式最简单和最直接的回答。不管有无文化、在外地工作等任何年龄段的人，都作此解释。成为一个人是摩梭人成年礼的终极目标所在，也是人们最为牵挂和关心的核心所在，更是人们极尽铺叙夸张的原因所在。为什么"成为一个人"，"是一个人"的观念对摩梭人如此重要？这似乎也是我们现代教育所关注和追求的。

对两个不同地方摩梭人成年礼仪式的详细考察发现，关于仪式的意义、与成年礼相关的神话传说、相关禁忌、仪式的实施程序几近一致，其不同主要体现在男女举行仪式的方式上，诸如男女举行仪式站的位置

---

① 拉木·嘎吐撒主编：《摩梭达巴文化》，云南民族出版社 1999 年版，第 327 页。

不一样、脚下放的东西存在差异、男女服饰的差异、达巴为两者念诵经文内容强调重点的不同等，这些将在后文详加阐释。本文以左所八阿家的仪式为突破口展开叙述与分析。

"成年礼"，摩梭话称"里给"（穿裤子），"毯给"（穿裙子），当地人的汉语表述为"成丁礼"或"成年礼"，是大年初一清晨为虚岁13岁的男女儿童举行的成人仪式。下文简述八阿家升格直玛和萨达直玛的成年仪式。

换穿裙子之前为即将举行成年礼仪式的孩子念经的喇嘛们

大年三十晚上，八阿①家的"达布"安排人请达巴和喇嘛，其余的人则准备母屋中的布置，她们将猪膘肉挂在右（女）柱上，也有直接将猪膘肉放在右柱旁边的地上；把粮食口袋放在右柱上边，再将缝好的金边衣、白褶裙用"塑料袋"包好放在上火铺。晚饭后，一家人围坐在温暖的火塘边，有说有笑地继续忙碌着。老祖母和妈妈忙着为女儿们编织头饰，用牦牛尾和梳落的头发一股股缠绕在一起，编成一条长长的

---

① 举行成年礼意识的女孩子家姓。

发辫；即将举行仪式的升格直玛和萨达直玛①无疑成为全家人的中心。妈妈一边忙碌着，一边讲述着两姊妹成长历程中的点滴小事。火塘中红红的火焰，映衬着每一个人的笑脸。升格直玛和萨达直玛带着兴奋、甜美、想望的笑脸关注着，倾听着，不时也附和或纠正妈妈的有些说法，引来家人阵阵欢快的笑。这或许是她们自懂事以来，通过村寨中其他人的成年仪式和家人言行举止了解到最让她们充满期待与向往的大事，尽管她们此时未必全懂成年对她们意味着什么，但期待的目光与笑脸却感染着在场的每一个人。

　　夜，静极了。平日肆虐的风声与松涛声今夜也显得格外温柔，仿佛怕惊醒私语中的月亮、星星与沉睡中的泸沽湖……。几声鸡鸣狗吠划过夜空，唤醒了沉睡中的山寨。看看表，凌晨四点半左右，直玛的妈妈已起床点燃火塘中的火，家中其他人也陆续起床来到火塘边，连 6 岁的小妹妹也一身新装来到火塘边，睁着一双机灵的大眼睛关注着家中每一个人。5：20 分左右，喇嘛来了，在上火铺主人位②盘腿落座后，年长的喇嘛教小喇嘛用糌粑面揉制各种动物面偶，老喇嘛用新鲜的松枝蘸起碗中的苏里玛酒撒向上火铺的火塘中、三脚架和神龛上。随即，在几声清脆的钹铃声中，他们念起了精美的颂词。六点半左右，伴随嗡嗡的海螺声，保爷开始为升格直玛穿裙，萨达直玛由妈妈代劳。关于选择保爷的时间有两种说法，一是认为在小孩出生行取名仪式时就由达巴或喇嘛选好；另一种说法是在仪式前一个月或半个月由达巴或喇嘛占卜选择，关于保爷的选择，摩梭人有许多规矩，后文将详细分析，此不赘述。保爷先帮升格直玛脱去外边的旧衣裤，然后将裙子顺着从头顶套下去，再将裙子理好，拉直。按摩梭人的规矩，裙子应该从头上往下穿，而不能从脚上往上穿，他们认为：人是渐渐的一节一节地往上长的，从上往下有拔高的意思。男孩穿裤子时，则先从左脚开始，再穿右脚。穿戴完毕

---

① 　是两姊妹，升格直玛 13 岁，萨达直玛 11 岁。
② 　对着门的一面为家中男人就坐的地方。

后，升格直玛与萨达直玛先跪在喇嘛面前，由喇嘛为其诵祷告经，然后老祖母向祖先、灶神、火神献食。向祖先献食时，达巴就呼唤家庭中每个死者的名字，老祖母将献给祖先的食物举过头顶，撒到房子上；接着，升格直玛和萨达直玛依次向经堂、灶神、喇嘛、达巴和长辈磕头施礼，每个长辈或客人都要适当地送些礼物，[1] 对她或他说些赞美祝福的话，诸如：健康长寿、一生顺利、平安吉祥等。跪拜之后，升格直玛的父亲用香喷的牛羊肉、猪膘肉和苏里玛酒致谢客人；之后全家共进早餐，吃完早饭以后开始置办酒席，宴请村里的人。请客也有讲究，村中的每一家人必须请到，而且每家必须是男女各一人。餐饭结束后，由母亲领着穿上新裙的升格直玛姐妹俩到父亲家，主要以母亲家为主的亲属家拜年，拜年时送给亲友一圈猪膘肉、一坛咣当酒、一坛苏里玛酒，亲友则回赠她们一些礼物，如钱、首饰、衣服，最贵重有送牛羊的。亲友回赠礼品讲究心意第一，礼物多少则视个人家庭经济状况而定。实在没有礼物，说一些祝福的话也可以。

据当地人讲，传统的摩梭人未行成年礼仪式之前，无论男女都统一穿麻布长衫，系花腰带，男女在着装上是没有性别差异的。现在无论哪里的摩梭人，仪式前后都穿汉装，服装在成年前后已经没有性别差异了，但不管衣服怎么穿，成年礼仪式都必须举行。现在的仪式和老人描

---

[1] 钱或首饰、粮、茶、盐等。

述的传统相比，已经或正在悄然发生着变化。前所和左所的仪式差别似乎验证了人们的这一观点。左所和前所的男孩举行仪式的形式完全一样，都是在行正礼时完全脱掉以前的旧装，光着身子再换上所有的新衣服，包括鞋袜在内。两地女孩子的仪式已经存在些许不同。在左所，升格直玛两姊妹早上起床时已经换掉了除外套外的所有旧衣服，仪式时象征性地脱掉外衣，再换上崭新的裙子。在前所，女孩换裙子的形式和两地男孩子一样，没有太大的差异。前所与左所女孩换穿衣服时的微妙差异很有意思。析其原因，可能与两地人的居住环境有关，木夸村摩梭人大多伴泸沽湖而居，旅游业处于方兴未艾的开发状态，外地人渐渐多了起来，形式上的些许改变多少反映出此地摩梭人心理的悄然变化。

　　拜见父亲及氏族成员之后，将举行锅庄晚会，全村所有的人都会来参加晚会，晚会上人们会鼓动、激励成年者跳舞或唱歌，当着众人的面表演节目，晚会之后，仪式才真正宣告结束，个人的成年礼随着仪式最后一道程序的结束而完成，只有当仪式的最后一道程序结束之后，个体成年的目的也才能真正实现与完成。列维·布留尔在《原始思维》一

书中分析成年礼仪式认为："生是在实际上分娩时开始的，但要完全成个人则是在行了成年礼仪式以后的事。"① 摩梭人的仪式也是如此，仪式完全彻底地结束的时候，就是个体真正成为一个人的时候。仪式对个人而言，不只是改装易服，而是从身份、地位、心理到居住方式都发生了改变，使个体以成人的形象出现在社会上，这具体体现在个体在同族人中一系列权力的享受和责任与义务的获得上。

（二）仪式显著特征

1. 宗教性

摩梭人的成年礼仪式本身带有一定的宗教性，也有人将其看作是一种宗教活动，其原因有两个方面：第一，仪式是由达巴和喇嘛为主的宗教人员参加，达巴是摩梭人原始宗教的代表，喇嘛是佛教的代表。一是在仪式过程中，喇嘛主要负责为即将举行仪式的个体念长寿经与祝福经，达巴则主要负责敬祖先，呼唤已逝祖先的名字，将其召唤回家中，享受后人的祭祀与供奉，表示对祖先的尊敬；二是请祖先保佑即将成年的后人，保佑其所在母屋人畜平安等，祖先对后人的保佑涉及日常生活的诸多方面；三是达巴还会念诵祝福即将成年人的经文，经文的内容较为广泛。在海螺声、诵经声、鼓声、点燃的袅袅香烟、经文、达巴的念念有词和其他活动中营造出浓厚的宗教气氛。现场气氛和谐、自然，却也庄重、肃穆与神秘，与宗教祭祀活动极为相似。第二，在已有的认知中，原始社会或远古部落的宗教礼仪都由祭司主持，他们不仅知识渊博，甚至可以通灵，可以和逝世的祖先对话，可以看见许多常人无法看见的东西，仪式主要由这部分人主持，摩梭人的仪式似乎再现了这一情形。

2. 社会性

对摩梭人而言，成年礼仪式不仅是个人获取作为"一个人"所应

---

① ［法］列维·布留尔：《原始思维》，丁由译，商务印书馆1981年版，第300页。

该享受各种权力的机会，也是个人开始承担家族与族群义务与责任的契机，对个人、对社会都有着极其重要的价值。尽管仪式表面看来是个人的成人，但对整个摩梭人族群而言同样重要，仪式具有浓厚的社会属性，与整个社会密切相连。英国文化人类学家 C. R. 巴伯认为："成年礼具有两个方面的意义：对于正处在这种转变之中的个人来说，它标志着具有重大意义的事件；就社会而言，它也是一个非常时期。"① 摩梭人的成年礼仪式直观地反映了这点。仪式由有威望的达巴、喇嘛参与与主持，家中邀约全村人共同参与，个体盛装拜见村中的亲属、长老或同一氏族中人，家中盛宴款待村寨人，锅庄晚会上全村出动，这些都表明仪式表面看似个人的事，实际上却是由全村人共同参与的。家人向祖先的祭祀、对村寨人的邀请、对氏族中人的拜见，实质上是向他们宣布，自家又多了一个新成员，这个新成员将给家族的经济、人口、地位等诸多方面带来转变，其中心却并非只限于个体及其母屋，而是直接指向母屋所属的特定群体——整个摩梭人族群。

3. 象征性

仪式的象征性是指仪式本身包含了丰富的文化内涵。摩梭人成年礼仪式的象征首先表现在对个体"旧我"的否定与"新我"的肯定，"旧我"的死亡与"新我"的新生，"我"既是指向个体，也是指向群体的。其次，仪式的象征性主要表现在仪式中的言行举止与符号形态无不寓意深刻，母屋、中柱、服饰、人物、神话、语言、活动场景的变化等概莫能外。卡西尔在探讨符号的产生过程时认为，表象是"人工符号的基础，符号的产生，在于把具体的表象固定下来，成为可以共享得到交流的东西。"② 仪式中的符号成为深入到摩梭人文化隐秘意义最深层的表现形

① 王亚男：《人生历程》，邓启耀译，云南人民出版社 1988 年版，转载于邓晓江主编：《中国生育文化大观》，百花洲文艺出版社 1999 年版，第 544 页。
② 胡传胜：《符号与象征》，《南京化工大学学报（哲学社会科学版）》2000 年第 2 期，第 58 页。

态，仪式中个体对符号隐秘意义的把握与了解，缘自所有的生活，仪式的重要性、情景性与价值性使其意义得到进一步的再现与升华。

4．历时性

从摩梭人成年礼仪式的事实过程来看，仪式的举行是在某一特定时间段内完成的事情，似乎并不足以引起如此的关注。其实不然，摩梭人从出生之时保爷的选择、未成年者在出生之后到其成年之间与保爷的礼尚往来，仪式之后成年个体与保爷的关系一直维系，保爷去世，成年者将作为保爷的子女参加葬礼，承担丧葬仪式中的部分事务。成年礼历时性更重要的体现是在其贯穿每个摩梭人的一生，因为只有成年之后的个体死后才能享受火葬的权力，火葬权力的获得意味着个体一系列其他权力的获致。诸如，回祖先驻地与祖先团聚、作为母屋中的祖先被后人祭祀等。而且，从出生之后的未成年阶段是个体接受族群文化、学习其社会文化的重要阶段，尽管这个阶段在人们"不举行仪式就不是一个人"的观念中被否决，但其存在的价值与意义却是客观的。

5．教育性

摩梭人成年礼仪式中最不容忽视的还在于它的教育性。仪式的举行过程就是一个对个体实施全环节教育的过程。如果将仪式的发生序列从教育学的角度予以划分，可以发现：仪式包含了从教育目的到教育内容、教育方法、教育手段和教育者与受教育者等教育内容。如果针对仪式的发生顺序可以对仪式进行这样的教育追问，即：究竟谁在何种情况下，为什么要通过一些内容并采取一定的方式、方法与手段对谁进行教育，如果再将追问予以剖析，其中蕴涵着六个具有指向性的问题，用教育学的专业术语描述应该是：教育者、教育情境、教育目的、教育内容、教育方式和教育手段以及受教育者。将其予以精致化，则可以简单表述为谁通过什么教谁，其中由具体涉及三个方面：教的主体、教的内容和教的对象，至于怎样教，在哪种情况、怎样的时间地点并采取何种方式方法等，都可以看作上述三个范畴之内可能涉及的内容。仪式的教育性不只在于其可能囊括这些教育要素，更主要的在于其教育价值与深刻的教育内涵，摩梭人通过仪式使个体成为"一个人"并通过仪式达成这一教育目的本身包含了文化传承与人性塑造的重要使命，因为仪式而促成的未成年人向成年人的心理嬗变、个体权利、义务与责任的获得以及个体社会与性别角色的转化都是今天教育所极力追求的。仪式的教育性是本文探究的中心，后文将展开分析。

三、案例研究成因：文献与考察材料的比较

人类学、民族学、考古学和文化学等诸多领域，对成年礼的探究并不鲜见，先后有许多学者从不同角度阐述过世界不同民族各具特色的成年礼仪式。诸如：《中国少数民族礼仪》《形形色色的礼仪与禁忌》《鲜为人知的原始民族与文化》《中国生育文化大观》《仪式与社会变迁》以及伊力奇的《"成人礼"的来源、类型和意义》、晁福林的《原始时期的人生礼俗初探》、陶立璠的《民俗学概论》等著作和论文都对此问题有所涉猎。这些研究，也曾意识到仪式本身的价值与意义，但大多囿于将仪式作为民族习俗的一部分或者是单纯就习俗谈习俗，鲜见对其教育意义与价值的深入探究与挖掘。在其他学科的探究中也有人将仪式视作是"一种特殊的社会教育，人类学家们称之为'公民教育'"。[1] "成年仪式是原始时代的一种临时性的学校，对培养和教育氏族成员有重要的作用"。[2] 也有人将仪式视作家庭教育。大致观之，这些研究主要体现为：重视成年礼仪式的文化差异；注重从民俗的角度出发对成年礼仪式的文化诠释；强调仪式与人性发展之间的关系。也曾对仪式的教育价值有所涉及，如将成年礼仪式归属于家庭教育、社会公民教育或学校教育等，但对其深刻教育内涵的详细揭示却很少出现。

---

① 郑晓江主编：《中国生育文化大观》，百花洲文艺出版社 1999 年版，第 549 页。
② 宋兆麟：《走婚的人们——五访泸沽湖》，团结出版社 1999 年版，第 26 页。

　　教育学界对其的存在置若罔闻，即使有所闻，也仅限于教育起源的问题，至多从教育的历史形态出发将其归类于原始形态的教育，认为它主要存在于原始社会阶段，其主要特征则在于仪式形式的原始性与仪式中教育内容的原始性。教育史在研究原始社会的教育时认为："在接受男女青年成为氏族有充分权力的成员的时候，举行一种特别的、庄严的考验仪式，在这个考验中，要检验男女青年对生活的准备程度，如忍受困难、痛苦以及表现勇气和刻苦耐劳的本领。这种考验通常是由老年人当众主持进行的。"① 何谓"原始"，据现代汉语的解释，"原始"有两层含义：一是最初的，第一手的；二是最古老的，未开发的，未公开化的。② 从整个人类的起源和发展来看，存在于久远过去的成年礼仪式或曾有过这样的历史时期，但如果继续把今天依然广泛存在于世界各地各民族的成年礼仪式看作是原始或是人类起源之初的活化石，似乎有点欲盖弥彰和自我欺骗的情绪，因为成年礼对个体成人的追求反映了强烈的历时性、时代性与民族性，这与人们常说的"活的文化化石"并无关涉，如果因为久远的过去存在和今天类似的情形，就将今日情形称为"活化石"，则显得过于主观，忽略了文化自身的进化与发展历程。

　　在笔者所掌握的有关成年礼仪式的文献记载中，《仪礼·士冠礼》所载古时冠礼最为详实，不仅涉及冠礼的实施程序，且对其功能也予以详实揭示，虽非浓墨重彩，却也字字珠玑。《仪礼》与《礼记》《周礼》合称"三礼"，《仪礼》出现年代最早，其中所列各种典礼，如冠礼、丧礼、聘礼等。人们认为这些礼仪起源于原始社会的风俗习惯，为适应社会之发展。夏、商、周三代有识者对其加工改造，使其成为具有权威性的礼仪程序。春秋之时，这些礼仪已遍及列国并普遍实行，却无文字可考，想必当时并未将冠礼予以记载。至春秋末期，孔子倡"克己复

---

① 曹孚主编：《外国教育史》，人民教育出版社 1986 年版，第 3 页。
② 参见中国社会科学院语言研究所词典编辑室编：《现代汉语词典》，商务印书馆 1978 年版，第 1407 页。

礼"，重又提及并十分重视礼仪在国民中重要的教化作用。若考证属实，冠礼的存在，则远远早于文献记载。在随后有关冠礼的记载中，有人认为"冠礼是贵族子弟在十九足龄后一个月举行的，冠礼是成人礼。这个人字是指一定社会等级的人，而所谓成人，则是说，一个贵族子弟到了规定的年龄而又已具备了作为继承者所应有的许多条件了。"①

冠礼对个体的意义是"成人"，成人对个体的意义则主要因其指向对象不同而存在差异，具体包括：冠礼之后的个体对君而言是臣；对父亲来说是子；对兄来说是弟，依此类推，冠礼之后的个体将随着针对对象的不同扮演角色而变化。不仅如此，冠礼对个体有着重要的成人意义，体现在对个人、对家族甚至于整个族群，冠礼对个体既意味着成人，意味着治人，所以人们对冠礼的举行时间、地点都极为讲究。然而，对"成人"的追求却是不分尊卑贵贱，不讲形式是隆重抑或简易。如此看来，对仪式阶级性或尊卑性的强调委实没有必要。

与文献资料记载的冠礼形式相比，摩梭人的成年礼同样意味深刻，对摩梭人而言，"成为一个人"，成为一个使个体拥有宗教、经济、法律、婚姻与性生活权力的人，成为一个使个体既享受权利，同时也承担家族与族群责任与义务的人，构成仪式发生的依据。对未成年者而言，仪式是一种个体实现心理嬗变，改变个体与族群、与自己关系的契机；对成年人而言，为未成年者举行成年礼仪式是一种责任，一种义务。权力、责任与义务在每个摩梭人的一生中构成一种职权转换的关系，因为每个人在享受权利的同时，也意味着责任与义务的承担。仪式在举行的时间、地点、参与人员等方面和古冠礼有许多相似之处，为便于分析，文章依据两者的实施顺序，通过表格的形式予以表示，如表2.1：

---

① 《中国文化史三百题》，上海古籍出版社1987年版，第362页。

表2.1　摩梭人成年礼仪式与文献记载古冠礼实施顺序列表

	实地考察——摩梭人	文献记载——冠礼	
1	冬至当日买好、裁好缝制新衣服的布，缝制时间无特别讲究 *	筮日：选加冠之日	1
2	请达巴占卜选择时辰	戒宾：提前三天通知同僚、朋友，使之前来观礼	2
3	通知村人，请人们参加孩子的成年庆祝	筮宾：在僚友中选加冠之宾，赞冠者①	3
4	仪式准备：酒、肉、干果、猪、牛、羊等	陈服：冠期之日陈设器物服饰	4
5	达巴、喇嘛念经并烧香	迎宾者、赞冠者入庙	5
6	宣布仪式开始：鸣枪放炮	始加缁布冠	6
7	达巴、喇嘛念经，"保爷"带着行礼者向四个方位鞠躬跪拜	再加皮弁	7
8	把行礼者的衣服烟熏后在狗身上象征性穿戴②	三加爵弁	8
9	进母屋换衣服	宾礼冠者	9
10	达巴呼唤家中祖先的名字，同时，主妇向祖先献食	冠者拜见母亲	10
11	换好后跪拜喇嘛，听喇嘛念祝福经	宾为冠者取表字，主人醴宾	11
12	跪拜天地四方	冠者礼见家人、君主、卿大夫等	12
13	跪拜锅庄、达巴、喇嘛、经堂、父母、保爷	主人送宾归并还礼	13
14	劝在仪式现场的人吃肉喝酒		
15	宴请村人，接受祝福；餐后送客人归并还礼		
16	携礼品走访亲友，拜见家族中人，接受祝福		
17	锅庄晚会		

---

①　协助宾加冠的人。

②　把从山上采回的香柏、柏青、杨花、蒿枝等放在一起点燃，用其烟熏房间，将行礼者的衣服用烟熏后换衣服，其目的是将房间和以前存在的所有不干净的东西全部驱走、熏干。

（说明：表 2.1 关于摩梭人成年礼与古冠礼列表并非呈一一对应关系，左侧从 1—17 为摩梭人的仪式实施顺序，右侧从 1—13 为古冠礼的实施顺序。＊意为现在人们大多买现成的衣服，尤其是男孩的衣服，显得较为随意，有些直接买汉族小孩的服装，有些则买藏族小孩穿的服装；女孩还是穿传统的百褶长裙和金边衣裳，以前这些由家中老祖母或其他成年女性织布缝制，现在有加工店专门加工这些服装，其初衷是卖给外来的游客，后来本地人成了主要的顾客。现在成年的姑娘们一般只有一套百褶裙，许多 30 岁左右的妇女已经不会织布缝衣，现在的年轻姑娘们压根儿就不会女工。见到游客衣服样式比较新潮、好看，他们会询问多少钱，什么地方有卖的，然后千方百计让村里在外打工的人帮自己买。以前的成年男子举行成年礼仪式时也是穿自己缝制的麻布长裤，现在成年男子，要么穿汉装，要么穿藏族人的服装。实际上，一条百褶裙和一件金边衣的价值本身并不便宜，一般要卖到四百元钱左右，即使是本地人也是三百元左右。许多家长辛苦一年积攒下的钱有时可能就为了给姑娘买套衣服，因为孩子成年是关系成年者个人和家族的大事。现在人们已经不再自己织布缝制衣服，他们认为自己缝制不仅麻烦，样式也不精致，织布缝衣等传统手艺渐渐不复存在，古老的织布机已经完全被闲置。）

两相比较，存在以下共同点：

1. 仪式实施顺序基本相似；

2. 仪式中遵循共同的规则，如时间的选择、地点的确定、换衣服人物的选择都是依据个体生辰占卜之后的决定；

3. 两者都属于标志型的成年礼仪式，古冠礼对成年者戴什么样的帽子、穿什么样的衣裳、带什么样的腰带、换什么样的鞋子都有讲究；摩梭人成年礼也是一样，仪式包括从头到脚的焕然一新，两者在形式上都是易服；

4. 两者意义的类似，都是通过仪式的形式赋予个体成人的权力，使个体在享受权利的同时承担一定的社会责任与义务；通过成年礼仪式上的服饰变化实现个体在社群中身份、地位和角色的变化；

5. 仪式对榜样教育价值和意义的强调，冠礼对"宾"，摩梭人成年礼对"里给""毯给"德行、身份、地位、身体健康状况的强调，体现了两种仪式对个体从未成年走向成年过程的重视，仪式自始至终都是围绕"成人"的目的与意义而展开，"成人"是两类仪式共同的主题与追求。

由于两者内涵的相似性，仪式的表达方式似乎也大同小异，从文献中似乎也反映不出两者之间的区别所在，只是古文献对冠礼的记载中其性别似乎偏于男性，对女子成人的记载也有，如"笄礼"，其内涵揭示远较冠礼简易的多，其原因还待进一步考证。即使如此也不难看出，摩梭人的成年礼与古冠礼自始至终都是围绕"成人"的意义展开，"成人"成为远古的过去与摩梭人今天的共同追求，这是否暗示："成人"是古今之人永恒的话题？古冠礼与摩梭人今天的成年礼对"成人"内涵的深刻揭示和意义阐述，是否意味着人之为人是人类永恒执着的价值取向与追求？答案似乎是肯定的。但何以在春秋之时已遍及列国并普遍实行的冠礼，随着时光流逝而烟消云散了呢？事实表明，作为在家庭或族群之内实施的冠礼，尽管具有深刻的教育内涵和教育价值，但是随着社会和学校教育自身的逐渐发展，改变了传统的人们接受教育的方式，导致冠礼渐渐衰落及至不复存在。

从摩梭人的发展历史和达巴经文的记载来看，其成年礼仪式存在的历史也相当久远，但因其地处偏僻，交通不便，自然环境的险恶与封闭，阻隔了其与外界的联系，学校教育的进入始于 20 世纪 50 时代之后，在这之前这里即或是书院和私塾学校也不曾有过。摩梭人的成年礼没有因为学校的介入而消失，相反，仪式的教育价值依然扎根于摩梭人的历史文化中，在其传统的历史文化和现代社会的土壤中存续，在摩梭人的文化传承和人性塑造中继续发挥着重要作用。

成年礼仪式的起源、类型与内涵表明，其价值远远不止于民俗学的范畴。不同民族在不同的自然环境区域中建构了自己独特的文化模式，成年礼仪式成为民族文化的一种文化符号，以其丰富内涵呈现了民族文化的多姿多彩。文化多样性是人类创造力的源泉，人类文明也是在多样性上建构发展的。认识与挖掘摩梭人成年礼俗的多重意义，学习、借鉴、发扬与保持民族文化的优良传统，走出单纯寄希望于学校教育的简单模式所带来的社会与认知弊端，是多元文化教育、保持民族特色、促进社会发展的有效方略。从教育人类学的视角出发，揭示摩梭人成年仪式的教育内涵，使从教育学的角度挖掘仪式教育价值的研究逐步实现由"隐"到"显"的过程。

第三章

"成为一个人"：仪式的教育目的

摩梭人举行成年礼仪式，最引人关注的是仪式举行的目的，即摩梭人为什么要如此隆重地为年满 13 岁的儿童举行仪式，试图通过仪式达到怎样一种目的，仪式究竟能赋予个体什么。对这个"应然"问题的追问是与摩梭人的教育理念，即把年满 13 岁的儿童培养成什么样的人或能够使其具备什么东西的"实然"问题的反思密切联系在一起的。

一、教育目的：仪式中教育发生的依据

现代教育学著作中有许多类似的表述：自然教育、素质教育、全面发展教育、创新教育、愉快教育、成功教育、挫折教育、人文教育、思想品德教育等。从这些关于教育目的的表述可以看出，它包含了两种价值取向：一是从社会的需要来确立教育目的，二是从个体的发展出发来确立教育目的。无论是从社会的还是个人的角度出发，教育目的本身包含了目的制定者的意愿、希望、意图和理想。德国教育家布雷岑卡在厘清、辨别和分析教育基本概念时，列举了教育领域中目前存在的培养目的、培养理想、教育理想、教学目的、教育的目标、教育任务、培养任务、教育学任务、教育意图和学习目的等十个教育目的的同义词，他的梳理意味着教育目的一词在教育领域中的不确定性。其研究表明，教育目的的不确定性分散了我们对"现实而必要的目的多样性的注意力，并更多地去关心脱离实际的观点，就好像真的存在一种包含了所有应该通过教育行动得以实现的内容的'最后的'、'最高的'或者'一般的教

育目的'一样。倒是那种认为'只要任何一个人觉得值得追求的所有东西都可以成为教育'的观点更符合实际。"① 值得去追求的、人们心中所想望东西的总量显然多于罗列出想要追求的那些人格特征或者心理素质，这如实反映出教育目的多样性的事实。据此，他将教育目的界定为："在规范概念的意义上，教育目的意指一种规范，它描述了一种设想和有关一个或多个受教育者的人格状态或者人格特征，它们不仅应该变成为现实，而且受教育者还应该通过教育而有助于它们的实现。"②

教育目的是教育者对受教育者可能性、不确定性的一种"假如"和"设想"，是认为受教育者可能会达到的人格状态、人格特征的一种预设。这意味着教育目的要么是一种主观的心理现象，要么是这些主观心理现象客观化表现的文化现象。它形象直观地表明教育目的是教育者把自己的希望、意愿和理想作为在受教育者身上所应该有的东西来看待，那么，教育目的概念的内涵在本质上就是一种应然要求或规范。教育者的意愿和理想通过教育作用于受教育者，其可能性的实现程度如何则取决于多重因素。教育目的概念的准确界定，具体要澄清这样几个问题：

其一，教育目的究竟描述什么；

其二，社会状态是否可以作为教育目的；

其三，教育目的具体由谁来制定和执行；

其四，作为教育目的的承载者的人；

第五，教育目的的规范性特点；③

教育目的具体描述的是个体的一种心理欲求，这种心理欲求可以用与之相关的行为来证明和解释，但行为本身却无法代替这种心理欲求。

---

① ［德］沃尔夫冈·布雷岑卡：《教育科学的基本概念：分析、批评和建议》，胡劲松译，华东师范大学出版社 2001 年版，第 91 页。

② ［德］沃尔夫冈·布雷岑卡：《教育科学的基本概念：分析、批评和建议》，胡劲松译，华东师范大学出版社 2001 年版，第 99 页。

③ ［德］沃尔夫冈·布雷岑卡：《教育科学的基本概念：分析、批评和建议》，胡劲松译，华东师大出版社 2001 年版，第 91 - 129 页。

教育目的是个体心理欲求的主观体现，所以人们认为在教育和一个期望社会状态的政治目的之间并不存在直接的关系，它们之间存在的只是间接关系。关于教育目的与社会状态之间的模糊认识源于人们混淆事实和理想之间的区别，根据大部分教育目的在内容上要依据社会对其成员的要求而提出的事实，人们错误地认为一个理想的社会状态也可能作为教育目的而被提出来。社会对个体的要求是针对个人的能力、态度、观念、信念和个体可能达到的心理素质而制定，即教育目的的真正所指还是个体，如果教育很好地促进了个体的发展，那么个体势必直接作用于教育。个体与社会之间的关系是直接的，而教育目的与社会的关系却是间接的，因为它依赖于个体这个桥梁。这是布雷岑卡对教育目的的作用范围的限定，他强调社会状态不应该作为教育目的，即使作为教育目的也只能是间接的。

不论教育目的采取怎样的方式作用于个人或社会，教育目的的制定和实现最终必然依赖于个人。只有通过个人的作用与追随，才可能有设想、制定、拥有和最后的实现。事实上，"'教育不是人'，因此也不可能'想要'任何东西，'教育'概念所指称的更多是各种手段，借助于它们的帮助，那些由人们所设定的目的，将通过人们的努力而得以实现。从这个意义上说，教育是一种目的明确的、有目的导向的或者有目的意识的行动。但由此而随之出现的目的，却只有人才可能有。"① 那么，人可能有的目的究竟又是哪些人在制定、提出、修改、建议并将其付诸实践呢？从现代教育的主导形式学校教育来看，教育者、非教育者（理论研究者、家长或课程制定者）和受教育者都有可能参与或影响教育目的的制定，其中教育者和非教育者承担着制定和实施教育目的的双重职责，受教育者则主要通过接受教育者的预设及其所采取的相应的教育措施来体现其教育理想、希望、意志、意愿和欲求的实现程度，教育

① ［德］沃尔夫冈·布雷岑卡：《教育科学的基本概念：分析、批评和建议》，胡劲松译，华东师范大学出版社 2001 年版，第 11 页。

者是教育目的的制定者、推动者，受教育者则是实现程度和可能性达成状况的真正表现者。教育目的就是教育者的目的。教育目的是教育者制定并采取各种方式付诸实践的，教育者是教育目的的实施者或追随者，却未必都是教育目的的制定者。

究竟谁才真正是教育目的的制定、追随与执行者呢？布雷岑卡曾区别了两种情况，他认为，如果把教育目的理解为"所欲之物"或者意愿的对象，那么就只有教育者和对教育者制定教育目的产生影响的非教育者才可能拥有这些目的；如果把教育目的理解为"期望之物"或是期望的对象，那么任何一个人都可能拥有这个目的。不管是"所欲之物"还是"期望之物"，现实表明，教育目的是直指教育者的，它指导、规范和评价教育者的行动。与此同时，虽然受教育者也通过自我学习追随和实现着教育目的，即使他不明白或不赞同教育目的，甚至从心理上排斥与拒绝，都不会影响到教育者执着实现自己目的的决心，教育者千方百计尝试以各种方式鼓励受教育走向自己心目中的预设目的是教育不变的执着追求。这种教育目的显得过于宽泛、模糊、概括而不具体，这与摩梭人使个体"成为一个人"的教育目的在内涵上存在差别，后者尽管单纯，却意味深长。

二、"成为一个人"：资格、权利、义务与责任的获得

在摩梭人的观念中，要使一个男孩或女孩完全达到一个人的状态，仅仅是生理上达到成年或青春期是没有用的。生理上的成熟是摩梭儿童成人的必要条件，但不是充分条件。因为摩梭人认为：没有举行过成年礼的人，不管其生理上达到哪种程度，永远都不算是个"成人"，只有举行过"成年礼仪式"后的人，才算一个人，只有仪式才是足以构成摩梭儿童成人的必要充分条件。从出生一直持续到举行成年礼仪式的时间段里，其他成人是不会把个体当"人"看的，人们认为这时的摩梭儿童处于"未成人"状态，他们既能享受到许多生活的闲适与自在，

同时也使其受到了很多限制。只有成为一个完全的人之后，即只有举行过成年礼仪式之后，她（他）才能"成为一个人"，她（他）就能在自己的生活群体中占有一个适合自己的位置，就能享受成年人所能享有的一切权利和义务，同时也要承担一个成年人所必须承担的职责。可以说，摩梭人真正的人生开始于成年礼仪式之后。"成为一个人"是仪式的根本目的，它赋予一个完全的人各种做人的权利与义务，这在摩梭人的意识中，成人的标志具体表现为个人宗教、经济、法律、婚姻和性生活权利的获得。

（一）成为享有宗教权利的人

宗教权力的人是指个体通过仪式获得参加许多宗教活动与宗教规定的本民族人应该享受的诸多权利。

> 13岁以前，人的寿命还没有到手，还不能算一个完完全全的人，只能算一个小孩。不满13岁的小孩，没有什么规矩需要他们遵守。一般有人在9岁、11岁、13时为小孩举行成丁礼，之所以将其提前到9岁，是因为家中人希望孩子早点成人，早点把生命交给他（她），使其成为一个真正有自己生命的人。在摩梭人的规矩中，没有举行成丁礼的，还不能算是一个真正的人，他的生命还不稳定，还不能算一个人。所以，摩梭人在对待还没有举行成年礼的孩子时是有差别的。如果在没有举行成年礼以前就死去，家人就将其随便安葬，不能实行火葬，因为他还未成人，不能享受成人的待遇。没有举行这种仪式，就不能获得进入祖先坟地与祖先团聚，他将不能作为自己家族中的成员而存在，也不能享受后代对他的供奉与祭祀，不能进母屋中的火塘享受后人的拜祭。

——八阿阿若[1]

---

[1] 八阿阿若，左所木夸村人，75岁，汉语名郭文才，当地达巴，一生没有自己的小孩，与姐姐及外甥生活在一起。

我们摩梭人，每个人都要举行成丁礼，举行成丁礼以后，表示成为一个人了，就有灵魂了，表示长大了。将来死了以后可以火化，可以回到祖先的地方和祖先团聚，可以享受火葬，享受这个家族中任何成人的权利和义务。遇到过年敬老人和平时的活动，家里人才会供奉自己，达巴念经的时候就会喊自己的名字，就能享受家中后人的祭奠。如果没有举行成丁礼，死了以后就不能进祖先坟地，也不能参加火葬，而是请几个达巴或喇嘛念经就随便烧了，如果在 13 岁以前死去，家人则用一个木头匣匣装上，随便找个崖缝扔了，这样死者就不能到家族中埋葬祖先的地方。

——格科次尔①

如果摩梭人从 6 岁开始学习喇嘛，那么即使他长到 13 岁也不举行成丁礼。因为我们摩梭人认为喇嘛是宣传藏族文化的，所以就不能举行成丁礼。不举行成丁礼就不能有进入祖先坟地与祖先团聚和再生的机会。不能进入祖先坟地，就无法作为家族中的先祖被后代敬奉，就不会被家族中的人看作是家族中一个成员。不行成年礼，死后就不会被火化，就无法升天，无法再生，所以其他人必须举行成丁礼。

——打发·鲁若②

此类表述，考察中经常都能听到，人们对于为什么举行成年礼最多

① 格科次尔，格撒村人，19 岁，初中毕业，常年在外打工，过年时回到家中。
② 打发·鲁若达巴在摩梭人中威望极高，据他介绍，他家世世代代都有达巴，到他这一辈，已经是第 20 代了，他的大儿子继承父业，目前正在学达巴。大儿子读过书，懂汉语，许多经文他一时不能记住，就用汉字中的同音或谐音字代替将经文写在本子上，随时都可以记忆。

的解释是"不举行成年礼就不算是个人，就没有灵魂，生命还没有到手"。① 在藏传佛教刚刚进入摩梭人聚居区时，人们不允许学喇嘛的人举行成年礼等于剥夺其参加火葬的权利，不仅如此，关键在于剥夺其作为家族祖先享受后人祭奠、祖先团聚以及再生的权利，这是不会被摩梭人所认同且在其信仰中被排斥与无法接受的。关于摩梭人如果从6岁开始学喇嘛，长到13岁也不举行成年礼与过去人们视喇嘛为藏族文化宣传者的观念休戚相关。这可能与藏传佛教刚刚传入这一地区，与达巴教的斗争有关。为了限制本族人去学习喇嘛教，摩梭先祖们才做此规定。不举行成年礼，在摩梭人的信仰中是无法接受的事实。以"不允许参加成年礼"的方式抵制喇嘛教的进入也说明，藏传佛教在摩梭人中的传播与最终扎根经历了许多风雨。随着藏传佛教在摩梭人中站稳脚跟，这种规定也自行消失了。在今天，任何一个摩梭人都要举行成年礼仪式，即使在外地结婚生子，只要有一方是摩梭人，人们依然要千里迢迢赶回去为孩子举行仪式。今天，达巴和喇嘛在各种仪式活动中的协调配合证明：摩梭人不仅接受了喇嘛教的存在，而且还让其在本民族文化中扎下了根，六岁学喇嘛者不许参加成年礼仪式的禁忌渐渐被人们遗忘。摩梭人的这种信仰，在达巴经典中也能找到类似的解释。诸如："祖先去世，灵魂不灭"。人们普遍认为：一个人死了以后，如果不能进祖先坟地，就意味着丧失了再生的机会，这在摩梭人的宗教信仰中是难以接受的。"成年礼并非简单意义上的长大成人了，可以走婚的仪式，也不仅仅表示拥有成人的权利、待遇和责任义务，成年礼重要的意义还在于达巴教

---

① 生命没有到手是当地人惯用的表达方式，据其讲解析其本意，并非是指生命没有到手，因为一个人生命的获得从出生那一刻就已经开始了。摩梭人也并非有意对一个活生生存在的人熟视无睹，人们所谓生命没有到手，该是指没有成年的个体，还不懂得人之为人的道理，生命对他们不是没有，而是不全面。因为他们没有享受到作为一个人所应该享受的权利、义务与责任，也没有享受到作为一个男人和女人所应该享受的生活。所以，人们以直接、质朴而耐人寻味的"生命还没有到手"来指称没有举行成年礼仪式的摩梭人儿童。

所揭示的三次生命的学说。"① 摩梭达巴认为：人的一生，有三次生命："第一次生命是从胎儿期到出生后的第 12 年；第二次生命是从举行成年礼这年的第一天到死亡；第三次生命则是从人死以后到别处投生而获得新生。"② 关于死后的再生具体反映在丧葬仪式中捆绑尸体的具体细节上。丧葬仪式极其繁复，前后共有 16 道程序：报丧、喇嘛断阳超度、清洗尸体、捆绑尸体、停尸于母屋后室、墓地火葬场的准备、占卜火化日子、亲朋邻居前来吊丧、餐宴答谢帮忙之人、"武士"为死者开路、洗马、达巴述祖谱、起灵入桥、出殡、火化并清理母屋、骨灰安放和叮嘱死者守护自己骨灰的所在地。

　　整个仪式都以安顿死者和保护生者为目的，其中尤以安顿死者为主。用麻布或白布将死者捆绑成胎儿的样子，一般双手交叉并置于胸前，男性左手在里右手在外，女性则右手在里，左手在外。胎儿状象征人怎么来到这个世界上，就怎样离开。捆好后，把尸体坐放于母屋后室的地窖里，密封和覆盖上泥巴以及其他一切生者认为死者需要的吃穿住用的东西，直至火化之前要一直点着长明灯。人们认为，死者在回归祖先驻地的路途中都是黑夜，如果灯灭了，死者就找不到回归祖先驻地的路，无法与祖先团聚，就会成为孤魂野鬼，这是生者无法安心的。喇嘛占卜火化日子，前提条件是要黄道吉日，其中涉及死者有哪些愿望没有满足，死者将来投生成什么，可能投生的方向以及如果投生成人将会从事什么职业，如果投生成人且从事喇嘛，将会是理想的和公德圆满的。达巴在帮忙的人中选取两人或一人假扮古代武士，他们要戴上事先准备好的纸盔帽，身着纸盔甲，腰系大铁铃，涂成黑脸或大花脸，手中挥舞着两把很大的木军刀，口中"嘿、哈"声不断，双脚每抬动一次，脚后跟都要碰到腰间的铁铃，铁铃随之发出清脆悦耳的声音，"武士"边跳边舞，场面极其热闹。武士营造的气氛，再现了武士的勇敢与彪悍，

---

① 汝亨·龙布：《泸沽湖·摩梭人》，中国民族摄影艺术出版社 2001 年版，第 27 页。
② 汝亨·龙布：《泸沽湖·摩梭人》，中国民族摄影艺术出版社 2001 年版，第 25 页。

武士之所以勇敢与彪悍，是为了给死者开道，让死者在回祖先驻地的路上畅通无阻。接着为死者洗好回归祖先途中要骑的马，达巴述祖谱，告诉死者祖先当初迁徙路线中山水、江河的名称，一一交代家族先祖的名字。火化的同时，家中另有一帮人在清理，其中有一男一女两个年轻人，是经由喇嘛卜算与死者属相相容的人，男青年负责从母屋后室停放尸体处取一些泥土送出，女青年则负责从外边提回一桶清水，等出殡的人完全经过后就提水进屋和男青年相遇，男青年提出的土在门外泼向送葬的队伍，女青年则将提回的水倒入水缸中。他们的行为是劝诫死者家人：该送的以后送出去了，该进的也已经进来了，以后你们要往前看，不要沉溺徘徊在悲伤中。安放骨灰是火化以后第二天拂晓时分的事情，人们将捡好的骨灰装进小麻布口袋或土罐，直接送到自己氏族的骨灰山上，骨灰山多是人畜不会触及的岩缝，然后将装有骨灰的容器放进去并告诉骨灰，自己（安放骨灰的人）要去什么地方找柴、打水或找锅庄，装出一副要在放骨灰的地方做午饭或烧茶的样子，喊着死者的名字，叮嘱他要守在这里，不能走开。说完后，放骨灰的人径直向相反的方向①走去而且不能回头。事实上，从人们最后的行为，明显具有一定的欺骗性，但人们认为，如果不骗死者，他就不会留在这里，其灵魂会跟着放骨灰的人重新回到家中，这样很难得到超脱。生者对死者的是善意的欺骗，该欺骗基于让死者获得再生机会的良好愿望。

丧葬仪式的烦琐庄重与寓意深刻的成年礼仪式对摩梭人同样重要，它与人们描述的没有举行仪式死者的安葬大相径庭。成为有灵魂的人，成为有生命的人和再生的宗教信仰，充分反映出人们对"生"和"生命"的渴望，仪式本身成为人们获取生命、享受后人供奉与祭奠、获得再生机会的一种象征。人狗换寿的神话成为仪式起源的最好说辞，而且在摩梭人中至今长盛不衰。摩梭人举行仪式的本意与早期原始人群缺乏与自

---

① 安放骨灰的人在告诉骨灰自己要去什么地方找柴，其实在返回时并不是走向开始所说的地方，而是一个完全与之相反的方向。

然斗争的能力、医学知识的贫乏和医术的落后有关，那时人们的生命非常短暂。据考古学家对人类四五十万年以前的四十多具中国猿人遗骨化石的研究，发现大约有40%的人在未满14岁的时候就已经死亡。生命过早的夭折，使人们觉察到了生命脆弱，但祖先们却也无法对这一现象做出合理的解释，当时人们还没有能力探究生命与疾病的关系，于是将对死亡的拒绝和对生存的渴望寄托于未知，试图借助宗教活动或其他仪式来获得生命的延续，摩梭人的成年礼仪式或许也是如此。摩梭人"对生命的不可毁灭的统一性的感情是如此强烈如此不可动摇，以致到了否定和蔑视死亡事实的地步。在原始思维中，死亡绝没有被看成是服从一般法则的一种自然现象。它的发生并不是自然的而是偶然的，是取决于个别的和偶然的原因，是巫术、魔法和其他人的不利影响所导致的。"[①]

死亡的发生不可避免，当时人们并不认为那是自然规律和自然现象使然，从摩梭人的成年礼仪式来看，死亡是人们没有再续生命的结果，所以在13岁的时候要重续生命，将以后的生命在现在的基础上予以嫁接，人狗换寿的神话即是如此。在摩梭人的意识中，"整个神话可以被解释为就是对死亡现象的坚定而顽强的否定。由于生命不中断的统一性和连续性的信念，神话必须清除这种现象。原始宗教或许是我们在人类文化中可以看到的最坚定最有利的对生命的肯定。"[②] 不举行成年礼仪式对摩梭人而言另一个无法接受的事实是：不能作为后世人的祖先，在母屋火塘的锅庄上享受后人的祭奠与供奉，即作为祖宗被后人崇拜。赫伯特·斯宾塞认为，祖宗崇拜应当被看成是宗教的第一根源和开端，至少是最普遍的宗教主题之一。摩梭人生者最高的义务是，每天每餐吃饭饮茶喝酒前都要给祖先供奉食物和其他的生活必需品，以供死者在新的国度中生活下去。摩梭人不单每天吃饭、饮茶、喝酒前都必须祭祀祖先

---

① ［德］恩斯特·卡西尔：《人论》，甘阳译，上海译文出版社1985年版，第107页。
② ［德］恩斯特·卡西尔：《人论》，甘阳译，上海译文出版社1985年版，第107－108页。

与火塘神，走访亲戚朋友时也将所带礼物放在锅庄上，以示对主人家整个家屋祖先、火神的尊敬、祭祀与供奉。对摩梭人而言，母屋内的成员与祖先是生死相依而非相互对立。摩梭人信奉灵魂不灭，他们认为家中已逝的任何一个祖先，只是肉体上不再与家中的人相依相伴，即或肉体消失了，灵魂却活在每一个生者的身边，只是常人肉眼看不见而已。生者与死者之间互助互动，具体表现在生者每天在锅庄石上放食物祭奠祖先，祖先时刻在每个人的身边，护佑着自家母屋人畜兴旺，五谷丰登；也时刻提醒后人多与人为善，不能作恶等。两者关系的发生，主要有赖于生者的行为表现与心理认同。

　　每个摩梭人完整的一生，都由这样三件大事组成：月米酒→成年礼→葬礼，月米酒意味着个体生命的获得，成年礼意味着作为一个摩梭人的权利、义务与责任的获致，葬礼意味着个体生命的消逝与灵魂的再生，意味着个体又一次生命的获得。三大礼仪可以这样表示：

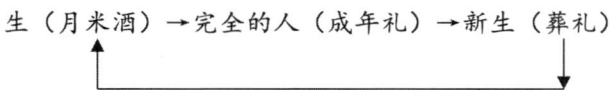

生（月米酒）→完全的人（成年礼）→新生（葬礼）

　　图式显示，在摩梭人的信仰里，人们并不回避死，但人们认为死是新生的机会。生命的链条可以表述为一以贯之的生，生命最终的新生需要仰仗成年礼仪式来完成。再次新生的权利，作为祖先被后代在母屋供奉的权利，接受火葬的权利只有举行过成年礼仪式之后的个体才能享受，即只有成为"完全的人"才能享受这些权利，成年礼成了个人从生到死的重要链条，如果该环节断开，生命的链条也就此断开。在摩梭人的意识里，死者与家族中生者的联系从未中断过，死者和生前一样，继续执行着保护家族的职责，他们是摩梭人家族中自然的保护神。生者也认为，人死了以后，只是在身体上离开了自己，他的灵魂却依然留在家中，保护和监管着家族中人。因此，火塘是他们的化身，因此不能在火塘边说脏话，不能在外边干偷鸡摸狗的事，不能做任何让祖先和家族蒙羞的事情。人们既把祖先看成是家族中的保护神，也看成是监护人，他时刻督促着家族中人的言行，人们也以此规戒和约束自己，尽量不做让家族和祖先蒙羞的事。母屋及其母屋中的锅庄石、神柜等在摩梭人的心目中扮演着多种角色，既是母屋的守护神，也是生者的监护人和教导者，时刻看护、激励、敦促、约束和鞭策着每一个人的言行举止。

（二）成为享有经济权利的人

摩梭人家的孩子，只要有劳动力的时候就开始辅助家中干一些力所能及的事情。比如：男孩子经常跟随舅舅、父兄、外公或家中其他成年男性参加一定的劳动，女孩子则跟随母亲和其她妈妈们学做一些简单的家务劳动。这时的劳动主要以学习、观摩为主，在实际的劳作中学习，家人也不会把他们当作家中一个真正的劳动力。但在仪式之后，从形式上和心理上讲，都完全不同于往日。首先家人要为其准备全套的产生工具，在心理上也同意他们单独或邀约其他伙伴参与各种产生劳动；在集体劳动的时候，比如：村社修建公路、堰塘、水渠等时，如果他（她）们出工，村社也要将他们算一个全劳动力，尽管在计算出工的成分上依其实际劳动量计算报酬的多少，但这意味着他已经开始分摊村社集体性的经济和劳动负担，人们也从心理上接受他（她）成为一个全劳动力的可能。无论从家庭、家族还是整个村社来看，仪式之后的个体在心理上得到了人们的普遍认同。人们对有劳动力的成年男女的劳动分工不同于老人和小孩，有劳动力的成年男子，除了负担家中的重体力劳动活、生产劳动外，有的要学一门手艺，有的外出打工或是跑运输；成年女子则主要负责生产劳动中的点播、施肥、除草、用手工磨进行粮食加工；饲养家畜家禽、纺织、酿酒等。

> 他们在家庭中开始承担成人的义务，在以前具体表现为可以参与驮马，外出为家庭寻找经济收入，为家庭增加经济收入等；参加

力所能及的体力劳动。

——八阿阿若

"黑萨里"在摩梭话中的意思是孩子已经长大成人，开始具有成人的责任，用我们摩梭人的古话讲就是"马要备鞍，牛要犁地"，那么行过成年礼的摩梭人也就像给马备鞍，让牛犁地一样，他们行过礼后就和成年人一样了。在行成年礼者的花腰带上，如果是男子就在花腰带上拴上一根"套牛绳"，如果是女孩就在花腰带上系上钥匙链，即挂钥匙的银链，这表示将女孩自己房间的钥匙交给她，她开始拥有自己独立的生活空间并享有成年女子应该享有的权利了。在为男孩子带"套牛绳"时，达巴要说："你今天已经成人了，你对天地叩拜之后，你对家庭就开始付有责任了，你要去耕田、犁地、驮马，外出挣钱，要把家中的大事承担起来，为家庭承担责任。"说完，将套牛绳拴在男孩子的花腰带上。在为女孩子佩带钥匙链时，达巴要说："猪要长肉，女孩子要能承受得住别人的流言蜚语，要喂好猪，搞好家庭和亲戚间的团结，当家庭主妇者要能承担起家中的责任，做好饭，接待好客人，当个贤惠的家庭主妇，搞好邻里亲戚间的关系。"念完之后，就将银链和钥匙给姑娘挂在腰杆上。

——打发·鲁若

成年礼以后，可以参加一切生产劳动和社交活动，用我们摩梭话说"萍送苦，诺鸡宝，诺多"，译成你们汉语就是"男儿13岁不成器，是孬男"。

——八阿甲搓次尔[1]

---

[1]　简称喇次尔，35岁，师范毕业，木夸村教师。

> 同族中的人们和家长都把他（她）看作成年人，已不再是小孩子了，家中的责任和义务也应该全家人一起共同承担，成年的小孩和家中的任何一个成年人一样，要承担家中他（她）力所能及的家务劳动和经济责任。
>
> ——八阿阿若

从上述人们的描述看，成年礼之后个体经济权利的获取，更多表现为一种责任，对家族、对母屋应该承担的事情个体必须承担，而且家人或村社中人也会有意识地促使个体承担，而不仅是享受，更多是分担义务和承担责任。仪式的符号化和神圣性再现了在摩梭人生命历程中的不可或缺性。

（三）成为享受法律权利的人

我国《宪法》规定，年满 18 岁就是国家公民，可以参政议政，有选举权，在享有权利的同时也需要承担一些义务，诸如赡养老人等。在摩梭人中，仪式的举行达到了和宪法规定一样的效果，只要是摩梭人，仪式举行后，同族中人就承认你在族人中的合法的权力和地位。具体表现在：可以参与家庭和氏族中各种议事活动，享有成年人所应该享有的一切权利与义务，死后可以参与火葬，死后能被家族中的后人作为祖先供奉，既要遵守本民族和村中的习惯法，也要对村社内的一切公共事务执行一定的法律责任。仪式之后的个体有权利参与本民族和村社中的执法组织，同时也有权利处理违反本族或村社中习惯法的人，享有维持村社习惯法与秩序的权利和义务。仪式之后，就进入成年了，就像现在的人有了公民权一样。要把他们作为成年人相对待，这也是他们走向新生活的开始。从此，他们将参与各项社会活动，逐渐承担生活的重任。成年礼是重要的人生礼仪教育，通过这种隆重的仪式，加强青少年的自强自立意识，培养其自信心和自豪感，以提高他们处理各种事务的能力以及社会生活的本领。可以参加任何社交活动，得到家人、族人的承认与尊重；获得参与家中大小事务的权利。

> 我们摩梭人举行成年礼仪式对个人心理影响是明显存在的，自己也觉得自己成人了，别人也把自己看成是个大人。既然是大人很多方面的要求就和以前不一样，族人或村里的人对成年者的影响主要从语言和行动中体现出来。人们开始开一些以前大人间才开的玩笑，个人也经常扎在成人堆里和他们一起劳动。成年以后，父母或母屋中的长辈最高兴的事是希望孩子在劳力上、经济上为家庭分担，比如，用马去远方驮柴，农忙时帮家中收割庄稼。母屋中的人最不喜欢自家的小孩偷懒或闲耍。我们摩梭人中几乎不存在偷盗和抢劫，这样一家人都会被人瞧不起。
>
> ——喇次尔[①]

（四）成为享有婚姻和性生活权利的人

> 仪式时就在女孩的花腰带上系上银链子，即挂钥匙用的银链[②]把女孩自己房间的钥匙交给她，她开始拥有自己独立的生活空间并享有成年女子应该享有的权力了。"
>
> ——打发·鲁若

[①]　凹垮村，女，19 岁，小学毕业。
[②]　银链子挂在女孩金边衣裳领口对门襟处，下端则挂于腋下花腰带上。摩梭人家住房的花楼实为成年礼女子的房间，多是一人一间，成年之后的女子，从传统上讲开始享有婚姻和性生活的权利，可以与异性建立 Tisese 关系，这被族人所认同。赋予权利的具体表现形式是个体开始拥有自己单独的房间。因为在未成年之前，可能与家中弟妹共居一室，没有什么禁忌，但成年以后，女孩开始拥有自己单独的卧室。

摩梭学者认为，摩梭人行成年礼的意义在于："一是拥有了和大人一样的权利和待遇；二是赋有了成年人的义务和责任。"该意义具体表现在：举行仪式之后的人，可以拥有自己独立的生活空间，特别是女孩有了自己单独的房间。

成年礼仪式的举行，一般都选择在青年性成熟开始的时期，成人礼仪式对个体而言，具有双重含义，一是生理上的成熟，二是心理上的成熟。仪式之前，女孩子平日里一般都是挨着祖母、妈妈或弟妹们住在一起，男孩子有时挨着妈妈、有时靠着舅舅，有时则在火塘边就寝。仪式之后，姑娘有了自己单独的房间，小伙子们则没有太多的讲究。通过仪式之后的青年人，不仅只是获取经济上、法律上和宗教上的资格，同时也获得性生活的权利与资格，他们要开始为社团、家族和本民族承担起联姻和繁殖后代的责任；作为族群中的个体，他们也有这个义务。

资格的本意是指从事某种活动所应具备的条件、身份等。经济的、法律的、宗教的和性生活的资格指仪式之后的个体享有参与这些活动的条件与身份，成人礼之后的个体在享有权力的同时也要承担义务和责任。义务和责任包括遵守本民族共同的社会规范、禁忌与习惯法，承担起保护本民族生息繁衍、安全的责任。权利则体现活着与死后两个方面，既能享受参与祭祀祖先活动的权利，也能享受被他人祭祀与供奉的权力；既能享受参与氏族仪式活动的权利，也能享受管理与被管理的权利，用现代的表述方式，即参政议政的权利。仪式成为权利和义务交接与持续的象征，是氏族中长老、其他年长者或有经验者通过各种方式对年轻人寄予殷实希望的象征，是个体生命和氏族昌盛的象征。尽管仪式目的通过千差万别的方式表现出来，其内涵却几近一致。汉族人一般认为人的一生，成家立业最重要，于是婚姻在汉族人的生命旅程中成为一件倍受关注的大事；摩梭人的两性交往以 Tisese 方式为主，结婚对他们而言不像汉族那样隆重、铺陈与夸张。汉族人有过生日的习惯，小时候父母给子女过，子女长大成人后又给父母过，如此循环，乐此不疲；摩梭人没有过生日的习惯，在他们的一生中，除却与氏族相关的集体活动外，与个人关系最密切的就数月米酒、成年礼和葬礼了。这三项活动与每个摩梭人都密切相关，但又并非每个人都能享受。月米酒限于成年女子初次与男性交往后生的第一胎，葬礼限于举行过成年礼仪式之后的人，真正属于每一个摩梭人的就属成年礼了。

从出生到13岁之间这段日子，个体在家族中人的护佑下成长，跟随母亲、舅舅、父亲或其他成年人学习产生劳动与家务劳动，在这段时间里，个体不需要对家人和氏族承担任何责任。对个体而言，出生至13岁的这段时间是其一生中生命极不稳定的时期，人们认为单凭家庭的力量已难以承担教育子女的责任。于是，人们寄希望于调动集体的力量，通过庄严、隆重、和谐而又自然的仪式，使个人逐渐具有强烈的社会责任感和义务感，把个人的习惯、信仰、行为、禁忌等渐渐纳入社会的轨道。① 与仪式相伴随的情绪反应，强化了行礼者、仪式施行者以及周围助阵者之间的连带感，同时也使个人自觉意识到其地位在家中和同族人中的变化，认识到通过隆重、庄严的仪式之后，得到众人承认的社会地位的重要，获得身份认同与强化个人在同族人中地位。社会发展要求个体最终独立成长而不再依赖其所出生的家庭，在其独立生活后逐渐拥有自己的家庭并成为自己孩子的依赖对象。仪式为个体的独立自主提供了充分条件，仪式成为个体从家庭步入社会的契机，这不只是家庭对成人身份的认同，更是氏族对其成人身份的肯定。

成为一个人，成为拥有各种生活资格的人是摩梭人成年礼仪式的最终目的。仪式作为一种文化符号会渐渐促成并导致"成人者"产生三方面重大的心理嬗变：一是从幼儿期的观念嬗变为成年期的观念；二是从个人的含义嬗变为公众的含义；三是从无意识的关心嬗变为有意识的关心。

---

① 郑晓江主编：《中国生育文化大观》，百花洲文艺出版社1999年版，第548页。

观念的转变、从个体向公众角色的转变以及对家族与社群的有意关心表明，仪式推波助澜地实现了个人作为成年的人、公众的人和有意识的人的嬗变。通过仪式对个体的教育不仅具有了和仪式表层意思相关的外显功能，而且也具备与仪式本身深层含义有关的隐含的、潜在的功能。

三、学校教育目的与仪式发生目的比较

现代学校教育的目的是"培养人的总目标。它规定着把受教育者培养成什么样的人的根本性质问题。是教育实践活动的出发点。根据一定社会的生产力和生产关系的需要和人自身发展的需要来确定"。① 联合国教科文组织教育发展委员会对教育目的的界定是："每一项教育行动都是指向某个目的的一个过程的一部分，这些目的是要受普遍的和最终的目的所制约的，而这些普遍的和最终的目的基本上又是由社会确定下来的，……某种形式的客观现实必然制约着每一个国家根据其特殊背景所制定的当前的教育目的，但这种教育目的，与社会的一般目的一样，也是那些参加教育活动的个人意志行为与主观选择的效果。"② 上述两种关于教育目的的表述中，前者指出了其具体要求和确定依据，即对人的培养并根据一定社会生产力与生产关系的需要性和人自身发展的需要性；后者将视阈延伸到普遍存在的教育活动中。无论教育目的视阈的宽狭，完美人性的塑造和文化传承与发展是教育永恒执着的追求。但与人的复杂性相比，教育目的不仅无以囊括，而且显得捉襟见肘。人的发展充满了无限多的可能，教育目的对其有限性的规定使教育，尤其是学校教育难以真正发挥自己的效能。

与现代学校纷繁复杂、全面而略显臃肿的教育目的相比，摩梭人成

① 教育大辞典编撰委员会编：《教育大辞典》，上海教育出版社1990年版，第59页。
② 联合国教科文组织国家教育发展委员会：《学会生存》，上海译文出版社1979年版，第199页。

年礼仪式的目的显得质朴、简洁而又单纯，"成为一个人"始终是仪式执着追求目的的最终体现。希望通过文化传承实现美好人性的塑造，对个体发展的执着追求与美好愿望是学校教育与摩梭人成年礼仪式的共同追求。仪式的情景性、生动性、直观性等特点达成了自己的教育目的，学校教育却徘徊在美好的意愿之外，这不能不说是今天学校教育的失败所在。

以人的发展为基本目标的教育，意在帮助个人走出精神上的襁褓状态。它可以促进个人的解放、完善个人人格和实现个人人性的塑造；它可以引导相同文化和不同文件环境中的人相互尊重，引导人们关注人的存在、人的命运和人的生活。尽管它无法改变人生而具有的本质，却可以根据人的本质和可能性来促进人的发展。许多时候，我们无法划定教育的界限，无法预料教育的作用，无法把人无限发展的可能定格，只能在实际中观察把握，随时调整。教育既要培养适应现实生活的人，也要培养面向未来的人。每一个人都永远走在其向一个"真正人"迈进的旅途中，因为每一个个体与过去相比，是一个既成；与未来相比，人却是一个未成。教育是使人从未成走向既成的原动力，对未成人的培养是教育的理想，摩梭人的成年礼仪式体现并实现了这一理想。从教育职能来看，教育具有超越性，它需要预见未来；教育自身的发展也需要教育具有超越性，因为教育只有在对自我的不断批判、调整中才能真正发展，在实现着对未成人的塑造中，教育也实现着自己的完善与发展。在不断提升人的价值、开发人的潜能、赋予人以新内涵规定性的教育过程中表达了教育对美好生活的愿望和对美好未来的追求。"人是教育的出发点"体现了教育对人的关怀，对生命延续性和种族繁衍的关照，以及对自由的渴望。对人发展应然性的追求、对人潜在可能性的挖掘和塑造都体现了教育的乌托邦情节。"每一次应然性的实现，又总是迈向新的应然性的起点。缘此，教育的乌托邦情节不仅铸就了教育的超越品性，也不可避免地导致了'教育何能'的质疑"。①

　　教育究竟何能？摩梭人借助成年礼仪式实现着自己的教育目的，体现着该民族的教育理念与对教育的价值取向。仪式的首要目的是使个体"成为一个人"，在此前提下，仪式举行与否规限着个体权利的享受、义务与责任的获得。仪式的举行使个体成为一个拥有经济、宗教、法律、婚姻与性生活资格的人，成为一个真正拥有完整生命的人，仪式把教育目的具体化、形象化和直观化了。使个体成为一个拥有生命，拥有诸多资格的人，既是仪式主持人的理想，也是仪式执行者的理想，对举行仪式的追求是大多数摩梭儿童的向往，也许他们未必全明白仪式对他们意味着什么。但对所有的摩梭人而言，成年礼仪式是实现"成为一个人"的教育目的的具体途径和手段，手段与内容的情景性介入目的的实现显得和谐而又自然，尽管所采用的教育方式是"随风潜入夜"，却达到了"润物细无声"的效果。教育目的是对受教育者提出的应然要求，是教育者想让受教育者达到应然状态的设想，在设想基础上采取某种方式和手段尽力使受教育者接近应然状态。方式和手段的选取有赖于多种因素的交互作用。事实证明，单纯依靠机械、理性、急功近利的学校教育想要实现理想的教育目的非常有限。

① 孙传宏、孙元涛：《教育难解的乌托邦情节》，《教育理论与实践》2000 年第 4 期，第 4 页。

第四章

教育过程：仪式中的教育发生

第四章

一、教育过程的界定

（一）教育过程中的作用者

《教育大辞典》从两个角度对教育过程予以诠释：一是指人的社会化过程；即受教育者出生之后接受各方面的影响，从生物实体实现向社会实体、从低水平社会实体实现向高水平社会实体转化的过程；二是指学校的教育过程，即教育者有目的、有计划运用教育影响，引导或促进受教育者身心向教育预期目标转化的过程。其中尤其谈到学校教育过程的模式是：教育者根据社会的需要和受教育者的身心发展特点提出教育要求，然后根据教育要求选择、运用一定的教育影响，使其作用于受教育者，受教育者在接受教育影响、教育要求的过程中，获得发展并形成新的需要和新的身心特点。[①] 教育过程中的三因素即是前文中提及的教育的三大要素，只不过，这里将其重提的目的不再是分析三要素的特点与关系，而是要论及三者在仪式中的相互作用过程，即教育在仪式中的发生过程。这三者在教育活动中缺一不可，教育也许是教育者作用于教育者的前提与基础，而如果没有受教育者，也无所谓教育和教育的发生，尽管受教育者可以通过自学而满足需要，但当其一旦进入教育过程

[①] 参见教育大辞典编撰委员会编：《教育大辞典》，上海教育出版社 1990 年版，第 19 页。

以后，"是否可教""是否能教""教的程度如何"则主要还是取决于受教育者自己。人的可教育性、对教育的需要性、教育的必要性与教育的可能性使教育实践活动必须依赖于教育者。

马克斯·韦伯认为："当而且只有当单个行动者或者多个行动者与这种行为相连接并形成一种主观意义时，行动意指人类的行为（无所谓是内在或者外在的举动，也无所谓是放弃或者容忍）。"他进一步对自己的阐述进行分析："有意的行动与那种单纯反射性的且与主观意识并未相联的个体自身行为之间的界限是不易分清的。而在这两者的界限之间，存在着具有社会学意义的所有个体自身行为中的有意义的部分，尤其是那种传统的行动。"① 这里的有意，是行动者自身赋予行为本身与活动本身的。根据马克斯·韦伯对行动的界定与分析，教育首先表达的是一种行动，而且是一种有意识的行动，只不过在行动前、行动中和行动后有意识的程度不太相同。教育行动尤其如此，教育的文化功能与育人功能显示：教育行动所体现和表达的是一种希望、意愿、意图和理想，教育行动是一种有方案、有计划、有意图和有意向性的行动。不管是在教育的行动之前、之中或者之后，都体现着行动者本身的意愿，这里的行动者主要是指教育者，尽管受教育者的意愿也在教育行动中有所体现。他认为，行动包括两个方面，一是外部的行动；一是内部的个体自身行为。前者可以理解为个体通过肢体语言表示的外部行动，具有直观性、可观察性和易理解性等特点；后者则可以理解为是个体内在的心灵活动，具有隐蔽性、不可视性和间接性特征。教育首先是一种行动，人即是教育行动中的主体。教育的发生，即是教育活动的主体，借助教育影响这一中介，通过主体自身的外部行动和内部的心灵活动，作用于受教育者外部行动与内部心灵的活动。

---

① ［德］沃尔夫冈·布列钦卡：《教育科学的基本概念——分析、批判和建议》，胡劲松译，华东师范大学出版社 2001 年版，第 55 页。

（二）教育过程中三者的互动共生

教育行动的过程，具体说来，意味着教育实施中教育者、教育影响与受教育者三者之间矛盾运作的共同发生。将教育过程中三因素的交互作用表述为下列两对四组关系：教育主体之间、教育主体和教育影响之间的交互作用构成教育过程中的两对关系；教育者与受教育者、教育者与教育影响、受教育者与教育影响以及三者间的共同作用构成教育过程中的四组关系，以下分别阐述：

1. 教育主体的交互作用

教育主体之间的交互作用即教育者与受教育者在教育行动中的彼此作用与关系。在教育实践中，教育者根据社会的需要和受教育者的身心发展特点提出教育要求，有目的、有计划地运用一定的教育影响，使其作用于受教育者。教育者对受教育者的作用内容并不只限于客观的知识、技能和能力，同时也表现在教育者个人人格魅力对受教育者内部行动和外部行动的影响，而且后者的影响深度与持久性往往更甚于前者。受教育者在接受引导或促进自己身心向教育者预期目标转化的过程中，对教育者的反作用主要体现为教育者预期目标的实现程度，实现程度大多呈现三种层次：一是程度较深的正面影响；二是程度较深的负面影响，（负面不同于反面，它与教育者作用于受教育者的方式、方法和内容相关，对受教育者心灵的不良影响）；三是介于两者之间的不可言说的中间状态。一般说来，教育主体之间交互作用的程度处于第三状态的所占比例较大。教育作为教育者通过教育影响作用于受教育者的一种行动，存在施动者与受动者的关系，从教育者有目的、有计划的活动就是教育本身来看，教育者处于教育过程中的主导地位，是教育过程中的施动者，受教育者作为教育活动的对象，应该是教育过程中的受动者。教育研究中关于教育者与受教育者谁处于主导地位与主体地位的争论由来已久，且愈演愈烈，今天看来，问题不仅没有解决，反因说辞不一致而显得更加复杂。

2. 教育者与教育影响间的交互作用

教育影响是教育主体彼此作用的中介，是教育目的得以实现的途径、手段和工具。依据泰勒界定的文化是人类一切生活方式的总和可以将文化视作是教育影响的基础与源泉。文化一词源自于拉丁语，是动词"Colere"的派生词，其原意是指人在改造外部自然界使之适应于满足衣食住行等需要的过程中，对土地、土壤的耕耘、加工和改良。罗马演说家西塞罗"智慧文化即哲学"的名言实现了文化含义的成功转化。19 世纪中叶以后，文化的概念成为社会学和人类学探究的热点，不仅如此，人们还继续探究文化类型、文化模式、文化结构和文化功能等。至今为止，人们依旧热衷于文化研究，但文化概念反而显得越发模糊起来，它就犹如一个由许多细胞构成的整体，不仅边缘参差不齐，内涵也不确定，外延自然也无法确定，就此证明文化本身的复杂性与广延性。大致说来，各种文化成分又可以作实体文化和符号文化的区分（其中语言也属于文化）。作为教育影响资源的文化，大致可分为作为教育内容、教育工具和手段、教育组织形式、教育活动时空关系和教育环境的文化等五个方面。

教育者与教育影响之间的相互关系在学校教育中，主要表现为教育者与课程之间的关系，对课程的选择、加工与传授，是教育者作用于教育影响的主要方式。另一方面，教育影响中的文化成分，实体文化与符号文化的交互作用，帮助受教育者在学习过程中实现心理素质的建构与改变。教育者与教育影响的作用主要体现在对这些文化要素的使用、选择、管理与评价。知识剧增的信息社会，教育者利用教育影响帮助个体学会学习、学会生存，注重个体主体性、创造性和综合素质的培养。

3. 受教育者与教育影响间的交互作用

受教育者与教育影响的交互作用也体现为对这些因素的认知、加工、吸收和转化。在现代教育中，受教育者与教育影响之间的交互作用几乎没有体现出来。而受教育者地位和作用是确定任何教育体现的性质、价值与最终目的的重要标准。两者之间的交互作用主要体现为教育者对教育影响的选择、发挥与利用程度。

4. 三方互惠的动态运作

教育过程中涉及教育者、受教育者和教育影响三要素，但并不表示就规限着三者间的单数形式与单向度的作用方式，相反，其中的任何一个要素，都能以复数的形式作用于对方，三者之间既可以是单数作用于复数，单数作用于单数，也可以是复数作用于复数的形式，即教育过程中呈"多极"的主体间关系。由此表明，教育是一个"复杂的适应性系统"，系统中的"作用者""多层次组织"，或"小生境"都可以被一个能够使自己适应在其间发展的作用者所利用。如同选择实质上意味着放弃，适应也意味着改变、调整，适应是一个积极的动态的作用过程，而不是消极静态的。教育发生的因素，个个都是变量，每一个变量在复杂的适应过程中都有可能发生质与量的转化，尤其是教育影响在复杂的教育过程中可能再进行分化并构成相互独立的因素。

教育过程在三种因素的交互作用中发生，教育者作用于教育影响的方式主要体现在对教育内容的选择、传授；对教育手段、教育工具的使用操作；对教育形式的组织、安排；对教育活动场地和设备的加工、改造和利用等方面。通过对教育影响的组织、加工、选择、利用与传授等方式作用于受教育者外部行为和内部心灵，至于教育者作用于受教育者的程度如何，则取决于三方共同作用的结果。从教育职责和教育目的出发来看，受教育者应该是教育发生过程中的主体，教育者与教育影响的作用方式应该都服务于教育者。但目前的实际情况是，教育者对教育影响享有支配权与操作权，教育影响与教育者本来是关系最为密切的，但在三者的动态作用中，受教育者与教育影响之间却呈现出相互疏远的关系。受教育者与教育者之间的作用时间与作用空间仅限于学校和上课时间。所以，受教育者与教育者之间的作用不具有空间上的广延性与时间上的持续性。教育主体之间的交互作用，应该是双向交互的，但实际上却也是单向度的教师主导关系。

　　归根结底，教育是一种实践活动，其终极目的是通过教育活动目的引起受教育者身心的发展变化，采取何种方式作用于受教育者、变化然后发生却有赖于教育者、受教育者和教育影响三者间的交往关系来实现。学生作为学习过程中的主体，教育是不能通过个人单边的、能动的作用改造学生，教师在教育过程中的实际活动非常有限，他只能借助书面材料、教学语言、文字符号、个人行为以及其他各种教育资料和教学手段的中介作用，外予性地对受教育者施加影响，从而达致自己的教育意愿。但教育意愿的实现程度如何，能否为受教育者所认同并接受最终还是取决于作为认知主体和学习主体的学生。当且只有当学生也将自己作为一个主体，主动参与到依靠教育影响与教育者的共同作用中来时，借助教育影响达成与教育者间的共识时，教育影响才能如教育者所愿般的转化为受教育者的知识或所谓的素质，教育影响也才能"内化"为受教育者自身的东西，引起受教育者认知态度与认知方式的改变。内化的过程是一个矛盾运动的过程，是受教育者主动与环境建构的过程。所以，要达致教育意愿、企图与希望的实现，需要教育者、教育影响和受教育者三者互相照应，彼此认同并主动参与，是三者网状交往作用的结果。用此分析关照摩梭人成年礼仪式中的教育过程，会发现其不同于现代学校教育强调的主体作用于客体的单向度作用方式。

二、摩梭人成人礼仪式中的教育要素

（一）仪式中的教育者

孔子曰："三人行必有我师焉。"

韩愈在《师说》中言："生不必不如师，师不必贤于弟子。"

"凡在庠之老者，必有常年之膳食，如近世各国之有养老金者然。而老者在庠无所事事，则又等于素餐，故必各就所长及其多年之经验，聚少年学者而教之。"①

"周之教育，皆官掌之，其教人者曰'师'、曰'儒'。"② 这些例示生动形象地表明，师、老者、儒、能者、唐虞之时的"哲士"，祭祀活动中的巫师、族人中的长老等相当于今天的"教育者"。这些人的主要职责在于将个人的知识、经验、生产劳动技能、宗教知识、操作方法以及生存的技能等传递给同氏族或参与活动中的其他人。

唐虞之时定其国名为"中"，源由于当时哲士的职责"深察人类偏激之矢，务以中道诏人御物"。

《论语》："尧曰：咨！尔舜！允执厥中。"舜亦以命禹。

《礼记·中庸》："舜其大知也欤！择其两端，而用其中于民。"

《书·尧典》："帝曰：夔命汝典乐，教胄子，直而温，宽而栗，刚而无虐，简而无傲。"

人们据此推论，唐虞之时的教育，"专就人性之偏者，矫正而调剂之，使适于中道也。"③ 哲士即是当时的教育者，矫正而调剂人性之偏，不仅是当时教育者的主要职责，也是今天教育者的主要职责。上述对教育者的表述，虽然都提到其职责，却都没有明确界定其身份，"能者为师"应该是对教育者的最好定位。这里的教育者在职责上等同于学校教育的教师，其身份却不同于教师，教育活动在生活中无影无形却又无处不在地进行着，教育者在生活中、劳作中、仪式活动中完成人性的塑造与文化的传承，教育者的身份随着生活情境的不同而发生改变。

从前文对摩梭人成人礼仪式的现场叙述来看，仪式中的教育者主要有达巴、喇嘛、母亲、保爷、达布、舅舅、父亲、氏族中的亲戚老人以

① 柳诒徵编：《中国文化史》，中国大百科全书出版社 1988 年版，第 66 页。
② 柳诒徵编：《中国文化史》，中国大百科全书出版社 1988 年版，第 197 页。
③ 柳诒徵编：《中国文化史》，中国大百科全书出版社 1988 年版，第 33 页。

及同村中的人。仪式中教育者，有些是以复数的形式，有些是以单数的形式出现在仪式上，就教育者在仪式中的出现序列而言，有些出席在仪式之前，有些出席在仪式之中，而有些则出席在仪式之后，还有些则是自始至终都参与其中的。这些人在仪式活动中的言行举行与所扮演的多重身份与角色使其既是仪式的主持者和参与者，也是教育者。如果对参加仪式的人依其身份的不同，具体可作此划分：达巴和喇嘛为一类；保爷为一类；母亲和达布是一类；舅舅和父亲为一类；氏族中的亲戚和同村中的其他人为一类。其中母亲和达布可能是同一人，也可能是不同的人，保爷和母亲，保爷和舅舅可能是同一人，父亲可能不在场，抛开这类情况而从他们在仪式中对即将举行成人礼仪式的个体的职责和作用来看，每一个人都是教育者，不同的教育者以不同的教育影响作用于仪式中的成年者。

1. 仪式中的达巴和喇嘛

达巴和喇嘛在当地人心目中的地位很高，一方面由于他们的社会职责与承担的社会功能，另一方面是喇嘛对自己德行的严格要求。尽管他们可以抽烟、喝酒并与自己喜欢的姑娘建立 Tisese 关系，却并不影响其在人们心中的地位与威望。相反，人们觉得这样更真实，因为"喇嘛也是人"。摩梭人中的任何一个男子，只要自己愿意，什么样的人都可以学喇嘛，基本上都是自愿的。在 20 世纪 60 年代以前，几乎每家都有一位喇嘛。后来因为"破四旧"逐渐减少。现在当地学喇嘛的人又渐渐多了起来。左所人学喇嘛直接拜当地的大喇嘛为师父，学习的时候，要给师父送罩衫、食物等，作为拜师的礼物，拜师的时间一般选在清明。拜师时，大喇嘛要"教导徒弟不允许有偷盗、抢劫、杀生、奸淫等不良行为的发生，出门走路要小心，既要保重自己的安全，同时也要小心不能踩到脚下的虫子、蚂蚁等有生命的东西。要善良，要有同情心，如果路上遇到乞丐，应该把自己帮助别人念经做仪式时得到的报酬或礼物分一些给乞丐等"。喇嘛学习是否用功，学的好与坏，大喇嘛不会严格要求，但喇嘛参加仪式时的表现将直接成为人们检验其学习程度的标准，将影响该喇嘛今后在人们心中的地位与声望。喇嘛在当地人家中或族人中地位都很高，喇嘛因个人的身份、职业与德行成为人们所效仿与尊敬的对象。

达巴和喇嘛作为仪式中宗教活动的主持者，其职责既重要又复杂，他们既要保证通过宗教仪式活动的举行，使未成年者获得成年人的资格，使其健康顺利地成长；同时又要保证该家族供奉在火塘上的祖先都能看到这一令人欣慰的情形；他们既要让即将举行成人礼的个体知道举行仪式对个体、家族和氏族兴旺的重要性，同时也要让其明白仪式对个人举足轻重的重要作用；达巴既承担着教化个体的作用，也承担着让其了解民族传统文化的作用。这些职责的完成，主要依赖达巴在仪式中做的法事和念诵的经文，尤其是达巴念诵的经文包含着许多方面的内容。如，在为男孩子带"套牛绳"时达巴会念诵："你今天已经成人了，你对天地叩拜之后，你对家庭就开始负有责任了，你要去耕田、犁地、驮马，外出挣钱，要把家中的大事承担起来，为家庭承担责任。"为女孩子佩带钥匙链时，达巴念道："猪要长肉，女孩子要能承受得住别人的流言蜚语，要喂好猪，搞好家庭和亲戚间的团结，当家庭主妇者要能承担起家中的责任，做好饭，接待好客人，当个贤惠的家庭主妇，搞好邻里亲戚间的关系"等。在达巴念诵的其他经文中则包括了天文、历法、历算、古训、族源和道德等各方面的内容。

2. 仪式中的母亲和达布

"达"即砍的意思，"布"即主要的意思，"达布"合起来理解就是"主砍"或主要负责砍的意思，意即主人就像用刀斧砍木头，砍东西一样，主要负责"砍掉"家中的一切繁琐事务，摩梭人对此的汉语表述是"主事"的人，我们外地人将其理解为是当家人或家长，将达布理解为"家长"是我们的思维习惯，"主事"是摩梭人自己的思维习惯，本文也采用"主事"一说。传统的许多研究因为强调摩梭人是母系氏族社会，于是也就单纯强调"达布"的女性角色，女性在摩梭人语中被称之为达布是真，但承担达布这一职责并非只有女性，而是男女主事两人。摩梭人沿袭至今的传统习俗是"长子长女为大"，用汉语可以将其表述为"舅掌礼仪母掌财"。两位主事在家中不仅没有特权，相反往往还是家中最辛苦、最任劳任怨的人，因为在家庭管理、生产劳动、对外交往中他们都要以其身份事事走在前面，处处以身作则，使整个家庭生产、家庭生活井然有序。被家人尊敬是他们在辛苦劳作、生产和操持家务中赢得的。在仪式过程中，母亲、达布对仪式的张罗，服饰的准备和请人待客等都对女孩子提供了学习的榜样，当然影响同时也来自于她们平时的共同的生活，成长过程中母亲和家中其他母亲们的教导。①

3. 仪式中的保爷

成年礼，摩梭语表述为"里给""毯给"。"里给"指给女孩穿裙子，"毯给"表示为男孩换穿裤子。里给和毯给在摩梭语中的使用有两层含义：一是指穿裙子、穿裤子的人；二是指仪式活动本身。因为是为举行仪式者穿裙子、穿裤子的人，摩梭人的汉语表达为"保爷"。顾名思义，"保"即保护，"爷"即人，保爷则是为孩子找了保护人，这类同于法律上所说的监护人，这里的监护人主要指为孩子提供一个可资学习的榜样，同时也带有某种宗教意义，如有了属相、性别相合、人丁兴旺、人品较好的保爷，孩子的也就能更加健康、顺利地成长。这种信仰可能与过去 13 岁之前儿童的高死亡率有关，保爷是孩子名义上的护佑者，为孩子提供精神上的保护，同时也为孩子提供并建立了一种全新的社会联系。

"保爷"在仪式中扮演的角色尤为重要，人们对保爷的选择也极其

---

① 对母亲的姊妹或父亲兄弟的媳妇都称妈妈，依据她们的大小而称大妈妈或小妈妈，妈妈们也将亲族内的孩子当成是自己的孩子来抚养，有些比对自己的孩子还亲。

讲究，要遵循许多"规矩"，① 具体表现为：

a. "保爷"的属相与行礼者必须相容

保爷的选择，先于仪式中所有的其他活动。家人先请达巴或喇嘛为孩子选保爷，关于选择保爷的时间有两种说法，左所的观点是在小孩出生后行取名仪式时，就先请达巴或喇嘛依据小孩的属相与生辰为在同村人中为其找一个属相相容的人；前所人则说，在举行仪式的前半个月左右，请达巴或喇嘛依据小孩的属相与生辰为其找保爷。尽管两地摩梭人在选择保爷的时间上存在分歧，规矩却是一致的。达巴或喇嘛占卜主要依据十二生肖和阴阳五行，占卜工具一般使用骨卜②或豆子占卜③传统的达巴文化将人分成羊、兔、猪、龙、猴、鼠、牛、鸡、蛇等十二种，五行是指铁、木、水、火、土，与之相应的是东西南北中五方。关于五方、五行，达巴经文中有许多相关记载，如达巴"占日"经中有这样的描述：木星生七朵，七颗木星花，缀在东方天；火星生七颗，七朵火星亮，缀在南方天；铁星有七颗，七颗铁星光，缀在西方天；水星出七颗，七颗水星星，缀在北方天；土星出七颗，七颗土星星，缀在天地间……。根据我们对此的解读，其中东边主木，西边主铁，南边主火，北边主水，中间则以土为主。在传统的达巴经文中，原本没有十天干的说法，达巴们只将每一行分作阴阳二性，即阴铁、阳铁；阴木、阳木；阴水、阳水；阴火、阳火和阴土、阳土十种，依据十二生肖和阴阳五行相生相克的原理，达巴将十二生肖分成相生相克四组，相生的四组分别为：

狗、虎、马为一组；羊、兔、猪为一组；

---

① 摩梭人喜欢用"规矩"解释传统中的许多习惯，当问及行为、规矩、某个动作的含义时，人们就说这是规矩，规矩就是这样的。

② 他们在占卜时一般使用鸡骨、羊骨或鱼骨。

③ 在用豆子占卜中，大多以黄豆为主，占卜时，达巴将许多黄豆置于豆其中，口中念诵经文，到适当时分，达巴随意抓起一把黄豆撒向空中并据此确定孩子保爷的方位，依当地人的说法达巴这一决定主要取决于达巴个人的意念。

龙、猴、鼠为一组；牛、鸡、蛇为一组。

达巴在为行礼者选择"保爷"的时候，只能在小孩所属属相的那一组进行选择。诸如：八阿家的升格直玛是属马的，那么为其换穿裙子的人只能在狗、虎、马一组选取其中之一，当然也可以是与其属相一样的人。属相与之不相容的人首先排除在外，属相是否相容在摩梭人中是非常讲究的。即使是一家人，如果有与"行礼者属相克的人，即使是母亲、父亲或舅舅，在举行仪式和仪式之后半个月的时间里不允许接触行礼者要换穿的衣服。有些干脆在仪式中回避，不参加或不进入母屋，而只呆在家中其他的地方"。① 保爷的属相与成年者的属相是否相容，成为仪式中的一大禁忌。

b. 保爷的性别必须与行礼者相同

在属相必须相容的前提条件下，对保爷的第二要求是，其性别必须与行礼者的性别相同，意即男孩子找的保爷只能是男性，反之，女孩子的保爷只能是女性。

c. 保爷的德行和人品要好

除了属相相容、性别相同以外，人们还希望自己孩子的保爷是氏族中或村子里的德高望重之人。如果有偷盗、抢劫、杀人、偷人等恶劣行径的人，是绝对不可能被选取为保爷的，即使他与行礼者的属相相容、性别相同也不会被选择。

d. 保爷必须有儿女，人丁兴旺；身体健康

一般在小孩出生举行取名仪式时就依据属相和性别为其找好保爷，但如果在举行成年礼之前的时间里，保爷如果经常生病，疾病较多，那么孩子家中的长者就会请喇嘛重新为孩子寻找保爷。即将先前所选的保爷换掉，重新为其找一个家境好，身体健康，有儿

---

① 何国清，18岁，小学四年级，前所乡屋崖村，打发·鲁若的幼子，曾跟随父亲学习达巴，因记忆力不好而放弃。

女，品行好的人在行成年礼时为孩子穿裙子或者裤子。算孩子的本
命与干爹、干妈的本命是否相符合，依据金（铁）、木、水、火、
土五行进行推算。为小孩举行成年礼非常隆重，一般在春节前依据
小孩的本命推算好日子和时间，大多数人都将时间定在大年初一。
保爷去世时，他曾经为之穿过裙子或裤子的人将视个人能力、财力
的大小在他（她）死的当晚为其点灯，请喇嘛、达巴为死者念经，
平日里也要到保爷家帮忙。

——打发·鲁若

e. 不能找家中有"蛊"的人

至于蛊究竟为何物，谁也无法说清。但在摩梭人的言辞中却能经常
听到。关于蛊，或许正是源于它的不可视性，使其显得更加神秘与可
怕。呆在那边的日子，经常有人好心地提醒我不要乱吃东西，说万一有
蛊，吃了肚子会痛，甚至被有蛊的人看一眼都会肚子痛，而且无药可
治，只有等放蛊的人把蛊收回去，才没事。同时，笔者也听到他们的嘱
托，让我不要随便提及更不要随意去问，免得引起误会而发生一些不愉
快的事。蛊在当地人的言说中，显得愈发神秘。有蛊被当地人看作一件
极其不好的事情，有蛊人家既受当地人的排斥，而且还影响到其后人的
婚姻，对有蛊人的防范也成为仪式中的一大禁忌。

对生命的敬畏与渴望，对死亡的抗拒与不愿认同，对行礼者健康成
长的殷切希望使人们对保爷有着极高的要求，因为他们直接负责为小孩
子换穿衣服。对保爷的诸多要求使保爷成为仪式中举足轻重的人物，同
时，保爷在仪式中和仪式之后都会成为个体观察、效仿和学习的榜样。
对保爷的诸多要求，使保爷的意义远远超出保护和护佑，更成为仪式中
的一个言传身教者，潜移默化影响着个体的价值取向。

4. 仪式中的舅舅或父亲

由于摩梭人目前存在夫妻异居（走访）婚、夫妻同居婚和男娶女

婚三种婚姻形态，其中夫妻异居婚是指男女各居自己母亲的家里，所生的孩子也一般随母亲居住，那么，仪式主持大多是舅舅和母亲。而后两种婚姻形态中，不管是女方嫁到男家，还是男方入赘女家，孩子都是和父母生活在一起，父母也可同时参与仪式。如果仪式在生母家举行，生父也要为孩子举行庆祝仪式。孩子在母亲家行完正礼，即换好裙子、裤子以后，会穿着盛装，带上礼品，由母亲或家中的其他人带到父亲家，先由父亲引导孩子到经堂烧香磕头，乞求菩萨保佑；然后带回母屋，依次向祖先神位、火神冉巴拉烧香磕头，再向父亲家的其他长辈磕头，感谢他们平时对自己的教导和关心。这些事情都做完以后，父亲家中的一个长者把孩子带来的礼品供奉在锅庄石上祭祀锅庄石，然后由家长代表送一身新衣服给孩子，表示对其成年的祝贺。另外，家中的其他长者也会向成年者送上生活用品或压岁钱，表示对其的祝福与厚爱。

孩子成年之后，无论生产、生活、劳动、逢年过节等都必须关照和看望生父，这是摩梭人的古老传统。即使没有成年，遇到祭祖节、端午节和春节也要去看望父亲，表示孩子对父亲的孝敬。如果父亲家有修房盖屋等大事，既要给予劳力上的帮助，同时也要给予经济上的帮助，如粮食、烟、酒、钱等。父亲去世以后，要帮忙料理丧事，守灵、烧香点灯、磕头等，主动承担部分丧葬费用，还要招呼参加葬礼的客人一餐酒席，表示自己对父亲的孝心。平日里，父亲对孩子的日常教育也随孩子经常到父亲家或与父亲共同参加生产劳动而进行。父亲对孩子的教育与具体的生产劳动、生活事务几乎事事有关、处处涉及。其教育内容常常与作为一个人如何为人处事、言行一致、礼貌待人；如何尊老爱幼，如何掌握生产技术，如何学会管理家庭等有关。父亲教育子女的方法主要是以身作则、身体力行、言传身教和正面启发，有时也拿氏族中或村落的生活事务或以其他人的事迹为榜样告诫孩子哪些事情可以做，哪些事情不能做等。

如果孩子没有和父亲在一起生活，而是和母亲住在一起，那么仪式中的许多事务则由舅舅负责。在摩梭语中，舅舅和父亲都喊"阿乌"，平时，舅舅承担着教育外甥的职责。尤其是男孩子，经常随舅舅参加产生劳动等各项事务。在摩梭家庭中，舅舅承担着父亲的职责与角色，供养和教育外甥、甥女是舅舅的责任所在，其内容和方法同于父亲教育子女的方式方法。

5. 氏族中的亲戚、老人以及同村中人

仪式之后，每家都要宴请客人和举行隆重的锅庄晚会，在餐宴和晚会上，他们都会对"成人者"送上礼物和最真挚的祝福。尽管"成人者"是晚会和宴会的主角，如：晚会上人们会让行礼者单独为大家唱歌、跳舞，如果遇到不会跳的，其他人则会耐心教她（他）。在仪式举行者家宴会上来的老人、亲戚和同村人来的多少也是摩梭人衡量自己别人待人处事的标志，用摩梭话讲就是所谓的"竞争"。

在举行仪式时，如果同村中有几家人都要举行，一般存在举行时间、喇嘛和达巴、服装、宴请客人人数（包括宴请村中老人、年青伙伴数量）和送礼等方面的竞争。客人、老人人数与年轻伙伴数量的竞争象征着这家人平时的待人处事，对邻居以及对村中人或族人的态度。如果平时这家人待人处事好、乐于助人、与人为善、人品好，那么来赴宴的人就多，反之则很少。老人人数的竞争象征着老人各有各的特长，行礼者将来也如这些老人一样，具备各种各样的技能与安身立命的能力，能有出息，能凭借自己的能力与手艺而出人头地。

——格科次尔

当地人的叙述表明，老人、村人、年轻伙伴、族人人数的竞争成为人们平时为人处事的衡量标准。如果主人家平日里会处事，与村人、邻居相处甚好，那么遇到家中有事人们将鼎力相助；反之，宴请村人时将没有人参加或参加的人很少。不论参加者的多寡都将引起人们对主人作为的舆论，舆论的好坏则直接影响到主人声誉。如果评价好，整个母屋的人都会觉得很荣耀，如果评价不好，整个母屋的人就会觉得害羞。所以，参加仪式的人的多少直接构成对主人或其家屋平时是否会处事的标志，人们的评价及舆论又成为督促、监控甚至是纠正个体行为的工具。舆论不是指向个体，而是指向整个母屋，个人行为将直接关系到母屋的荣辱。舆论、客人的数量直接构成教育人们德行与价值取向的最好工具，以最直观的形式表现出来。所以，来客的多少、礼物的多少以超出家底比拼的范畴，最终落实到个人的行为上，它没有以文字的形式、说教的形式呈现给个体，而是凭借一种气氛，一种你随时可以感知到、呼吸到的气氛对成年者的心理造成影响，从而引发个体去思考某些问题，用自己的身心全方位地感知现场带给自己的气氛。用教育上的术语来描述即是隐性课程在教育中所发挥的重要作用。

（二）仪式中的教育影响

因为教育是一个"复杂的适应性系统"，该系统有许多"作用者""多层次组织"或"小生境"，每一个小生境都可以被一个能够使自己适应在其间发展的作用者所利用。在教育者、受教育者和教育影响三者之间，既构成多层次组织，产生许多小生境，但同时又彼此独立。可以说，这三者个个都是变量，每一个变量都有可能发生质与量的转化，尤其是教育影响在复杂的教育过程中可能再进行分化并构成相互独立的因素。从现代学校教育来看，教育影响是教育者与受教育者之间的中介，是教育目的得以实现的途径、手段和工具。该影响既包括作用于受教育者的影响物，也包括运用这些物质材料实现影响的方式、方法。教育内容、教育方法、教育的时空关系、教育环境等因素构成了教育影响。从摩梭人成人礼仪式的施行程序来看，教育影响包括以下几方面的内容：

1. 教育内容

从学校教育来看，教育内容是教育者作用于受教育者的重要事物，以教材的方式呈现出来。在摩梭人的成人礼仪式中，教育内容具体以达巴、喇嘛宗教活动中宗教内容的形式体现出来。在仪式举行过程中，喇嘛主要负责念长寿经，加之喇嘛念诵的经文属于藏传佛教的内容，故本文不对喇嘛经文的内容予以详细分析，而主要以摩梭人的本土宗教达巴教的内容分析为主。达巴经文内容很多，但在成人礼仪式中，达巴念诵的经文是以祈福、驱邪和敬老人为主的"斯布土"①"斯宽"②和"子娟"等经文。③ 摩梭达巴认为，13 岁、25 岁、37 岁、49 岁、61 岁都是生命的关口，必须布道重续，或嫁接新生命，使人得到更多的生命并长寿。"子娟"经从其内容来看，可以认为是摩梭人的创世史诗，其中不仅涉及人和人的生命的来源，道明摩梭人的祖先，同时也说明摩梭人衣食住行的来源以及关于 13 岁举行成年礼仪式的最早记载与说明。这些经文大致反映出摩梭人对真善美的追求与传承，如果予以细分，经文中的教育内容具体体现为宇宙观、行为规范与道德、传统文化和美的教育等。

a. 宇宙观教育

"我们几乎可以在人的文化生活的一切形式中看到这种过程。在对宇宙的最早的神话学解释中，我们总是可以发现一个原始的人类学与一个原始的宇宙学比肩而立：世界的起源问题与人的起源问题难分难解的交织在一起。宗教并没有消除掉这种最早的神话学解释，相反，它保存了神话学的宇宙学和人类学而给它们以新的形态和新的深度。"④ 从卡

---

① "斯布土"，在摩梭达巴的经文中，被称之为"斯布土"的经文有多种不同的内容和念法，这里引用的是为孩子举行成人礼仪式时念诵的，该经文的意思主要是祝福成人者。

② "斯宽"，含义为古规，该经文详细叙述了遵守古规的原因、意义与价值。

③ "子娟"经之"子"是生命或寿命的意思，"娟"是嫁接或重续生命的意思，达巴在孩子举行成人礼仪式时念诵的经，表示人年满 13 岁以后，要再嫁接或重续新生命。

④ ［德］恩斯特·卡西尔：《人论》，甘阳译，上海译文出版社 1985 年版，第 5-6 页。

西尔的观点看来，人类学肇始于远古人类自我思索的"内向观察"，而宇宙学则肇始于远古人类对置身其中的自然环境的"外在观察"，这表明宇宙观的产生由来已久。人在不断适应周围世界外部环境的同时，对生活的内部观察伴随并补充着的外部观察是人对自己生存世界的最初解读，一个民族的宇宙观也来源于此。"所谓民族宇宙观，是一个民族关于天、地以及天地起源与万物起源（严格意义上也包括了其民族的起源）关系的诸种看法的总和。"① 摩梭人在其独特的生存环境中，从自己生活的外部环境认识世界，有了本民族人类的起源、日月形成、衣食住行以及万物起源的神话与传说，从而构筑起本民族的宇宙观。从摩梭达巴念诵的经文来看，他们认为三十个夜晚积累成月，十二个月份又汇聚成年，在斯布土的经文中，涉及天、地、年、月、太阳、月亮、北斗星、启明星、白天和夜晚的轮回、月份与年头的更替交换等，经文中谈到：

> ……　　　　　　……
> 天上有了太阳和月亮　　地上才分清了白昼和夜晚
> 有了白昼和夜晚的神　　时日才分清了吉时和灾时
> 天上有了雨水和霜雪　　地上才分出炎热和寒冷
> 地上有了金木水火土　　人类才懂得属相八字
> 人类才明白人和自然的规律
> ……　　　　　　……

这些内容显得尤为深刻，其中提及对时日、吉祥和灾祸、四季和金木水火土的划分，属相和八字的来源等。在"子娟"经文中则主要涉及摩梭人的起源问题，和摩梭人赖以生活的地理环境以及人类衣食住行、规矩的源起等问题。这几则经文包括关于其原始宗教、哲学、科学

---

① 张诗亚：《祭坛与讲坛——西南民族宗教教育比较研究》，云南教育出版社 1992年版，第 241 页。

和文化的基本内容，其一：生命的嫁接与重续；其二：祖先崇拜；其三：天文历法；其四：阴阳五行；其五：摩梭人的缘起；其六：摩梭人的创世经历，"子娟"经形象直观地道出摩梭人的生存所赖以存在的条件，人的衣食住行是在模仿动物的基础上习得；其七：自然崇拜。也正是因为如此，宇宙观的教育才倍受重视。重视不是通过强制、命令或强迫的方式，而是通过与每一个人密切相关的生活中的自然融合与渗透，"一种与宗教的方方面面紧密交织的，故而也是随处可见的教育。"①

b. 行为规范与道德教育

　　在仪式的施行过程中，人们一般忌讳残疾人、外族人、家中有蛊之人、腋臭之人、鳏寡孤独之人、背枪的人、远方来的旅途劳累之人等不能参加仪式，这种忌讳主要限于行礼当天。但在行过礼之后的第二天，家中要请客，这时所有在第一天被忌讳的人都可以来参加仪式，主人要送上食品以资感谢，特别是残疾人要多给一些食品，如果在当天遇到乞丐或有乞丐来参加仪式，人们不会认为不好，相反，我们要求即将成年的人跪着为残疾人和乞丐送上食品。

　　　　　　　　　　　　　　　　　　　　——打发·鲁若

　　打发·鲁若达巴讲的忌讳，即仪式中所不可为和不能为的事情，是仪式中需要避免的，即我们所说的禁忌。"禁忌"借助人们心理对其的恐惧，约束着人们的言行举止，使人们在日常生活中自觉遵守某些行为规范。仪式中念诵的"斯宽"经文还有许多其他相关禁忌，如：

　　　……

　　祖先给我们留下做人的规矩　先辈给我们留下养育的恩情

---

① 张诗亚：《祭坛与讲坛——西南民族宗教教育比较研究》，云南教育出版社 1992 年版，第 249 页。

赞颂祖先德高望重　　　　感谢长辈义重恩深

......

长辈教你们做人的美德　　那是希望你们聪明能干

有了深深的河谷　　　　　高山才显得壮丽

有了长流的溪水　　　　　山谷才富有生机

有了良好的祖规　　　　　子孙才知情达理

有了长辈的养育　　　　　后代才聪明伶俐

......

离开了摩天的雪山　　　　青山再高也无所依

离开了明亮的眼睛　　　　鼻梁再高也不稀奇

离开了长辈的抚养　　　　后代再狠也难成器

斯宽

人间有禁忌　　　　　　　人要有约束

嘴巴诵经典　　　　　　　说给耳朵听

有耳听经书　　　　　　　行动才有节

若没有古规　　　　　　　世间许多事

黑白会颠倒　　　　　　　好坏会混淆

经典念得清清楚楚　　　　鬼神分得明明白白

祖先留下的古规　　　　　后人行动方有依据

......

石块不分大小　　　　　　泥土是它们的母亲

道路不分长短宽窄　　　　大山是它们的母亲

溪流不分巨细　　　　　　江河是它们的母亲

空中漂动的轻烟　　　　　白云是它们的母亲

装在锅碗内的肉　　　　　来自飞禽走兽

长满蹄子的野兽　　　　　老虎是雄师是首领

长有翅膀的飞禽　　　　　鹰和雁是它们的头领

山上的铁矿多么显耀	比不上银矿闪光
还有金子比它们更珍奇	
祖先故地的长寿树	是所有树木的母亲
地上有血有肉有魂的生灵	
祖先的骨血是根本	礼仪和古规由祖先传承
我们才与祖先相连	成为我们行动的指引
这是行为的规矩	这是做人的准则

  "斯宽"本意是古规，该经也是祝福经，但其更重要的作用在于长辈借成年礼仪式对后辈进行传统文化教育，使孩子们懂得尊敬老人、爱护幼者、懂得做人的规矩。这与摩梭人没有文字和没有学校教育的传统密切相关。没有学校，教育的完成主要在家庭和通过传统仪式的方式进行，在仪式中言传身教，借助于仪式中的符号形态；歌舞艺术；现场营造的庄重、神秘、和谐的气氛等形式使个体在耳濡目染的过程中亲力亲为，通过心灵的熏陶等使孩子们在庄重的仪式中学会传统文化和做人的规矩。经文中涉及许多行为规范与道德教育的内容，用轻松活泼的、情景性的方式展开教育，实现文化传承与人性塑造的目的。达巴经文中的禁忌同样如此，它是摩梭人社会进步和道德秩序的活生生的原则。经文中涉及大量祖先崇拜、人类延续、尊敬母亲和学习古规的内容，古规是摩梭人行事的规矩，礼仪与古规是由祖先来传承，礼仪与古规是联系我们与祖先的依据，它成为我们做人的指南，古规既是人们行为的规矩，也是摩梭人做人的准则。

  经文中涉及禁忌，如"人间有禁忌，人要有约束"。"禁忌"一词，最早源于波利尼西亚群岛，代表全部的宗教体系，禁忌本身意味着不能冒犯、避免等，许多宗教学家称其"为较高的文化生活之最初而不可缺少的萌芽，甚至被说成是道德和宗教思想的先天原则"。① 卡西尔在宗教与禁忌的关系研究中，从物理学的意义上来理解，因为禁忌具体体现为对某物不可知的恐惧，禁忌的传播因不受方式的限制而无孔不入，所以其危险性也被代代传承。禁忌本身有其一定的局限性，但同时他也强调复杂的禁忌体系是不能取消的，取缔它就意味着完全的无政府状态。卡西尔视禁忌是人类迄今为止所发现的唯一的社会约束和义务体系，是整个社会秩序的基石，社会体系的诸多方面都是依赖于特殊禁忌来调节与管理的。

c. 性别角色教育

社会家米德（Margaret Mead）从文化人类学的角度考察和分析了儿童性别角色社会化的过程必须具备五个要素："（1）成人对儿童必须有所告诫；（2）成人必须向儿童传授适合其性别的行为经验；（3）儿童必须学习两性间必要的角色行为；（4）必须能理解不同年龄的异性与自己的关系；（5）必须对自己身体的性别特征有规范化的认识。"② 摩梭人的成年礼仪式似乎囊括了这五方面的内容，如为男孩带"套牛绳"时，达巴说："你今天已经成人了，对天地叩拜之后，你对家庭就开始负有责任了，你要去耕田、犁地、驮马，外出挣钱，要把家中的大事承担起来，为家庭承担责任"；为女孩佩带钥匙链时，达巴说："猪要长肉，女孩子要能承受得住别人的流言蜚语，要喂好猪，搞好家庭和亲戚间的团结，当家庭主妇者要能承担起家中的责任，做好饭，接待还客人，当个贤惠的家庭主妇，搞好邻里亲戚间的关系。"达巴的语言是对成年男女个体的告诫，让其意识到作为一个成年男人和女人的不同职责与社会分工。

未举行成年礼之前，摩梭小孩在一个性的非禁忌状态和开明环境中成长，在同一家庭中男女小孩生活在一起，彼此无所顾忌，并接受成人

① ［德］恩斯特·卡西尔：《人论》，甘阳译，上海译文出版社1985年版，第133页。
② 郑新蓉主编：《社会性别与妇女发展》，陕西人民教育出版社2000年版，第26页。

的自然教导。仪式的举行，对个体今后在氏族中扮演的角色和所要承担
的责任有了明确的分工与交代。从本族人对此的诠释来看，每一个今天
的成年男女都可能是明天的舅舅与母亲，他们既要承担家族中的经济责
任，更要承担家族中养育和教化后代的责任。母舅的尊严不是因为身
份，而是因为职责，男女的区分也在于此。平日里，教育外甥①的责任
落在舅舅和其他成年男性的肩上，教育女儿的责任则落在母亲和其他成
年女性的肩上。人们通过仪式告诫个体并向其传授适合其性别的行为经
验等都构成性别角色教育的丰富内容。达巴经文中有许多类似的表述：

　　……

　　在美丽的河谷和坝子　　摩梭的村寨像星星布满

　　子子孙孙繁荣昌盛　　　后代接着先辈往下传

　　如果是舅舅　　　　　　天上飞的鹰为大

　　地上走的舅为大　　　　要教好自己的外甥

　　如果是母亲　　　　　　天下的女人母最大

　　要带好自己的女儿

　　……

　　小的长大了　　　坏的变成美好了

　　长大的小伙子像　　银闪闪的长刀　威武又刚强

　　长高的姑娘们　　　像晶莹的珠宝　珍贵又漂亮

　　……

　　孙儿孙女们　　　像刚刚出窝的雀鸟

　　展开了美丽的双翅

　　像火塘的中柱　　顶起生活的重担

　　……

---

① 摩梭男人称自己姐妹的儿子为外甥。

以上是成人通过达巴念诵的经文向儿童传授适合其性别的行为经验，使其通过仪式学习两性间必要的角色行为。除此以外，性别角色教育还包括必须让成年者理解自己与不同年龄异性间的关系，对自己身体的性别特征有规范化的认识。诸如，仪式中的服饰差异、保爷的性别差异、男女柱的不同、经文内容的区别、居住方式的改变、母舅职责的分配等，都向成年者发出不同的信息。传统摩梭人在仪式前后的着装完全不同，自出生之日起到 13 岁，男女统一穿麻布长衫遮身，不穿裤子，在服饰上没有性别差异。仪式之后，男孩改穿裤子，女孩则换穿裙子，换服装的时候，要完全脱掉所有衣衫，光着身子换上新衣服，据当地人讲：这样做的目的是让前来参加的人知道自己的孩子已经成为一个真正的人，一个真正的男人或女人。

《白虎通》载："圣人所以制衣服何？以为絺绤蔽形，表德劝善，别尊卑也。所以名为'裳'何？衣者，隐也；裳者，障也；所以隐形自障蔽也。"在摩梭人的意识里，衣裳的意义已超出隐形障蔽、取暖、遮羞的涵义，更是"成人"和男女两性区分的重要标识，衣裳本身成为一种区别是否成人和男女性征的符号，成为摩梭儿童性别角色社会化的标志与象征。衣服成为改变社会地位，进行社会区别、性别区别和年龄区分的重要标志，摩梭人采取改换服装的方式除旧迎新，重续生命并获得新生，这不只意味着成人，更意味着性别、性别职能与性别角色的区分。现在，仪式的表现形式已经有所改变。比如，未行仪式之前和之后，男女着装的一致性，裙子和裤子只是举行仪式时象征性的穿戴，尤其是女性穿的裙子，因劳作不便等原因，年轻女性基本上已经不穿了。即使穿，也是出席节日或其他重要活动才穿。服饰的变化在现代文明冲击下因生存和文化选择的结果而出现新内涵，它成为摩梭人在现代变迁中文化认同的表达方式。

摩梭人借助成年礼仪式，用服装差异去界定性别、性别角色和行为规范的差异，使同一氏族的人能直接从服饰这一外观的文化形式上，自然地分清其社会性别角色界线，对于相对封闭的传统社会具有重要意义，是人们在族群组织、婚姻选择、行为规范、家族延续中要考虑的重要因素。在传统摩梭习俗中，人们一般认为行完成年礼以后的男女在生理上已经发育成熟，可以寻找自己的伴侣，更重要的是赋予他们承担起家族和氏族人口兴衰的重任。

2. 教育方法

仪式中所运用的教育方法主要包括讲授法、谈话法、榜样法、演示法和情景教育法等。借助这些无声和有声的教育方法，将教育内容密切地与每一个主体结合在一起，以至于很难将其一一离析出来。情景性、生动性、形象性和直观性的特点使仪式的目的依赖其实施过程自然完成，影响是刻骨铭心的。它与个体的向往、期待、憧憬、兴奋和盼望等诸多感情相互交织，也与群体的张罗、期待和盼望相互交织，个体、群体乃至于现场的器物和与仪式相关因素之间的互动，构成了整体的教育方法。母屋的布置、达巴经文、现场人们的行为语言都是教育方法。与仪式相关的任何器物、每个人的心情、表现、语言、行为，喇嘛、达巴的经文和其他所有人的祝福所营造出的庄重、神秘的气氛，带给每个行礼者的心理感受是兴奋、激动、震撼与不安。特殊的心理历程自然而然促使摩梭儿童情感结构的变化与自我意识和性别角色的增强。仪式成为促使摩梭儿童归属到已经深深渗入他们心海的文化模式中的象征，它似乎也演变成某一具象的具有特殊意义的符号，使摩梭人深谙其道并自觉遵循行为规范与道德伦理，形成该民族文化模式下人们独特的行为方式、心理结构、认知能力、情感和自我意识。现代教育与个体生活的颠倒不禁让人追问：究竟是为教育而生活，还是为生活而教育？

3. 仪式中的时空关系

仪式中的时间是指从仪式开始到仪式结束的所有时间，具体包括大年初一、大年初一凌晨的某一吉祥的时辰，宴请客人的时间以及举行锅庄晚会的所以时间。仪式举行的空间则包括从母屋到村寨的所有空间。

两者在仪式中的共同作用导致整个仪式的完整实施和仪式中教育的时空关系。仪式的时间安排与空间安排决定了其教育时间的延续性、长期性与教育空间的广泛性与拓展性。尤其是空间上的延伸，是个体从家庭步入社会的象征。因为，穿戴好之后，成年者将带上礼品由母亲带着去拜见氏族中人，接受人们的祝福。之后，将举行锅庄晚会，邀请村寨中所有的人前来参加。有些举行锅庄晚会是几家人合作，共同举办，邀请村里的人参加，无论男女老少只要知道的，人们都会自愿参加。成年者是晚会的核心，人们会怂恿、鼓励甚至起哄让其为大家唱歌、跳舞，如果不会跳舞或舞跳得不好，在共同参与中其余的人会主动教他。单独面对村寨中所有的人，这对每一个成年者都是一个挑战，但也正是在这样的磨砺中，个体逐渐完成从家向社会的跨入。

4. 仪式中的教育环境

影响教育活动的各种事物即教育环境，主要包括个体赖以存在的自然环境、社会环境、精神环境、人文环境和心理环境等，诸多环境的教育作用，对受教育者构成潜移默化的、持续不断、生动灵活、形象直观的影响。摩梭人生于斯长于斯的自然环境、两性交往方式、人际互动关系、宗教信仰等构成仪式举行的外部环境；母屋及其布置、现场气氛、宗教活动、仪式中符号形态意义的转化等构成仪式举行的内部环境，内外环境的共时态存在与共同作用构成仪式中的教育环境。

（三）仪式中的受教育者

受教育者是教育实践活动的作用对象，人的可教育性、教育的可能性和教育的必要性成为受教育的条件。人的非专门化、未完成性等特点决定了人需要接受教育、需要以受教育者身份存在的前提。也有人将刚刚生下来的个体当作是早熟的人，认为"他带着一堆潜能来到这个世界。这些潜能可能半途流产，也可能在一些有利的或不利的生存条件下成熟起来，而个人不得不在这些环境中发展。所以从本质上讲，他是能够受教育的。事实上，他总是不停地'进入生活'，不停地变成一个人。"① 对成为一个人的追求，并不限于个人，而是整个群体的事，摩梭人的成年礼很好地体现了这一理念。成年的个体无疑是仪式中主要的受教育者，因为"成为一个人"是氏族通过仪式赋予 13 岁个体获取权利、义务与责任的机会，仪式始终围绕着成年者。成年者通过仪式直接向达巴、喇嘛、保爷、母舅、祖母等其他成人学习，其他成人也通过仪式向个体传授"成为一个人"所应具备的文化、知识、经验和能力。但仪式中的受教育者又不只限于举行成年礼仪式的个体，参加仪式的其他人在作为教育者的同时也可能成为接受教育的对象，借助仪式强化、加深并修正自己以往关于仪式中的诸多认识。"师即生，生即师"的内涵在仪式得到真正体现。

美国文化人类学家米德区分了人类从古至今的三种文化类型的阐述耐人寻味：②

后喻文化（postfigurative culture）：未来重复过去、代代相传，它有赖于三代人之间的实际存在；教育的任务就是复制前一代的文化。

并喻文化（cofigurative culture）：社会成员的模式之间是同代人的行为，典型的特征是"现在是未来的指导"；年轻一代更注重从同代人那里获取经验；代与代之间出现裂痕；

前喻文化（prefigurative culture）：年长者不得不从年轻一代那里学习他们未曾有过的经验；儿童则面临着一个完全未知的、因而也无法掌握的未来。

米德不仅区分不同时期的文化类型，也阐述了不同文化类型中的教育形式，几种不同的教育形式阐明了几种不同的教育要素之间的关系，教育者和受教育者之间的身份改变意味着"能者为师"并不只是过眼云烟，他将会成为明天的主流意识，并需要在各种教育付诸实践。

---

① 联合国教科文组织合编：《学会生存》，教育科学出版社 1996 年版，第 197 页。
② 参见王枬主编：《教育原理》，广西师范大学出版社 2001 年版，第 18 页。

三、仪式运作与符号转化：仪式中的教育发生

仪式中的教育发生是教育者、受教育者以及教育影响三者之间的交互作用，诚如复杂理论在阐述"复杂的适应性系统"时提到其至关重要的几点共性时所阐述的那样："第一，每一个这样的需要都是一个由许多平行发生作用的'作用者'组成的网络。第二，每一个复杂的适应性系统都具有多层次组织，每一个层次的作用者对更高层次的作用者来说都起着建设砖块的作用。第三，复杂的适应性系统能够吸取经验，从而经常改善和重新安排它们的建设砖块。第四，复杂的适应系统总是会有很多小生境，每一个这样的小生境都可以被一个能够使自己适应在其间发展的作用者所利用。"① 系统中的作用者彼此之间平行发生作用，并组成网络。系统中的多层次组织在相互作用都起着建设砖块的作用，而且在相互作用中不断改善与重新安排自己的建设砖块，使其相互适应，在交互作用中、彼此利用的过程中产生许多小生境。该理论同时强调，讨论系统的均衡本身不具有任何价值，因为它总是处在不断变化和转变之中，不可能达到均衡状态。在复杂的适应性需要中最根本的适应机制之一是改善和重组自己的建设砖块。教育即是这样一个复杂的适应性系统，教育者、受教育者和教育也许是系统中的作用者，三者之间的交互作用构成教育发生的网络，网络虽不能达致平衡，却也并非处于紊乱状态，而是在运动中不断地自我调适。摩梭人成年礼仪式的运作表明了教育在仪式过程中的发生。

（一）仪式中作用者组成的教育网络

仪式中的作用者，可以分成有生命体和无生命体两类，有生命体具

---

① 参见［美］米歇尔·沃尔德罗：《复杂》，陈玲译，生活·读书·新知三联书店1997年版，第197－200页。

体包括教育者和受教育者两类，无生命体则泛指教育影响。其中教育者包括达巴、喇嘛、达布、保爷、母亲、舅舅以及家中其他任何一个张罗仪式的成年人；受教育者具体是指即将换穿衣服的年满 13 岁的少年，同时，除开仪式中的大喇嘛和达巴，其他任何一个人在作为教育者的同时也可能作为受教育者，两者在此发生交叉。仪式中的教育影响又可以作生命的非生命的两类划分，教育者的言行举止在仪式中足以构成教育影响，而非生命的教育影响所指将更加广泛，诸如母屋、仪式中喇嘛所用的法器、达巴念诵的经文、火塘、锅庄石、房中的中柱、火神、猪膘肉、粮食口袋、服饰等作为符号的深刻内涵以及在仪式中所传递的信息构成宽泛的教育影响，这种影响将不同程度地作用于在场的每一个人。不同的作用者之间在仪式中平行发生作用，组成一个网络。无论作何细致的界定，都会发现每一个作用者处于与其他作用者相互作用而形成的系统环境中，其中教育者与受教育者将依据其他作用者的动向而不断调整自己的行为与认知方式。如此看来，仪式中作用者在彼此作用中构成千丝万缕的联系，很难对其做出细致的划分与分析。

以仪式中达巴使用法器作用于成年者的深刻内涵为例。在举行仪式时，如果是男孩子，他就像骑马一样骑在粮食口袋上，达巴就用一根被雷击过的松树木料制成的法器，摩梭人用的特制的叫"入笛"（摩梭语）的法器像矛一样，共有四根，然后再用特制的皮绳将雷击过的松树缠到顶端。用酥油从树根一直擦到树顶，再用酥油做成太阳、月亮一样的东西，把太阳沾到"入笛"的顶上，月亮粘到"入笛"的下面，"入笛"正面向东，在"入笛"的侧面插一面摩梭人祖先以前打仗时用过的旗子，再用皮条编一个外形似人的人放在旗子的旁边，象征一个当兵的摩梭人。然后，达巴就开始念经，一边念经一边给小孩脱去麻布长衫和麻布裤子，由保爷替他们换上裤子，男孩子左脚先套进裤子，然后是右脚。如果是女孩举行仪式，女孩一般站在放置有小麦或猪膘肉的女柱旁，念完经以后，按老规矩裙子应该从头上往下穿，而不能从脚上往上穿，因为摩梭人认为：人是渐渐的一节一节地往上长。穿好以后，就从粮食口袋上下来。下来之后，行礼者用双手把插在"布"（摩梭语）上的五双筷子环握在一起。五双筷子分别表示金木水火土，表示他把金、木、水、火、土都集中到了一起，从此以后就衣食无忧，没有疾病了的意思。"布"是用糌粑做成的一个类似于山一样东西，上面插有五双筷子，达巴分别在"布"的顶部和四周各插一双筷子，四双筷子分别代表东、西、南、北四方，中间一双代表插在大地中央，用手环握，表示将铁、木、水、火、土等全部集中在一起，然后达巴又开始念经。东边主木，西边主铁，南边主火，北边主水，中间以土为主，从中央到四方表示人的衣食住行等全都生于土。而且在行礼之前，家里人要准备牦牛或羊来敬神。在行礼的头天晚上，达巴就会到家中来念经，敬神，比如，头敬什么神，手敬什么神，一直要将全身所有的五官、肢体、内脏等都要各自敬完专属的神以后，就将牦牛或羊杀掉。只能用牦牛或羊，不能用猪，因为牦牛或羊相当于一种吉祥物，在摩梭人的神话中，他们认为牦牛喂了九天九夜人们才听到它的叫声，牦羊是喂了七天七夜人们才听到他的叫声，山羊喂了三天三夜才听到叫声，表示这些东西因难以喂养而显得弥足珍贵。人的成长也和这些动物的成长一样，是一件非常不容易的事情，因此在寻找吉祥物的时候，人们一般选用牦牛、牦羊或山羊等作为吉祥物而不能用猪。

——打发·鲁若

大米做得像山一样的饭团上插上五双筷子，其中有一双筷子插在饭团的顶端，其余四双分别插在饭团的周围，所有来参加成年礼的人都要用双手捧三下饭团，表示求千岁、万岁，即求长命百岁的意思。所有来参加仪式的不论是黑发人，还是白发人，都要祈求寿命，头发白的活一千岁，头发黑的活一万岁。不仅如此，仪式完后，每一个在场的人都要吃叫"布"的饭团，表示企求千岁、万岁，长命百岁之意。

——八阿阿若

"入笛""布""牦牛"因其深刻的指向性与内涵而在仪式中赋予重要意义，它们暗含着希望、期盼和渴求，它们甚至表现了该民族的原古由来，表明了人们心中的信仰。其作用的发挥，没有凭借抽象的文字描述，没有凭借苦口婆心的教导，也没有依赖行礼者的死记硬背，而是在仪式的举行过程中潜移默化地进入个体的内心，尽管个体当时未必完全明白它们的深刻内涵，但神圣性、敬畏心、尊崇心以及传承的火苗却就此点燃，成为个体以后生活中效仿的榜样，也成为个体在今后为自己的后代举行仪式时的参照，教育的作用不就在此吗？

（二）符号意义在仪式中的转化

在《人论》中，卡西尔在纵观西方思想史两千多年来关于人的各种问题的哲学理论的基础上指出："当代尽管科学昌盛、技术发达，但人的问题不但没有解决，相反倒是处在深刻的危机之中。"[①] 卡西尔把人定义为"符号的动物"（animal symblicum），以此取代把人定义为理性的动物，因为他认为动物不能对信号（signs）做出条件反射，只有人才能够把这些"信号"改造成为有意义的"符号"（symbols），而且只有这样，我们才能指明人的独特之处，也才能理解对人开放的新路——通向文化之路。

---

① ［德］恩斯特·卡西尔：《人论》，甘阳译，上海译文出版社1985年版，第4页。

对符号的关注，并非源于卡西尔，从圣·奥古斯汀到皮尔斯、涂尔干、塔尔德、梅洛·庞蒂乃至列维·施特劳斯，有些是直接涉足，如圣·奥古斯汀、索绪尔，有些则是间接探求，如涂尔干、塔尔德、莫里斯、梅洛庞蒂，只不过有些直接从语言的角度下手，有些则从实物出发。在众多的符号研究理论中，皮尔斯对符号的三元定义与类分是其对符号学研究的两大贡献。所谓符号的三元定义是指皮尔斯认为符号有能指（符形）、意指（符释）和所指（符号所指示的客观对象）三种。索绪尔曾形象地把符号的能指和所指比作一张纸的正反两面，所指是纸的正面，能指是纸的反面。索绪尔的形象比喻印象深刻地强调了两者间的不可分离性和统一性，同时指出，所谓"符号的意指"实质上是一个过程，一个能指与所指结合一体的行为过程，即符号是能指与所指的结合体。皮尔斯对符号的类分是其根据符号的表现形式将其分作图像符号（icon）、指索符号（index）和象征符号（symbol），在图像符号中，能指与所指之间的关系表现为某种相似性；指索符号中的能指与所指存在因果或时空上的联系。[1] 列维·斯特劳斯认为，"语言符号的任意性是先天具有的，而不是后天获得的"，语言中的能指与所指间的关系原则上是经过某一集体，长期积累之后约定俗成的。所以，象征符号中的能指与所指间没有直接联系。这表明符号具有任意性的特征。另外，能指与所指相结合无法使语义穷尽的现实表明，符号意义本身受环境的影响与制约。符号并不与自己所指称的事物和概念的世界发生凭借隐喻就能得到证实或建立彼此之间的联系。

需要明言的是，符号本身是人主观意愿的创造物，首要特征在于它的任意性，即符号与它所指代的事物事件之间不具备必然联系，它们之间不是一一对应的关系，而是一种"功能性的价值"，[2] 摩梭人借助这样一些符号系统及其在仪式中意义的成功转化实现对一个即将成年者的

---

① 参见陈宗明：《汉字符号学》，江苏教育出版社 2001 年版，第 2-3 页。

② ［德］恩斯特·卡西尔：《人论》，甘阳译，上海译文出版社 1985 年版，第 41 页。

培养与塑造。

仪式在母屋举行，母屋中的器物与设备在仪式中被赋予特殊意义，通过仪式施行潜移默化地完成了意义转化与功能置换。母屋中的器物与行为在整个仪式中的浑然一体，发挥着重要的教育作用。成年礼仪式在母屋举行，母屋的构造、人们的住宅方式、母屋的设备和仪式中的成年礼者综合性地发生着各种作用，以仪式中涉及的相关物质符号为例进行说明。母屋中的男女柱、火塘、锅庄，猪膘肉、粮食口袋，姑娘的裙子、首饰与小伙子的裤子、配的腰刀等的特殊意义在仪式实现了综合转化。母屋中两根并列而置的柱子分别叫男柱与女柱，为同一棵树的上下两截，女柱为树根部分，男柱为树梢部分。行礼时，成年者各依性别站在男柱和女柱旁举行仪式。柱子本是一个木头实体，该实体和房屋浑然一体，起着支撑房屋的重要作用，如果没有柱子的支撑，房屋势必存在倒塌的危险。在摩梭人的符号系统中，人们对其的理解自然超不过柱子本身的功能，但在其意义上已有所引申。人们借其系同一棵树的上下两截和支撑房屋的作用象征家族中男女系同根所生，同脉相承，是同一根骨。举行仪式的成年者必须站在各自所属的树旁，寓意其成年之后如同支撑母屋的柱子一样成为家中的顶梁柱，共同承担起家中的一切事务。柱子作为意指性符号，其功能在于暗示行礼者要意识到成人之后自己的责权，暗示主体今后该有的价值取向与主体意识，最终目的直指家族兴盛和内部凝聚力的增强。

猪膘肉与粮食口袋在仪式中成为财富与能力的象征，摩梭人心中的猪膘肉和粮食既是满足人们每天摄入大量蛋白质与碳水化合物等营养物质的需要，是使人果腹、劳作、生活体力之补给，更是使人生命得以延续的必需品。人们也赋予其多重含义，两种物质的多寡成为财富与能力的象征。透过它们，人们可以直接感知到这家人家庭的富庶程度、勤俭程度和主事人持家理财的能力。借仪式时放置这些，表示长辈或同一"斯日"成员的祈愿与祝福，祝愿即将成年之人将来衣食不愁，六畜兴旺，年年能丰收，岁岁能盈余的美好心愿。

摩梭人举行成年礼有男佩腰刀、女戴手镯的习俗。成年礼时摩梭姑娘大多要佩戴手镯，有无手镯、手镯质地好坏、是不是祖传等使其具有吉祥、财富与身份等多重含义。特别是祖传手镯，人们将其视做吉祥物，普遍认为它有避邪功能，可以保佑自己及其家人健康、和顺、幸福、平安，所以祖传手镯也成为摩梭人赋予多重含义的象征物。男孩佩带的腰刀对其同样意味深长。游牧时期，刀是人们最好的狩猎与防身工具，腰刀是摩梭男儿勇猛、强健的身份象征。人们还视腰刀为吉祥物，佩戴它用以避邪。现在，如果哪个小伙子送腰刀给某位摩梭姑娘，表明他已经将自己的心与情送给了对方。随着时代的发展与进步，腰刀成为年轻人之间的定情信物。

母屋中的火塘和火塘中的三脚架锅庄，在仪式中始终居于重要地位，这与摩梭人特殊的宗教信仰有关。摩梭人家都有上下两个火塘，取暖、炊爨、照明是火塘的三大基本功能。与摩梭人朝夕相处的火塘越来越多地与摩梭人的社会文化发生关系，逐渐延伸进人们的精神领域，成为具有多重意蕴的文化实体。火塘在摩梭文化中是一种多元象征，它既是家庭的象征，反映出一个家庭的家族关系，也是生计和性别的象征。摩梭人家的火塘既是火神的居所，也是祖先的居所，认为火塘的神灵和祖先能左右人们的生殖与生计，生计的左右体现在家庭的富庶上，生殖的左右则体现在人丁的兴旺上，摩梭人一日三餐和平日里对火塘的祭祀即在于此。性别的象征则反映在一般男性就座于上火塘，女性则就座于下火塘，性别的象征本身与性别的尊卑并无必然联系，就坐格局与男尊女卑没有丝毫瓜葛，而是与家中男女的角色分工有关。如果说护佑是母屋火塘文化延伸的一大要义，社会控制中的"监控"则是火塘文化延伸的第二大要义。监控指从旁边查看并调控个体的行为，摩梭人火塘的人格化和神化特性使火塘对人们行为起着直接监督的作用，具体表现在不得在火塘边说脏话，成人不得跨过火塘，不得在火塘吵架与方式争执；而且，如果个体行为有伤风化或有碍观瞻，人们会认为是对祖先与火塘的不敬，从而自动调控并约束自己的行为。

符号本身的作用在于揭示文化的时间发展及其形式的历史变化。人对符号的习得、智力的发展以及对外部世界的适应与改造之间存在相互影响，这是教育和学习存在的根源所在。通过符号交互作用的教育方式，比之单纯依靠文字和口语刺激向来要形象和印象深刻得多。因为，话语作为一种媒介，通过反映外部世界而赋予儿童把握事物的能力显得抽象而缓慢。通过符号交互作用的教育发生只要求有共识就行，符号是作为一种契约被人学会的。学会符号的过程迅速而牢靠，在象征系统里较难找到可以与之同日而语的现象。在儿童的符号习得跟智力发展及创造外部世界之间，存在着一种相互影响的关系。①

情景性、生动性、形象性和直观性的特点使仪式的目的依赖其实施过程自然完成，影响是刻骨铭心的。它与个体的向往、期待、憧憬、兴奋和盼望等诸多感情相互交织，也与群体的张罗、期待和盼望相互交织，个体、群体乃至于现场的器物和与仪式相关因素之间的互动，构成了整体的教育方法。母屋的布置、达巴经文、现场人们的行为语言都是教育方法。与仪式相关的任何器物、每个人的心情、表现、语言、行为，喇嘛、达巴的经文和其他所有人的祝福所营造出的庄重、神秘的气氛，带给每个行礼者的心理感受是兴奋、激动、震撼与不安。特殊的心理历程自然而然促使摩梭儿童情感结构的变化与自我意识和性别角色的增强。仪式成为促使摩梭儿童归属到已经深深渗入他们心海的文化模式中的象征，它似乎也演变成某一具象的具有特殊意义的符号，使摩梭人深谙其道并自觉遵循行为规范与道德伦理，形成该民族文化模式下人们独特的行为方式、心理结构、认知能力、情感和自我意识。

马凌诺夫斯基强调："一家的文化特性与其屋内的物质设备是有密

---

① 参见［法］海默然：《语言人——记语言学对人文科学的贡献》，张祖建译，生活·读书·新知三联书店1999年版，第120－121页。

切的关联的。一人从襁褓而孩提，从发育及青春，以至求偶及早期的婚姻生活，以至于老年，他一生中和家庭间各分子的亲密接触，深受住宅形式的影响。"① 摩梭人的家屋结构及其内部陈设，在仪式中组成多重刺激，以多种作用方式构成作用者组成的网络，在仪式中发挥着建设砖块的交互作用，促成了仪式中教育过程是实现与教育目的的达成，这种作用方式不论从信号刺激、教育者与受教育者、教育者与教育影响以及受教育者与教育影响的作用方式方面都不同于学校教育中单纯依靠文字符号和语言刺激的教育方式，也不同于学校教育中以学校、教室和作息制度为基准的时空关系，仪式提供给个体的是真实的生活，是多样的刺激，是刻骨铭心，是感同身受，而这些都是学校教育所未曾给与和无法给予的。

---

① ［英］马凌诺夫斯基：《文化论》，费孝通译，华夏出版社 2002 年版，第 43 页。

第五章

自主学习：仪式中的主体建构

在一个空前要求和关注教育的时代，人们试图构建教育体系的必要性与可能性程度如何，本书无意探究。本书的观点是如果要构建教育体系，应该是一个全面的、开放的和多样性的体系，该体系应该对"学习"予以充分的关注。对学习的关注，不该只停留于历史，也不该将其局限于心理学的研究范畴之内，教育领域也应该关注学习，这种关注应该突破教育心理学的局限。因为教育心理学对学习的关注显得微观，教育领域对学习的关注应该突破对具体的、细小的，分类过细的问题解决的关注，应该从宏观角度提出学习在教育视阈的必要性和重要性。

知识有效作用于个体，首先要成为学习者的学习信条，理解这些信条的传统含义，相信所学知识的真实性、正确性与恰当性。除此之外，有必要说明个体的行为环境有助于建构他们的感觉世界，并指导、激励他们的行为，最终使个体明白，知识不仅具有认知的特性，而且也具有激励的特性。教育需要关心人的心理特性与过程，需要关心文化符号的特性及其所包含的深刻内涵。教育既要关注人有意识的行为，也要关注人的无意识的行为。因为有意识的认知和动机有助于理解文化符号的表层含义和外显功能，无意识的认知与动机有助于理解文化符号的深层含义与潜在功能。

一、"学习"与"自我教育"内涵

学习是教育的基础，也是教育赖以存在的前提条件，教育理论要考虑学习与发展的关系问题，也应该考虑学习与教育的关系问题。许多时候我们将教育看作是教育与学习的双向作用过程，事实上也是如此。只是人的复杂性与人的发展的多维性，并非仅凭教育就能解决和概括的。因为教育只是文化传承和促进个体发展的一种途径、方式和手段，因其自身的局限而带来许多无法解释的问题，我们必须正视教育自身功能的局限性。因为人和人的发展本身并不等同于教育，教育也无法等同于学校教育，人、教育、学校教育三者虽然水乳交融，但毕竟各居其所。

学习是由于外部影响而引起个体的行为、认知、心理和能力等方面比较持久的变化。变化不一定以外显的行为表现出来，而且也不具有及时性，班杜拉在其社会学习的"三元交互决定论"中所说的"延迟匹配"（delayed matching）现象可以用来表述这里的学习。"延迟匹配"是指个体即使看到榜样的示范动作，他未必会通过自己的行为及时将其再现出来，可能会在几天甚至更长的时间里才能表现或显现出来，行为表现与行为注意所强调的直接强化无关。班杜拉的"延迟匹配"可以用来研究教育中对学生成绩的评估现象，通过考试评估学生是否掌握某部分知识或知识掌握的情况本身就有悖常理。事实上教育忽略了个体在与环境交互作用中逐渐的主动的建构过程。教育与学习密切相关，自是毋庸置疑，但独立的学习活动能不能称之为"自我教育"呢？

教育者凭借教育影响作用于受教育者的程度，如果离开了受教育者主观的努力，其影响自有落空之虞，今天的教育问题也恰在于此。从理论和观念上，大多教育者意识到受教育者在教育过程中的主观能动性，另一方面又忽略这种主观能动性在教育过程中的存在，把个体的所有活动、行为、变化、进步与改变都归之于外部教育。其实，个体外部和内部行为的改变与发展不一定都属于教育行动作用的结果，而是与个体的内部行动休戚相关，个体的这种内部行动被大多数人冠之为"自我教育"。从教育过程中教育者作用于受教育者的动态关系来看，个体自身的外部行动与内部行动，严格说来被称之为"自我教育"是不贴切与欠妥当的。因为主体自身作用于自身达致行为与观念转变的过程，更符合学习这一指称个人经历的过程。德国教育学者布列钦卡在论及"自我教育"时说："要从思想上在人自身上区分较低级状态和较高级状态的'我'，区分'我'和'我的人称代词'，区分'我'和'自我'。也就是说，要区分主体和客体，并由此假定，就如同教育者相对于受教育者一样，一个相对于另一个要以相似的方式行动。"① 尽管所谓的自我教育好像也存在这一过程，但将称之为学习并看作学习的一种类型似乎更显妥当。因为，从教育过程的关系者来看，不论成效如何，教育者与受教育者之间的交互作用都是教育，而单纯的自我学习活动无论其成效如何，都不应该将其称之为"教育"或"自我教育"。

试图通过教育达到文化传承与人性塑造的目的，保证文化不被遗失，这不是事物运动过程中的自然发展流程，而是教育得以存在的人类学基础。由此，教育就成为一个个体或群体对另一个个体或群体的尝试性影响，该影响需要双方的共同介入，任何单方面的缺席都无法构成影响，也就无所谓教育。教育作用下的学习属于有意识的学习，而许多东西并非个体有意识学习就能达到的。个体可以在环境的作用过程中建构它，因为他们内在的准备好了去模仿，而且他们也可以依靠年长者的知识经验，这些知识经验以符号为主。许多研究表明，学习能力是人的遗传性能力，对外部世界的好奇与模仿是人的一大天性，这一天性依赖个体独立的认知即可达成，它是促使个体主动探知外部世界的源动力。兰德曼曾言："学习只是传统的一半，教育则是传统的另一半。"② 这句话既在于标示教育，也在于证明学习于个体成长的重要作用。

学习者的学习，一般存在两种形态：一是在教育作用下的有意识学习；二是在没有教育参与下的个体独自与环境交互作用的建构过程，后

① ［德］沃尔夫冈·布列钦卡：《教育科学的基本概念——分析、批判和建议》，胡劲松译，华东师范大学出版社 2001 年版，第 62 页。
② ［德］兰德曼：《哲学人类学》，彭富春译，工人出版社 1985 年版，第 279 页。

者常被研究者们称之为"自我教育"和"自学"。如：茨达齐尔在其所著的《教育人类学原理》中提出，人是智慧行为的主体，因为人所具有的反思性、自我决定性、自我塑造性、能自我表现等本质特征，所以人是自我塑造的生物，是"他自身的作品"。教育意味着鼓励，是促进受教育者自我陶冶的行为，并以"教育与自我教育行为"为题阐述自己的观点。黄向阳在"'教育'一词的由来、用法和含义"中对此提法予以肯定，他说"有时人们把'独立学习'说成是'自我教育'，即是一种形式化的比喻。'自我教育'也可称为学习或自学。此词的英译之一是 teach–oneself，意为'自教'，这种译法颇能反映自学、自教的活动特点。在人自我教育的活动和过程中，学习者对文化知识的学习、吸收表现为一种自主性、独立性、直接性和排他性。"① 胡德海先生所言的"自我教育"已是完全不同于教育的自主学习，在表述上他依然认为这种方式的学习是自我教育。事实上，自我教育不能成为学习的代名词，"因为这种通常被称为'自我教育'的现象，并不属于以'社会行动'为特征的教育概念的范畴，人们最多只能在转义的（类似的）意义上朝所期望方向做出的自我改变的尝试称为教育。"② 对此，沃尔夫冈·布列钦卡（Wolfgang Brezinka）指出，在学习与"教育"区分中，应该从主观意识上在个体身上区分出主体与客体，并假定学习者自身的"主体"和"客体"就像教育现象中的教育者相对于受教育者一样，学习者自身的一个相对于另一个也要有相似的行动，从该过程来看，似乎的确存在"自我教育"这样一种所指称的过程，可以将学习看作是"自我教育"这样一种特殊类型。但从教育的双向性来看，在自我反思中获取知识经验和文化的过程称之为学习显得更为妥帖与恰当。

学习是人类生活的永恒主题，贯穿于每个人生活的始终。无论有无

---

① 胡德海：《教育学原理》，甘肃教育出版社 1998 年版，第 283 页。
② ［德］沃尔夫冈·布列钦卡：《教育科学的基本概念——分析、批判和建议》，胡劲松译，华东师范大学出版社 2001 年版，第 62 页。

教育的介入，学习却一直存在着，学习是一个介于行为和经验之间的中间变量。学习主体通过主动或无意识地模仿、观察、反复的练习和经验，导致自身行为模式的持久改变或新的行为模式的建立。如果把行为模式的变化和经验看作是一对函数关系，那么可以推知学习过程在主体身上的存在与发生。学习行为的改变不同于青春期的第二性征和外形变化，即学习行为的改变不是主体内部自然成熟引起的结果，而是在外界客观环境中不断经验与获得的知识技能状况引起的结果。学习一般有两种类型，一是有目的、有计划、有意图的训练与练习，如个体在受教育状态下的学习，参加某种培训班等；二是个体在生活经历中的体悟与经验，在与环境交互作用中的主动建构，在别人失败的经历中体会到自己做事所应遵循的规范或是应该避免的矛盾。不论个体采取哪种类型的学习方式，学习作用于对象的结果则表现在个体新的知识技能的获致，对主体行为方式、态度、价值观念的改变以及主体行为潜能的充分展现与发挥。学习与教育相比，显得更为隐蔽。因为它发生在认知主体的内部，是在内部进行的，是看不见、摸不着的过程。学习的成效如何，只有通过认知主体的行动、解决问题的方式等形式表现出来。学习有没有发生、发生的结果如何更多取决于认知主体。

所以，在教育这一社会实践活动中，尤其要尊重如下事实：即使受教育者不从教育者那里得到任何学习帮助，也可以通过无意识学习达到自己所确定的作为应然状态的心理素质。在实际生活中，认知主体可以有意识、有目的、存心地学习。同时，即使不通过相关的教育行为，受教育者也可以在有利条件下，通过主体自身与外部环境的主动建构而获得在有意识的教育目的中所设定的理想人格特征。因此，教育并非总是，也并不全是促使个体达到预设教育目的的心理素质的必要条件。而且，教育在任何情况下也不是认知主体获得上述心理素质的充分条件，因为实现教育目的所需要的学习过程还受到许多其他因素的制约。

二、仪式中"成年者"学习的主体建构

20 世纪 90 年代以降，建构主义学习观的发展主要呈现以下六种不同的倾向：激进建构主义、社会性建构主义、社会文化认知观、信息加工的建构主义、社会建构论和控制论系统。六种研究倾向的分歧具体体现在个体知识形成过程的研究中，如：首先，个体知识是外部输入、内部生成或是外部输入——内部生成的连续作用；其次，建构主义都强调学习中的相互作用，但在学习者与其交互作用的具体对象上存在分歧，诸如，究竟是学习者与物理环境的交互作用呢，还是学习者与不同个体之间或是更大的社会文化背景下建构公共知识。尽管不同的建构主义者在具体的研究方向上各持己见，但从教学与学习角度来看，建构主义学习观存在"看待知识的态度、对学习过程的理解和对待学习者的态度"三方面的一致性。首先就看待知识的态度而言，他们认为知识不是对现实的正确表征，知识只是对现实的一种再诠释和一种可能性的预设，知识会随着人类的进步而不断地被淘汰、解释、改造和重组，新的假设会随之出现。知识并不是概括世界和现实的唯一法则，在毫无章法的具体情景中，个体必须针对具体情景对知识予以改造或改组。尽管知识借助符号形式外显地存在着，但其存在形态需要新的解释，也允许新解释的存在，如前文所述，符号能指与所指间的结合无法使语义穷尽，符号意义的诠释受其环境的制约。因此，符号不是僵化的，即使是同一环境的学习者也未必会对其做出同样的理解。对符号的诠释、认知与理解却取决于不同的个体，因为对知识的建构过程取决于个体已有的"认知图式"。

如果用建构主义略显激进的知识观来分析今天的学校教育与摩梭人成年礼仪式中的教育，会发现两者之间的区别所在。学校教育所传授的知识是对现实的可能性解释，却非铁板一块，即它无法构成解释现实世界的唯一模型。而且，从实际情形来看，个体在接受这些知识以前，必

须与其处于相对疏离的情景，它对个体实质上不存在权威性与价值性，教者认为其也不足以构成个体必须学习它的理由。学校教育在学生的经验、信念之外要求其掌握"新知识"，这样无疑忽略了个体主动建构知识的学习过程，在将知识分科化、模式化的同时我们犯了将学习者生活情境简单化、单一化和模式化的错误，因为学校所学的知识既不能构成生活的全部，也不足以解决实际的现实问题。成年礼仪式中的教育也为参与仪式的个体提供了某种知识观，但这种知识观多限于符号的呈现，他没有条分缕析地为个体呈现出一个唯一解释模型，仪式中的一切，在个体的日常生活中都存在，在成年仪式这一特殊情境中，主持仪式的人没有教给个体僵化、刻板的知识，而是将一系列的符号形态呈现其面前，为个体解读知识提供了广袤的空间。诸如，达巴和喇嘛念诵的经文、屋里的锅庄、母屋在不同仪式中的不同作用等，成年在仪式中的学习并不只是理解成人礼仪式的内涵和意义，还包括它本人对仪式的具体感知、分析和认同情形。仪式中各种器物在各种不同情况下的应用都向行礼者透露出这样的信息，知识在不同情境下的运用并非是简单套用，在不同的情境中有着自己的特殊性。所以，仪式中的教育，向个体呈现的是，对活动意义和符号形态的理解需要主体自身在不断的生活经历中再认、转化与重新解读。

　　建构主义学习观对学习过程的理解在于其强调：学习不是一个获得越来越多的外部信息的过程，而是在主体内部能动建构的过程。个体心理素质的改变与知识的生长是外部刺激与主体内部反应双向建构的结果，学习者不是被动的信息接收者，相反它会对外部刺激提供的信息予以主动建构。建构主义的学习观不同于行为主义所描述的 S——R 的过程，而是皮亚杰所描述的 S（A）R 的过程，其中 S 是刺激，R 是反应，A 则是刺激向某个反应图式的同化，同化才是真正引起反应的根源。所以，在主体与外部刺激间的双向、交互的作用过程中主体对外部信息赋予意义。摩梭人成年礼仪式表明，仪式的施行过程即个体的学习过程，是一个人学习有关自己、自己生活方式、与周围人、与所属群体间关系的一个终身持续的过程，而仪式中个体所学习的则是文化模式和自我认同等重要学习的继续，仪式中的学习既在个体的心理世界中增加了新的内容，同时也多少改变了个体的心理结构，使个体从新的角度看待自己与世界的关系。仪式中的学习是典型的情境化学习，学习主体真实、客观、多元的与仪式中的人、物、气氛以及符号形态等交互性地发生着复杂多样的联系与作用。仪式中个体的关注点不仅是自己即将穿上新裙子、新裤子，他们同时也关注着仪式中不同个体之间的语言、表情、动作和各种其他活动以及彼此之间的相互联系，更关注着不同符号形态与多样化情境之间的联系。仪式中个体的学习过程与学校教育中正式的学习过程不同，由于学校教育中的学习与学习主体具体、特定的生活情境相脱离，故而呈现出片面化、形式化、抽象化、简单化、记忆表征单一化的弊端，导致学生无法内在地构建知识间的彼此联系，导致非此即彼、非彼即此的认知局限，所学知识无法有效处理现实问题，无法在具体的生活情境中发生迁移。这是"读书无用论"滋生的根源所在。所以，"学习并不简单是信息的积累，它同时也包含由于新、旧经验的冲突而引发的观念转变和结构重组，学习过程并不是简单的信息输入、存储和提取，而是新旧经验之间的双向的相互作用过程。"①

建构主义学习观的第三类共性是看待学习者的态度。从学校教育的角度来看，每一个走进学校的学习者，大脑中已有一定的对世界的知觉、理解和思考的方式，即皮亚杰理论中所言及的图式，人们将图式看作是个体心理活动的框架或组织结构，皮亚杰将其看作是个体认知结构的起点与核心，是人类认识事物的基础。② 学校教育中的个体在日常生活和耳闻目睹中形成了自己的认知图式，大到包括对世界的认识、理解

---

① 文萍主编：《心理学理论与教育》，广西师范大学出版社 1999 年版，第 10 页。
② 参见施良方：《学习论——学习心理学的理论与原理》，人民教育出版社 1994 年版，第 180 页。

与思考方式，小到对衣食住行和周围人际关系的看法。至今，我们对初生婴儿的认知还处于未揭秘阶段，但至少人们对洛克的"白板说"持保留意见，初生儿对世界的反应也不能简单地用本能来概括。从我们已有的经验看，有些事物，即使我们以前未曾接触，大脑中也没有与之相关的经验，但当其出现时，依然能凭借头脑中其他的认知能力形成对问题的解释与解决。所以，学校教育不能无视个体头脑中已有的经验，这些经验尽管幼稚、简单，尽管不成熟，却是该年龄段人的正常反应。建构主义学习观对学习者的态度是要求重视学习者已有知识经验与认知图式，建构主义对学习过程的研究可以用于阐释不同社会在教养儿童方面提供的一些新见解，成年礼仪式即是这样一个实例。"成为一个完全的人"是摩梭人仪式的终极目的所在，只有成为"完全的人"的个体才能行使个体执行一个合法成员的一切职能，而对"完全的人"的承认也是在终结仪式之后，对个体权利、责任与义务的充分赋予，对个体"成人"在心理上的完全认同都一致表明：仪式不只是为所有摩梭人提供了一个学习场所，它更代表了摩梭人如何看待自己的儿童及其学习方式的意识形态和理论。

三、仪式中的榜样与观察学习

班杜拉的社会学习理论肇始于他对人类行为起因的探究，社会学习理论是其为解决该问题而做出的全面阐述。班杜拉的社会学习理论把行为（B）、个体（P）与环境（E）看作是一个交互的、双向影响的联结在一起的系统，三者之间不仅彼此融合，也会因活动、主体和环境条件的不同而不同。班杜拉的社会学习理论图示如下：

如图所示：个体的期待、信念、目标、意向、情绪等因素影响或决定着其行为方式；行为的内部反馈和外部结果又部分地决定着他的目标、信念、情感反应等；在行为与环境的相互作用中，尽管环境作为行

个 体

（ P ）

预期和价值观影响。

生理特征，诸如吸引力、种族、个子大小、性别和社会属性、激活不同的环境反应。

行为常常不是根据改变整体印象的环境反馈来评价的

社会上的不同对待，会影响个体的自我概念。

行为（B）
行为激活环境的相倚关系。

（E）环境
被激活的和相倚关系可以改变活动的强度或方向。

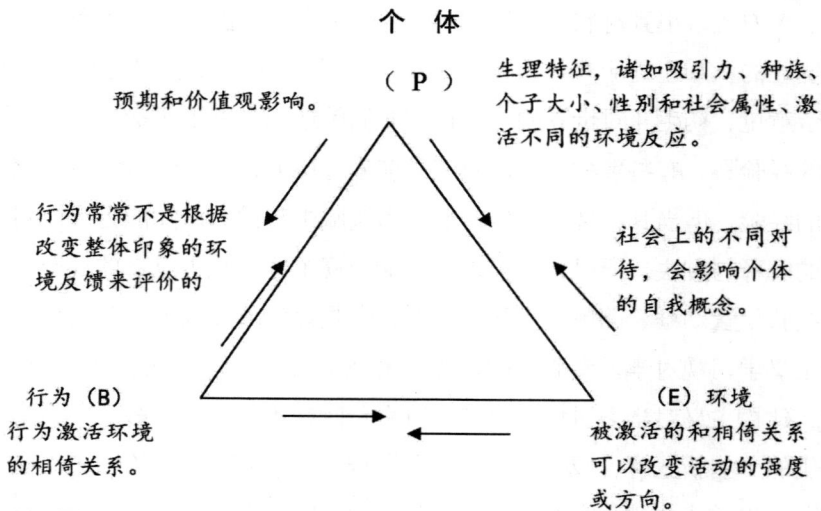

个体、环境与行为的三向关系①

为的对象或现实条件决定着行为的方向和强度，但行为也改变环境以适应主体的需要；主体与环境交互作用的关系表明，虽然个体的人格特征、认知机能等是环境作用的产物，但环境的存在及其作用是潜在的，并取决于主体的认知把握。②班杜拉的三元交互决定论是极其复杂的、综合性较强的、人性化的人的行为理论，他充分关注到人的生理特征，注意到社会对人的自我概念的影响。

对人的充分关注使班杜拉的社会学习理论强调人的一系列基本能力，如符号化能力、观察能力、替代学习能力以及自我调节和反省能力等。班杜拉认为观察学习可以使个体直接获得行为规则，人们可以凭借榜样的作用而直接、形象地吸收他人通过符号或行为显示和创造出的信

① 施良方：《学习论——学习心理学的理论与原理》，人民教育出版社1994年版，第379页。

② ［美］A.班杜拉：《思想和行动的社会基础——社会认知论》，林颖、王小明等译，华东师范大学出版社2002年版，第9页。

息源，以此充实或改变自己的知识、经验与能力。使用符号和符号转化的能力有利于观察学习的保持，符号将各种信息以直观形象记忆的形式保持下来。当被示范的活动转化为表象和易于利用的言语符号后，这些内容就能指导以后的行为。

　　班杜拉社会学习理论中较有特色的部分是观察学习，即学习是榜样的作用引起的。个体在社会生活的相互观察中获取新的行为技能与认知方式，并引起个体外部行为与内部心理过程的改变，即个体在观察中获得从事某种行为的经验并以此作为以后活动的指导。"示范作用的主要功能之一，就是向观察者传递如何将各种行为技能综合成新的行为反应模式的信息。这种信息的传递既可以通过现实个体的行为演示，也可以通过形象表现或语言描述而实现。作用这些由形象表现或语言描述所引起的示范作用，均可称之为符号性示范作用（symbolic modeling）。"①不仅如此，班杜拉还针对个体的年龄特征探讨了不同年龄段个体通过符号性示范学习的程度。如，在个体未掌握语言符号的早期发展阶段，其观察学习主要限于现实生活中周围其他个体具体的言行举止；随着个体认知水平的逐渐发展，电影、电视等形象生动的符号表征为其提供了丰富的榜样刺激，特别是随着个体语言能力的发展，直观、抽象的语言或文字符号的示范作用渐渐替代或补充着形象、生动的示范作用，多种类型的符号形态同时作用于个体，为其提供了多元化的学习榜样。

　　不同类型的榜样示范在个体社会化、知识、技能、经验和道德的发展中起着敦促、教化、禁忌等重要作用，即所谓的诚例性榜样（exemplary model）。皮尔斯将符号分成图像符号（icon）、指索符号（index）和象征符号（symbol）三类，三种类型的符号形态依据不同民族具有典型性的仪式和其他行为方式，在民族发展中不断传承，从而教育、教化、规范和指导着个体的行为。如摩梭人成年礼仪式中人与狗换寿的传

① 高申春：《人性辉煌之路——班杜拉的社会学习理论》，湖北教育出版社 2000年版，第 124 – 125 页。

说、祭祀锅庄的由来、中柱的作用、火塘的禁忌等，这些既浓缩了摩梭人的生活理想、民族成长历程、人性塑造和培养的方式，也反映了摩梭人的伦理道德和社会规范，人们以此实现着文化传承和"完全的人"的培养。

班杜拉认为观察学习有四个过程：榜样的事件——注意过程（榜样作用的刺激，独特性，情感诱发力，复杂性，流行性，功能性价值，观察者的特征，感觉能力，唤起水平，知觉定势，以往的强化）——保持过程（符号编码，认知组织，符号预习，动作预习）——动作再现过程（体能，部分反应的可行性，对再现的自我观察，精确的反馈）——动机过程（外部强化，替代强化，自我强化）——匹配的行为。

仪式本身所具有的诸多特征构成影响观察者注意过程的重要因素，仪式中任何一个人的行为、任何一件器物的使用都是在特定的背景条件下发生的。这些语言、行为或器物在与平时其他祭祀活动的比较中形成鲜明的对照，导致成年礼仪式从摩梭人所有其他活动的事件中凸显出来，从而引起观察者的密切关注。摩梭人的一生，要经历各种各样的活动，如转山节、葬礼、满月酒、敬老人、敬山神、敬水神、敬树神等，几乎这每一样活动都会与母屋相关，但也几乎是每一样活动都有点类似，而成年礼仪式与这些活动有着本质的不同。它的目的是赋予个体行使前面那些职责的权利、义务与责任。在这之前，即从个体出生至 13 岁的时间段里，她（他）已经在与其他人的共同生活中获取了许多经验，但成人礼仪式活动中的有关信息与无关信息却不同于往日的其他活动。示范活动的显著性、复杂性、与观察者之间的功能价值与情感价值都不同于往日，由此引起观察者对其的深切关注。除了观察活动的特征，观察者自身的特征势必影响到其对事件的关注程度。如：主体自身经验背景、认知能力、知觉定势、价值取向以及主体自身的内部建构等，都将影响到观察者对环境事件的主动关注程度。从三元交互决定论图示来看，这是环境刺激与个体之间的双向互动。仪式中观察者自身的特征具体表现为出生至 13 岁的成长经历，个体对此的期待和向往等方面。

　　成年礼仪式中的达巴、喇嘛、母亲、达布、舅舅、父亲、保爷和其他氏族中人都将构成个体行为的榜样。除却这些观察者个体和榜样个人层面的影响，社会群体因素也影响到观察者注意的选择性。诸如，换完衣服之后要餐宴宾客，每家请男女各一人，餐后要举办锅庄晚会，这些活动构成整个仪式的社会背景。在采访中获悉，餐宴宾客实际上暗含"竞争"，为什么会存在竞争现象？具体在哪些方面展开竞争？竞争对摩梭人而言意义何在？它传递或再现了怎样一种情感？对此，摩梭人自有对"竞争"的看法，下文是摩梭人自己对这一现象的描述。

　　　　我们摩梭人有在每年大年初一早晨为小孩举行成年礼的习俗，举行成年礼的年龄依据家支的不同而不同，有的兴 9 岁，有的兴 11 岁，有的兴 13 岁。[①] 在举行仪式时，如果同村中有几家人都要举行，一般存在举行时间、喇嘛和达巴数量、服装、宴请客人人数（包括宴请村中老人、年青伙伴数量）、送礼等方面的竞争。

　　　　时间的竞争是本家、本家支、本司日与其他司日之间的竞争。时间的选择以达巴、喇嘛依据小孩出生时辰、属相的卜算为准，且要遵照传统。时间一般讲早，但也不是无限度的早，以前没有钟表，老人告诉我们举行时间以太阳刚刚出来，照在狮子山（格姆女神山）山顶为准。现在用钟表来看，举行仪式的时间一般在凌晨5：30—7：00左右。传统摩梭人举行成年礼的时间不能超过 5：30 之前，但也不能延续到 7：00 以后。这段时间万物俱寂，大地一片宁静，处于朦胧的可视状态，四处极其安静，而且气氛极佳，家中已逝的老人与家中的火神、灶神等所有的菩萨都能心情愉快地看见自家的小孩举行成年仪式，心中会十分欣慰。家中的人也想通过举行仪式

――――――――

① 摩梭达巴经之松干经中有相关解释：最尊贵的阿巴笃神，你赐人寿不变卦，从九岁到十三岁，从十三岁到二十五岁等。

让祖先与诸神明白，家族中人丁兴旺，小孩又已长大成人，这个家又添劳动力了。人力的增加意味着这家人以后在财力、经济、人员方面的持续增加，意味着家族以后会财源广进，人丁兴旺。希望祖先与诸神保佑家族中人健康长寿、财源滚滚、人畜平安等。

喇嘛或达巴的竞争以数量和德高望重为衡量标准，其中尤其以德高望重为首，这其实是一种名誉的竞争，同时也是一种迷信。该竞争表明人们心中的信仰，摩梭人认为：有能力、有德之人比无能无德的人对成年者的成长和家族行为更为有利。

服装的竞争是向世人昭示该家族以前和现在是否发财。就服饰而言，女孩一般着金边衣裳，百褶裙、花腰带；首饰即装饰品有手镯、项链、头饰、耳环、戒指、腰间挂的链子（以金链子和银链子为主），在传统摩梭文化中，未举行成年礼之前，一般是与家中的长者或小孩同住，举行成年礼之后，家中里的达布（当家人）将钥匙给行礼者表示从今以后有了自己单独居住的房间与生活空间。举行仪式后意味着孩子已长大成人，可以寻找自己的伴侣，有了自己的生活空间。所以家中长辈在举行成年礼时为其准备了属于她自己房间的钥匙，在穿裙时将花房钥匙挂在姑娘腰间。在传统摩梭人的观念中，举行成年礼之后，意味着姑娘已长大成人，可以走婚，实际上摩梭青年一般都是在 20 岁左右才开始走婚。

客人、老人人数与年轻伙伴数量的竞争象征着这家人平时的待人处事，对邻居以及对村中人或族人的态度。如果平时这家人待人处事好，乐于助人、与人为善、人品好，那么来赴宴的人就多，反之则很少。老人人数的竞争象征着老人各有各的特长，行礼这将来也如这些老人一样，具备各种各样的技能与安身立命的能力，能有出息，能凭借自己的能力与手艺而出人头地。

赴宴者给小孩"礼物"多少的竞争表明人与人之间平日的礼尚往来。平日里家人待邻居、族人或村中人如何，在小孩举行成年礼时村人、族人将会通过所送"礼物"的多少予以反馈。因为平日里，彼此家中有事时送"礼"其实是另一种帮衬别人的形式，别人有事时如果你倾力相助，那么人家会心存感激并铭记于心，故当自己家中有事时，别人也会尽力相助。

——格科次尔

质朴的叙述展现着另一种心境，所谓的"竞争"就是希望、敦促、告诫、憧憬与向往，竞争转化为行为准则、行为规范和约束。竞争不仅反映了人们的心理寄托与精神慰藉，也希望"完全的人"以后能在行为、德行等方面约束、激励与鞭策自己，能成为像达巴、喇嘛一样受人尊重的人。竞争充分体现了人们讲求互帮互助、与人为善、乐善好施的良好德行。事实上，礼物的竞争也不是以金钱首饰的数量为衡量标准，而是本着有钱出钱，有力出力的原则，故几乎不存在等价或超值反馈的恶性循环，送礼与礼物的多少，主要由送礼者的经济状况与心意而定，其中尤以心意为主。类似的"竞争"，在摩梭人的生活中无处不在，贯穿每个摩梭人人生始末。诸如：为小孩举办"满月酒"、平日的劳作或丧葬等，都有类似的"竞争"。有研究者认为：以和谐为中心的摩梭人的这种竞争，实际上是鼓励人们之间的竞争与不和谐。这种主权话语式的思维与评价方式作者个人持不同观点：因为就"竞争"的实质而言，它仅是摩梭人表达个人内在情感、价值观念的一种外显形式而已，该形式不是鼓励无节制的物质竞争与不健康的竞争心态，也不是鼓励攀比与不和谐，而是与学会做摩梭人的"规矩"休戚相关，是约束摩梭人行事规范与伦理道德的一种方式。

观察学习的第二个过程是保持过程。保持是指个体在观察活动中获取有关榜样的信息存储与记忆以备后用的过程，保持过程即社会学习理论中所谓的符号表征。符号将目前的、易失的观察经验转化为持久的、稳定的认知结构而存储于认知主体的记忆之中，即使示范行为结束了，认知结构依然较为持久地保存在个体的大脑中，使其成为个体今后活动的行动指南，这是学习理论对个体内部因素的强调与重视。对观察者而言，示范行为具有时间上的流变性，既不稳定也容易遗忘。个体要从示范活动的过程中学习，需要将示范活动的信息转化成相对稳定和持久的符号表征，诚如班杜拉所言："保持过程包含着对有关事件信息进行主动的转换与重构。"① 被转换与重构之后的符号表征，凭借怎样的方式保存于个体的记忆之中，成为班杜拉观察学习理论力图解决的第二个问题。以信息加工心理学关于知识表征的研究结果为理论依据，班杜拉认为主体认知结构中存在着心象表征（imaginal representation）和语义表征（verbal – conceptual representation）两类表征系统，前者是形象的、连续的，后者则是高度分析性的，两类表征系统的共同作用促成了个体对示范信息的有效保持与存储。对示范行为信息的有效保持还需要第三个环节，即孔子所言的"温故而知新"。"温故"主要表现为两种方式，一是所谓的认知演习，即示范信息在认知主体内部的信息加工；二是借助实际操作。两种方式的综合运用，既能达到"温故"的效果，也能达到"知新"的效果。

观察学习的第三个过程是动作再现过程。动作再现过程实质上是观察者对观察结果通过实际操作的表现过程，即将内部的符号系统转变成适当的外部行为。儿童在仪式中获取相关信息的再现主要表现在个体的日常生活中，其运用的熟练程度与协调性取决于个体对其的反复操作之中。

观察学习的第四个过程即动机过程，该过程是指在外部相似情境刺激下观察者表现其示范行为的过程。从仪式的具体事例来分析，表现在每个摩梭人在今后生活中其他活动或仪式中个人行为的再现，几乎每一个仪式的参加者与执行者，在今后的仪式活动中都能完整地、复杂地或简约地表现出曾经习得的观察行为。

---

① 高申春：《人性辉煌之路——班杜拉的社会学习理论》，湖北教育出版社 2000年版，第 136 页。

　　将观察学习的四个过程连贯起来，我们多少能窥出人类获取知识与文化传习的真实情景。在观察学习的过程中，被观察的对象即榜样，观察者即是观察活动中的主体，榜样通过主体的观察活动而直接作用于观察者的外部行为与内部认知。观察学习的榜样，榜样不只是限于现实中的活生生的人类个体，同时也包括各种负载着相关行为规则信息的环境刺激，也就是说，榜样包括人类和非人类。由此，可以确定榜样作用于个体方式或途径的多元性，摩梭人成人礼仪式中的竞争现象似乎为此提供了现成的例证。

　　实际上人获取知识的学习方式很多，但观察学习因其示范信息的显著性，获取方式的直接性、形象性与情境性，个体表现出的期待、兴奋与热情等实际上是仪式本身唤起的个体的情绪反应。通过仪式的观察学习，对每一个摩梭人而言，不只是在他们的心理世界中增加了新的内容，同时也从一定程度上改变了个体的心理结构，使其能够从新的角度来看待自己与族人、与自己甚至与世界的关系。人们通过仪式，不仅在个体今后的生活中增加了新元素，也形式化地重塑了一个新人，有意识地改变了个体与世界的关系，仪式戏剧性地改变了个人的身份与地位，改变了一个人与其曾经朝夕相处的生活、习俗以及其他环境之间的关系，仪式使个体从另一个全新的角度观察自己并审视人生。"刻骨铭心"是仪式带给人们最大的心理感受。

　　上述分析表明，榜样的作用方式既可以是活生生的人类的言行举止，也可以是其他符号形态。其中符号榜样具有隐秘性、直观性和形象性等特征，为个体提供了自我诠释和解读的广阔空间。行为榜样是以活生生的人类个体的语言、行为为主，人类自身的性别、年龄、社会地位、职业、社会声望、体质特征等都将影响观察者的注意程度。在仪式中被观察者有选择性地注意并构成个体模仿学习的榜样，为个体的学习提供了丰富多样的刺激，这与学校教育为个体学习提供的榜样有着某种程度的相似性与差异性。首先是榜样选择方式的不同。学校教育为个体提供的榜样是经由专家、领导或教师实现挑选过的，是他人精选之后的结果，学校教育中个体要做的是对榜样的学习与模仿；仪式中为学习者提供的榜样尽管也是主持者有意识设计的结果，对榜样的选择性观察与模仿的主动性却在学习者身上。第二，榜样作用于个体的方式不同。学校教育中，榜样作用个体的方式大多是教育者的抽象说教，仪式中榜样作用于个体的方式却是个体主动选择、建构的结果，而且以多种方式作用于观察者。第三，榜样来源方式的不同。学校教育中的榜样尽管也来源于生活，但大多与受教育者的生活相距甚远，可望而不可及，与个体生活的相关性不高，与个体年龄特征不相符合，大多显得抽象；仪式中的榜样无论是人性的还是非人性的，都与个体的生活密切相关，榜样源于个体的生活实际。调动个体学习的主动性，对个体学习与个体与外界环境之间的双向建构的有意关注与尊重是今天的学校教育、学习化社会所必须予以更新的观念，这也是摩梭人成年礼仪式中个体学习带给学校教育的启示。

第六章

仪式中的时空关系与教育内涵

在教育影响的分析中已经涉及仪式的时空关系问题，从逻辑框架上讲，此处再写，涉嫌重复。源于对文化本土性、情境性的思考，认为文化是生活在一定时空关系中的人依据自己独特文化生态系统生产的创造物，处于不同的时空关系中的人为了满足自己不同的需要而创造、生成了不同的文化，文化的传播、使用与传承也主要是在该时空关系中展开。在民族文化内涵中，对时间、空间和时空关系的理解应该是将其具体指向性与象征性相结合，考察两者在构筑文化系统中的重要作用。

一、仪式举行的空间结构及象征

（一）仪式举行的空间结构分析

摩梭人成年礼主要在母屋举行，现将摩梭人母屋的立体图和平面图附上，并参照图示展开分析。

摩梭人的母屋又称祖母房、正房，摩梭语为"依咪"，依即房屋，咪即女性之意。祖母房的整个结构呈"回"字型，"回"字的内口部分是摩梭人最重要的核心活动场所，是每个摩梭人生老病死以及一生所有重要仪式的所在地；也是一个家庭重要的活动场所，是整个家庭饮食、待客、议事、祭祀、敬神的地方。外口部分分别为粮仓工具室、储藏室、生产工作房和卧室等。摩梭生小孩时是在后室接生，人死后也停放在那里，作为停尸房，平常则放一些生产工具等。左、右、后外层夯土

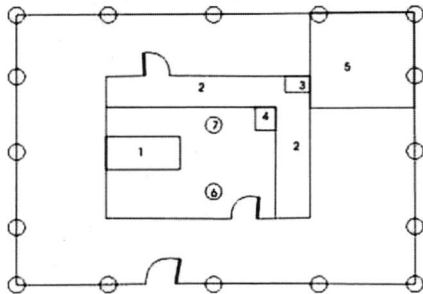

摩梭人母屋平面图

（注：圆圈表示柱子；1 为下火铺；2 为上火铺；3 为神柜；4 为火塘；5 为粮仓；6 为女柱；7 为男柱；半圆形表示门。）

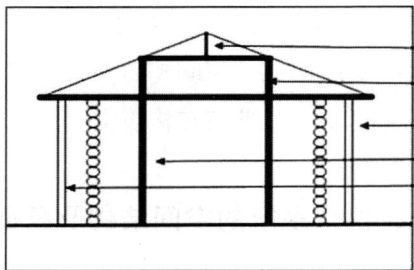

摩梭人母屋立面图

（注：依序从上到下箭头分别表示小矮人、女柱、前柱、男柱、后柱，圆圈表示用圆木砌成的木楞子墙体。）

用围墙围上，正前方的外层多用木板装壁而成。祖母房门的设计本身也有讲究，在门上方挂有弓箭、木工用的锛子等，据说是可以辟邪，上门框的顶部相当低，门槛又极高，门槛与上门方之间的距离不足正常人的身高，进入母屋只有低头弯腰才能入内，当地人说这样进屋其实是给祖母房中的老祖母、火塘神冉扒拉、锅庄石鞠躬，以示恭敬。回字型母屋分内外两道门，两道门之间相互错开，外门与内门之间相距一米左右，斜错开距离一尺见方。摩梭人认为：鬼神不同于人，鬼神不会弯腰低头，也不会走弯路，外门与内门之间相互错开，鬼神就不能进入母屋，也就无法对母屋中的神灵、祖先和家人带来晦气与构成伤害。相互交错的门成了摩梭人心中的定心丸，母屋的独特结构与门的独特设计象征着摩梭企求平安、幸福、安康的美好愿望，门的功能、作用与意义在摩梭文化中予以延伸，它甚至成为一种驱灾避祸、阻挡病痛与晦气的符号，深深扎根于摩梭人心中，成为摩梭文化的象征。

母屋内一角设有高灶台，灶台两侧装有木板，可供人就坐、休息与睡觉。灶台的左边为客位，右边为主位，两灶台垂直成直角，在灶台顶角处有一神龛，① 神龛上一般放置有神像、七个酒杯、酒、烟等供品和花瓶，花瓶中一直插有季节性的花或常绿植物，如万年青、山茶花等。许多人家的神龛边挂有毛泽东的画像，神龛与上火铺的火塘保持在同一条垂直线上。在母屋内的另一侧，即与上火铺主位处于同一条平行线的下房是下火铺，下火铺设有火塘，火塘上方有锅庄和放祭供品的平台，锅庄所靠的壁上，有一块用泥塑成或是用硬纸画成的画像，一张画像上画有太阳、月亮、云彩、海螺、火苗、金、银、元宝等，摩梭人称其为让巴拉，即火神或灶神。在下火铺火塘右侧房壁，放着一个长方形的大木柜，柜子里装有粮食、食品或其他一些金银首饰等，柜子上面供家中的老人夜间就寝用，现在有些人家将其用做放电视或放置其他一些杂物，火塘两边，依然右是主位，左是客位。

上下火塘中都有铁制的三脚架锅庄，摩梭人认为：三脚架形的铁制锅庄，最为稳固和坚固，锅庄象征着摩梭人家的兄弟姐妹、男女老少像锅庄石一样心贴心、手牵手。家中的每一个人都应该各司其职，脚踏实地，共同肩负起大家庭这口人们赖以生存的锅。摩梭人是一个崇拜火、敬畏火的民族，视火为万物之灵，为人们生息繁衍之根，为家族世代兴旺延续之本。祖母房的最上方为火神，每天清晨吹燃火种之后，都要在

———————————

① 　摩梭人称之为梭拖。

火塘的最上部烧上一塘松枝香，以清洁空气，让火神在清香的空气中开始新的一天。一般人口较多的人家，就在上铺生火坐人，平时在上火铺就坐的多为男性成员或儿童，请喇嘛念经或请达巴做法事时也就坐于此。这里最重要的作用是家中举办丧事时，在送葬前两天的时间里，要在这里搭建灵台供亲戚朋友举行吊唁活动。

下火铺上的锅庄台用以摆放祭奠物品。摩梭人在死后既不立碑，也不建坟，但每日三餐或几次烧茶都要在还未使用之前，首先在此台上供奉少许，口中并念念有词，呼唤着家中祖先的名字请他们先享用，乞求他们保佑家人。不论何时，家中新开的猪膘肉、杀鸡杀鱼都要把头供奉在锅庄台上，走亲访友带去的烟酒糖茶等礼物一般也是放在锅庄石上，以示对主人家的尊敬，也只有如此之后，主人家才会启封分事。摩梭人饭前用净饭、净茶祭奠锅庄，用美好的语言祭祀它，企愿生活像火一样光明、温暖与炙热。摩梭人将冉巴拉视作崇拜的图腾挂在最神圣的地方，即下火铺的正前方，摩梭人每餐饭、饮酒、喝茶前都要将干净的饭、茶、酒放在锅庄上，并说一句"秋多"。而且摩梭人在走访亲戚朋友时也将所带礼物放在锅庄上，以示客人对整个家屋祖先、火神的祭祀与尊敬。

火塘是供一家人烤火做饭之用，摩梭人赋予它深刻的精神含义。如火塘上架设的三脚架，人们赋予它团结力量的灵魂。长辈们在平时的生活劳作中也会教育家中的后人搞好家业，万事都应像三脚架一样，弟兄之间手拉手，站稳脚跟，为了撑起家中这口生活的锅，要舍得用尽自己的力量。在火塘上烧火加柴本身也很讲究，加添柴火只能从三脚架三方中间朝正下方的一面进柴，不能拿起一块柴随便往里塞，加柴时要柴的根部朝前，寓意团结齐心，一家人心往一处想，劲往一处使，面对奉献和牺牲，长者为先。火塘边有时也是家中男性长者和小孩睡觉的地方。

另外就是祖母房中的柱子。正房中央依次排列着两根柱子，称男柱和女柱，靠上火铺柱子为男柱，靠正房门边的柱子为女柱。从火塘边看过去，右柱为女柱，左柱为男柱。修房时立这两根柱子也极其讲究。首先在采伐之前要卜测吉日，带上喇嘛和做过法的五谷杂粮，喇嘛念经企求山神赐福，选择认定要采伐的树之后，就近烧一堆鲜松枝香敬山神，并将五谷杂粮撒在山上，以示回报山神，表示来年将会有更多的生命成为山神的财富。两根柱子要在同一根树上采，根部一截作为女柱，顶部的一截为男柱。祖母房中的柜床设在火塘左边，是祖母夜间就寝的地方，它象征着祖母在家中的地位与尊严。铺下的柜子里有可能储藏着一家人的金银珠宝首饰等贵重物品，也可能是装满粮食的粮仓，一般情况下摩梭人不会让老祖母安睡在一个空柜子上。

仪式举行，主要涉及三个场域，一是母屋，二是天井，三是村寨，村寨是个体在穿好衣服之后盛装在其中拜访亲戚和氏族中人以及全村共同举行锅庄晚会的地点，其中以母屋为核心，如上图所示。母屋的修建极其复杂，它不仅是摩梭人四合院形建筑中最先修葺的一处，而且整个程序极其复杂。"母屋结构呈正方形，我们在修母屋时，先在地基的四个角处垫四块石头，石头下埋的有碗，碗里装有青稞籽、金银财宝等，装这些东西的目的是为了压财，表示修了这间母屋以后能升官发财，一切顺利。在立四个柱子时，先放北边和南边的两个木头，再摆放东西两边的两个，即按顺时针的位置摆放，① 后面在放木头时，就没有这样的讲究了。第三是放木楞子，以前木楞子长度为二丈，除西边的木头稍长些外，南北两边都是一丈八九，一共围 21 圈，共由 84 根圆木组成，木头一般是云南松。现在的房屋普遍较高，转的圈数与木头的个数都视个人的需要而定，一般人们还是按照老房子的样式修建。第四是立架子，将四周围好以后才立男柱和女柱，立男女柱时要放鞭炮，要给大木匠发放烟、酒、钱，而且要选择吉日。两个柱子是同一棵树的上下两截，上截立在里面做男柱，下截立在外边作女柱。在砍这棵树时主人要磕头，

① 访谈中问及为什么要如此摆放，人们普遍认为：规矩就是这样，因为规矩如此，所以就应该这样。

带上烟、酒、奶茶、五谷和干鲜水果上山烧香，然后在这棵树长在山上时面向东边的方向打上记号，主人磕三个头以后才能动手砍树，在山上将其分成两截由 8 个小伙子抬回家中风干后方能使用。屋顶与横梁间要立'小矮人'，而且要在小矮人上挂红布，红布里包有金银财宝。第五是修门，修门时先修前门，前门一般向东，后门一般是面向西边，后门进去有 1.3 米宽，长两丈的扶墙，作用主要是老人去世以后在里面挖土坑放置老人，主要是为了防止尸体腐烂和发臭；第六是盖屋顶的黄板，最后是慢慢修母屋内的其他设施，如上下火铺、神龛、神柜、扎柜、碗柜等。房子修好以后，要选择吉日请全村人敬'新火'，请达巴、喇嘛念经并宴请村人，人们也将携带礼品前来祝贺。"

如上所述，母屋的修建不仅复杂，而且讲究，"回"字型母屋的"内口"是每家摩梭人的核心，是家人饮食、待客、议事、就寝以及举行其他各种重要活动的场所，"外口"部分也是各有用途。家族中的任何一个人都与母屋以及母屋中的任何一物发生着社会上的联系，长幼、主客、男女、社会分工、团体成员等之间的相互作用使母屋及其设置、母屋及其中的人发生着多重关系，反映着空间中各变量间的文化关系。

在母屋中有两根柱子，分别叫男柱和女柱，各自代表着男人与女人、姐妹兄弟，当然也可以是丈夫和妻子。两根柱子取自于同一棵树及其摩梭人对其所作的文化诠释蕴涵着丰富的价值内涵。用一棵树的上下两截象征母屋中的男人与女人；用两根柱子在房屋修建中支撑房屋的物理学上的力学原理象征母屋中的男人与女人，应该像支撑母屋的柱子一样，成为家庭经济、劳力、人口繁衍、母屋兴旺的顶梁柱；用同一棵树的上下两截系同根所生象征母屋中的男人与女人都是出自同一个根，出自于同一根骨。同一根骨的人必须齐心协力，团结互助，必须为母屋的繁荣与荣辱共同承担责任。成年礼时换穿服装必须站在与之相属的柱子旁边，旁边放上猪膘肉和粮食口袋。母屋中的火塘、上下火铺、神柜都作为空间的存在物与个体发生着密切联系，构成联系网络。因此从空间结构上分析，母屋中的男柱与女柱、上火铺与下火铺的相互对应象征家中男人与女人间的横向联系；而家中成年男女为未成年男女主持成年礼仪式，又揭示了母屋中男人与女人间的纵向联系，人类的延续与传承莫不有赖于男人和女人在人类生活中纵向与横向的作用关系。

虽然作为一个空间整体的母屋无法与摩梭人所赖以生存的社会环境相比，但从母屋向外界社会的延伸却是仪式在空间上的拓展，这也是教育范围的扩大。盛装走出母屋，步入村寨并拜访村寨里的氏族中人，锅庄晚会在村寨中的举行，宴请村里的人，都是仪式从母屋向外界社会的延伸。成年礼的功效是通过仪式的举行让村寨中人承认个体的成人，使个体享有成人的权利与义务，身份的认同并非是以母屋人的认同为基准，而是社会群体的普遍认同。只有经过社会的普遍认同之后，个体的成人才真正具有社会意义与价值。母屋有如个体活动的圆心，是赋予个体身份地位改变的合法性场所。

（二）教育实施场域的转换

数学与物理学对空间的探究强调其抽象性与同质性，人类学对空间的探究则具体许多，它主要指人类置身其中并能感受到的具体空间，强调各方向间的不等值性与内部结构，强调人与之作用的相互关系。根据空间距离上每一个独立于其他值的变量值，把文化变量当作处于特定的分析空间进行研究。自然距离中所标示的每一个变量都可以看做是空间的一个尺度，而变量间的不同等值可以当作一条线上的许多点，整条线都可以视作是一个变量尺度，数值之间的关系则由直线上的两点距离来表示。于是空间就成为多维的，两个或更多的个体、家屋、组织与社区之间的相互接近可以用于描述其总体关系或其中的变量。所以在人类学家的观察中，房屋不只是一个由长度、高度与宽度构成的建筑体，更重要的是将其作为分析其所置身的社群关系以及该社群与周围世界关系的文化象征。许多时候，房屋的功能已突破其由墙体、顶、门、窗构成的外形特征以及供人居住或用作其他途径的使用功能，它成为人们精神文化的象征，成为人们之间相互联系的"链"。

列维·斯特劳斯（Levi‐strauss）把房屋作为一种组织单位，是一种新的有阶段的并且在同族与异族之间相互融合和变迁中存在极大一致性的社会形式。无论是从阶级社会还是从人人平等的社会来说，把房屋作为等级社会的基本组织单位仍然是不变的。这成为我们分析摩梭人房屋关系的起点。人类社会的变迁，就像左所的摩梭人一样，房屋被看作最重要的核心，这不仅仅因为其固有家族的更迭，还可以解释为联姻的发展。列维·斯特劳斯用房屋概念主要是对一定社会形态的分析，尽管他没有发表任何大型的理论著作，也没有把他的思想建构成一套理论体系。但他的房屋概念暗含深意，包括"实施教育的场所"这一潜在的意思。正如人类学家所言，这使对房屋的分析显得更客观，更能让人意识到在社会工作中，人们把自己的观念更和谐地融入每天的生活实践中。

房屋作为实施教育的场所在任何社会形态中都可以找到，并且在家庭为单位的社会中不受限制。特别是在那些把社会地位和土地的产物看得比较重要的地方。房屋作为实施教育和个体学习的场所，强调人、地域文化、土地和环境，即重视房屋的地域文化性，房屋是固守在某地的，是"家庭为社会基础"社会的一个重要特点。人类学家注意到地域关系对文化的影响。房屋应该成为研究的一个重要方面。房屋是一个民族丰富的文化与社会组织。

房屋作为实施教育和个体学习的场所，与人们自己观念中的房屋和家的观念非常接近。它不仅是人们居住的地方，也代表房屋建筑结构的物质性。它让人们把房屋和它的居住者置于同一个分析性框架中。因此它是一个使丰富的社会文化和社会结构的方方面面相结合的概念。同时，这一概念又让人们不自觉地对社会的各个方面进行区分。

个体从母屋走向社会，取而代之的是一个以村寨为活动范围的空间，由社会人对自己身份认同而标示出与母屋的区别。母屋是摩梭人的宗教和文化场所，母屋也是摩梭人的教育场所。祖先对个体行为的监督、对火神的敬佩导致个体行为的自我约束，男女柱、上下火铺对个人性别角色意识的赋予，母屋自身的特殊功能与价值使摩梭人为之争荣誉，为之而奋斗，它就是摩梭人的信仰，它类似于活生生的教育者，总是在鞭策、激励、敦促并教诲着每一个摩梭人。所以仪式场地从母屋向社会的移动，不只是空间距离的变化，更是个人身份与地位的变化，是个人从家庭迈向社会的必经之途。母屋类似于学校和学校的教室，是文化传承、人性塑造的文化场所，而母屋又不同于学校的教室，它是摩梭人教育的一个基本单位，每一个母屋的合成成为教育摩梭人的社会，作为一个"社会地点"，母屋不是垂直的或远离于自己的社会，而是与其赖以存在的文化土壤融为一体，创造出一个统一的教育场所。

二、人类学对时间的解释及仪式中的时间观

人类学对时间的解释，强调不能从钟表所测定的客观时间出发，而要从人在生活中具体度过的时间方式出发。人的具体的生活时间以钟表测定的时间作为度量衡，既定的时间进程是不以人的意志为转移。时间因生活在其中的人的精神状态的不同而被赋予多种不同的意义，指向多种不同的事件，成为不同民族历史事件的见证人。时间的快慢进程与流逝并不总是恒定的，其本身也并非只是一种持续流动的时间流。"其内部也有特殊的结构，而且这种结构首先并非由人赋予的，而是在事物发生过程中自己形成的。时间始终是某个特定事物的时间。这就是说，我目前所处的这个时刻，对我的活动提出了特定的要求，并由此而排斥了我也许乐意于其他事情的可能性。昼夜的交替，乃至季节的交替以及另一方面由人共同建立的超个人的生活制度的交替均取决于此，即每个时

刻始终是每个事物的时间，是在该时间应做的特定事物的时间。"① 不同文化模式中的人对新生儿的教育即是从让其了解、适应按阶段划分的时间开始的。仪式举行时间的意义也在于此。

摩梭人成年礼仪式的举行时间即是对个体进行教育的时间，尽管摩梭人对个体进行教育并非单纯依赖于仪式，更多的是依赖具体的生活，但仪式因其特殊价值而使通过这种方式进行的教育显得尤其特别。稍做清理，就能发现与仪式相关联的一系列时间：出生婴儿行取名仪式时确定保爷；保爷与个体成人之前和之后的终身联系；个体 13 岁行成人礼仪式那年在冬至那天缝制衣服；大年初一清晨卯时举行仪式；甚至死后享受火葬、享受后人的祭祀等，仪式实质上联系着个体的一生，时间的跨度也因此被延长。这些时间和我们文化模式中的时间相比，已被赋予了完全不同的意义。表面看来，这些时间是彼此孤立的，细究之后重又发现这些时间彼此依托，相互联系，贯穿于每一个摩梭人的始终。

德国哲学家、人类学家恩斯特·卡西尔（Ernst Cassirer，1874—1945）在其著作《人论》中提出的著名思想之一即：人是"符号化"的动物。他认为："符号化的思维和符号化的行为使人类能够利用符号来表征世界、创造文化，从而把自己与动物等其他的存在物区别开来。"② 摩梭人成年礼仪式的细节，给卡西尔的观点提供了很好的例证。虽然人们在时间流逝中创造并积累的许多经验确实是对生活的直观形象反映，但经验的主观性与易失性给传承带来一定的限制，符号化过程却能帮助人将容易流失的经验转变成对现实生活的稳定的认知模式。由于符号是对具体环境、具体事物事件的指称，符号与符号之间的相互关系通过卡西尔所谓的符号化过程而构成人的符号系统，摩梭人借助这样一些符号系统施行仪式并完成其文化经验的传承。

---

① O. F. 博尔诺夫：《教育人类学》，李其龙译，华东师大出版社 1999 年版，第 93 页。
② 高申春：《人性辉煌之路——班杜拉的社会学习理论》，湖北教育出版社 2000 年版，第 47 页。

时间本身只是一个抽象的指代名词，但当人类把它与某个突出事件联系在一起，赋予其某种特殊意义时，它便作为一种时间符号而存在。"每个民族都有自己独特的时间符号，这些时间符号一般产生于每个民族独特的历史行程中，凝结着该民族的集体记忆，成为该民族认同的主要标识之一。"① 冬至和大年初一对摩梭人而言亦如此。在传统摩梭文化中，摩梭小孩举行成年礼时所穿的新衣服，必须在举行仪式那年的冬至那天缝制。

> 冬至那天，必须将裙子和裤子缝好，即或是不缝好，也必须将布买回并剪裁好。这种要求主要是针对孩子穿的裙子和裤子。其余的配件，如鞋子、帽子、首饰等则可以在其他时间置办。之所以选择冬至那天，是因为人们认为冬至之后，天气渐渐会变得越来越长，那么孩子穿上在冬至这天缝制的衣服，孩子的生命也将和天气一样越来越长，人的寿命就如同天气一样长久。
>
> ——八阿阿若

当详细问询摩梭人是如何获取"冬至至长，夏至至短"这一天文信息时，四川前所摩梭人的资深老达巴打发·鲁若说："我们的先祖们在长期劳作的过程中通过观察太阳、月亮和树影的变化等逐渐总结得出的。据老祖宗讲，他们根据'母屋'坐西向东的朝向，观察每天正午时分太阳照在母屋照壁上的位置，然后用石头等在这个位置做上标记。他们发现：在冬天，太阳连着有三天时间持续晒在照壁的同一位置而无变化，经过长年累月的经验积累，他们遂将那天定为冬至，并把即将举行成年礼者缝制衣服的日子也订在冬至这天。"鲁若达巴的讲述，实际

---

① 侯灵战：《时间符号与民族认同》，《读书》2001 年第 10 期，第 95 页。

向我们透露了这样的信息：摩梭人将寿命延长等美好愿望，寄予缝制衣服的时间中，表达他们把人的生命成长蕴涵于天地运行的大系统中。将对人健康成长寄予的殷切希望，寄情于时间的选择。在摩梭文化中，冬至这个日子所包含的不再是单纯天文信息，更是一种希望、祝福的人间真情与温情。摩梭人在继承这一文化传统的同时，也继承了他们天人合一、自然崇拜、寄情于物的宗教信仰。生命的规则和大自然的运行规律一样，风雨之后方见彩虹，生命的运动何尝不是如此。行过成年礼之后的摩梭人，作为一个独立的生命个体而存在，历经的人生第一个十二生肖的轮回，生命正充盈着无限的生机与希望。摩梭祖先们通过对日常生活的观察与记录等方式，总结出天地运行的普遍规律，并懂得在这个大系统中，人置身其中，而非游离于外，再现了摩梭人天人合一，人与自然协调运行的哲学观念和价值取向。

大年初一在摩梭文化中，也作为一个特殊的时间符号而存在。它既是摩梭人团聚欢庆的日子，也是每个摩梭人"成年"的日子，大年初一作为摩梭人一个特殊时间符号的文化内涵借成年礼仪式得以再现。所有年满13岁的摩梭儿童在这天清晨举行成年礼仪式，至于具体时间，尚需经过摩梭达巴依据小孩属相与出生时辰占卜之后方可决定。按照摩梭达巴的描述：

> 我们摩梭人与你们汉族几乎是同时产生的，对于时间的遵守，我们摩梭人最精确不过了。公鸡报晓的时候是虎时，太阳落到最高的那座山顶时，就是兔时，那也是喂猪的时候了。吃早饭的时间是龙时，给家禽喂草的时间是蛇时，正午是马时，太阳到西边的时候是猴时，黄昏开始的时候是鸡时，傍晚是狗时，睡觉时是猪时，深夜是鼠时，一大早的时候是牛时。

——打发·鲁若

关于这个时间的来历，我想可能是摩梭人的祖先达巴们考虑到不同动物在这些时间的活动情况而确定的。这犹如他们通过观察树阴等来确定时间一样，关于确定这些时间的确切依据，今已无据可考，打发达巴告诉我关于冬至的来历应有助于说明这一问题。

"太阳照到最高的那座山的山顶（狮子山，又称格姆女神山）时就是兔时，那也是我们喂猪的时候了。"据个人在左所的考察资料显示，仪式的举行时间大多都在达巴所说的太阳照在狮子山山顶的时候，依据现代钟表的度量时间来算，应该是在凌晨5：00—7：00之间，即汉语中的卯时。关于仪式举行时间选择的缘由，在访谈中没有得到较有说服力的理由。但据摩梭达巴经文中关于木、铁、火、水、土（用汉语讲为五行）与东、西、南、北、中（五方）和十二属相、十二时辰等相关提法的联系与个人推测，摩梭人这个时间的选择与汉族"卯时春门开"以及沿袭至今的"一年之计在于春，一日之计在于晨"等古训有相通之处。至于其究竟是属于摩梭人自己的原创文化，还是各民族在彼此交往、融合的文化变迁过程中学习、吸收、涵化外族文化的结晶，尚需进一步考证。

摩梭人通过举行仪式向个体传递的不只与民族文化的过去相联系，尽管他们试图通过仪式要求个体在回忆与忘却之间保持平衡，但关键还在于对个体与未来的关系提出了完全不同的任务，对未来的创造与憧憬，是仪式参与者双方的共同的职责，这也是教育的价值取向所在。从时间角度看，时间首先明示了人曾有的某种生存状况和生活经历，说明人创造文化的经历与过程，同时也表明人能够适当地实现这样的一种生存状况。教育的职责则在于必须引导人去正确地实现这个生存规则。

三、教育学范畴的仪式时空关系

布迪厄在《实践与反思——反思社会学导引》一书中曾系统阐述

过"场域"问题，按照布迪厄的观点，场域可以作为一个开放式的概念来使用，并且在概念的使用中，只有将其置于关系系统中，方能获得概念的真正内涵。布迪厄的场域理论，包含着一种关系的网络，他认为现实社会存在的各种关系，每一个场域都是各种关系中的一个网络或一个构型。同时他也认为，场域是共时与历时的交融。场域也是一个共时的、运作的、游戏的和争斗的空间。因为对场域因素的理解必须依据彼此之间的关系，要素之间遵循共同的游戏规则，场域中不同位置的作用者利用各种方式改善并保证自己在场域中的位置。场域又是一历时性的生成，这意味着不存在超越历史因素影响的场域之间的关系法则。该理论在教育中的部分利用可以表述为：教室作为教育关系发生场域，既存在关系的网络，同时也存在共时与历时的交融。在教室这一领域中发生关系的教育者、受教育者以及教育影响三者之间构成的关系网络，因素之间在遵循一定规则的前提下，依据各种策略来保证并改善自己在关系中的位置与运作，使其在相互作用中构成历时性与共时性的交融。

摩梭人仪式举行的特殊的时空关系蕴涵着丰富的教育价值取向，实质上它不同于学校教育的时空关系，仪式中的时空构成一组再现文化发展的符号系统，交叉、融合、灵活生动、共时性地作用于个体，"成为完全的人"即在这种时空关系中完成。它不同于今天学校教育的空间"学校"与"教室"，更不同于今天学校为组织教学而按照钟表测定的客观时间的作息制度。学校教育中的空间就是数学家眼中同质的、抽象的空间，时间就是钟表测定的上课、休息的作息时间，空间与时间应有的文化意蕴在这里丧失殆尽。"教育"也因其构成因素丰富内涵的人为抽取而显得远离生活、过于理性，以及忽视感情，这并非教育的本意所在。

成年礼作为摩梭人约定俗成的育儿风俗与育儿模式提供了组织教育和学习的场所，从家庭向社会的扩展，反映了空间的广延性。人类学对个体生存空间的探究，不同于物理学上的几维，它更关心的是个体能真切感受到、人实际生活在其中的具体空间，从教育的观点来看，它所关心的是人存在的空间和人与空间之间的关系。学校和学校的教室是为大多数个体设置的专门接受教育的场所，教室和学校所处的空间与学生之间发生着各种关系，学校的管理模式、学校自身的特点使个体与学校和教室的内部空间发生关系，至于校外和教室外的空间则很少与学校的受教育者发生关系，导致个体生活空间的狭促。

成人礼仪式的教育空间有不同于学校的特点，"母屋"是仪式举行的地点，晚会的举行却将该空间扩展到了家族和母屋之外，内部空间与外部空间有机地与个体联系起来，举行仪式的教育目的从空间来看，使个体从"家"步入"社会"，为个体提供了广泛的活动范围，权利、义务、责任的获得，使个体有了迈向无限广阔空间的信心和勇气，这是对个体生存空间的延续，也是教育的目的所在。成人礼成为使个体跳出固定习惯的圈子，跻身于新的、更广大生活空间的基本方式。使个体大踏步跨入或迈进自由的、新奇的、未知的生活空间，是教育所应该关注的，教育要激励个体不断扩展自己的生存空间，而不是约束或阻滞。因为人最终会走出自己日常习惯的生活圈，把自己托付给不可预料的偶然性，由此去探究广袤空间的神奇性，教育的职责在于鼓励这种行为的发生。学校教育与其存在的外在环境的疏离，教室之间"蛋篓"结构的存在，不仅使老师之间、学生之间、学生与学校外界空间的来往被割断，更导致教育与生活的脱节。教育的根本在于促进个体向生活广度的进军，即拓展个体的活动空间，增加个体活动范围的广度。现代学校教育应该考虑到空间与时间的文化性、符号性，充分利用时空的符号性，赋予时空以特定的教育意义与文化内涵，从而延伸个体的时空概念。

第七章

摩梭学童失学现状及原因

一、当地基础教育的主要职责

随着新中国的建立和当地土司制度的瓦解，20世纪50年代，学校教育出现在四川省盐源县泸沽湖镇。1952年和1976年这里相继有了第一所小学——沿海小学（现泸沽湖镇中心校）和第一所中学——沿海中学（现泸沽湖镇中学，仅有初中，没有高中），至今天，当地学校教育已初具模型，现已有1所中学、1所中心校和7所村小，尽管各学校规模不大，却也基本上实现了学校在当地的普及。"普初"（普及初等义务教育）与"扫盲"是当地学校的主要职责。

"普初"的衡量标准是当地人是否达到"三会"（读、写、算），如达到三会，"普初"的目的则宣告完成；反之，当地学校则未能充分实现自己的职能。在该职能的引导下，对教师教学效果的评估与对学生学习成效的检验是学校教育评价的主题，考试成为实现该主题的途径与手段。泸沽湖镇小学一间约100平米的办公室墙上贴满了奖状，奖状很好地彰显出该校近年来的工作业绩。为了巩固"双基""普初"和提高教育质量，学校煞费苦心，并制定出"泸沽湖学区关于教育教学奖励的通知"以提高教学质量，其主要内容如下：

一、第一、第二年级不分类别的以全学区班数的1/5前名次予以奖励；

二、泸沽湖中心校、长柏乡中心校三至六年级为一类，参加全县山区学校评比，五、六年级以参考班数的 1/3 前名次予以奖励，三、四年级以参考班数的 1/4 前名次予以奖励；

三、乡、镇以综合得分合计奖励前三名；

四、不分类别的以综合得分数取得全县第一名奖 600 元，全区第一名奖 300 元，全校第一名奖 200 元。

该通知的核心词汇是"奖励"，其目的在于鼓励老师们追求奖励。对奖励的追求，其实质是对分数、证书与荣誉的追求。这种追求构成了学校教育中教育者的主要职责。教师工作业绩的考评以每年一度的考试为主，教学评估的参照标准是全县统一考试的结果，考试内容则以学区负责人在盐源县或凉山彝族自治州统一购买的试题为主。学校所采用的评价方式与对"奖励"的追求，显然是忽略了人们的本土文化与生活实际。

除了"普初"，学校同时承担着另一重要职责——扫盲。"盲"是指不具备"三会"（会讲汉语、会写汉字与会运用加减乘除进行简单运算的人）能力的"文盲"，被归为文盲之列的必须再接受教育，这些人的教育主要由政府承担。政府主要承担组织人员、发布文件等工作，当地学校是扫盲工作的主要执行机构，教师是主要的执行人员，内容则以达到"三会"为标准。

尽管"扫盲"的指向群体不同于"普初"中的教育对象，但教育的实质都在于使个体通过这样一些方式接受脱离其生活、文化和生存环境实际情况的教育。这里的学校，从其存在场域看，似乎扎根于这片土地，就其文化作用而言，却犹如这块土地上和摩梭文化中的"飞地"与"孤岛"。莱纳兹（J. L. Lennards）在论证教育的各种职能时指出，学校教育有着诸多主要和派生的职能，这些不同的职能之间既有可能产生内部矛盾，同时也存在着各职能间的外部矛盾。在外部矛盾中，"存在着关于人类启蒙的要求与基本技能训练的要求之间的对立，教育改革的钟摆似乎在这两端之间晃荡。在教育系统的初等和中等阶段，这种摇摆表现为儿童中心型的教育与注重基础训练型的教育之间的冲突。"①他同时指出，对两者之间某方面的不断强调可能导致走向反面的结果，诸如，对儿童中心的过分强调，可能使人们转而追求基础技能的训练，对基础技能训练的过分强调可能导致向儿童中心的转向。② 泸沽湖地区摩梭人学校教育的现实，似乎不存在莱纳兹所说的教育职能的外部矛盾，即使有，也是单方面的。当地的基础教育强调"基础技能"的训练，不是教育职能外部矛盾斗争中的非此即彼，而是学校的政治社会化与文化社会化职能间的矛盾。因为，"在学校的文化作用方面，学校从事的是国家建设。它试图加强人民与他们的社会之间的同一性，并向人民灌输同情的感情和国民自豪感。"③ 简言之，学校在实现其政治社会化职能的同时，忽视或没能实现其文化社会化的职能，在实现促进民族融合的教育功能时，淡化了民族特色。

二、当地学校师资和学生就学概况

（一）当地师资概况

以下是作者分别三次对当地小学师资学历构成的调查数据，如表7.1:④

---

① ［加］莱纳兹：《教育的各种职能》，瞿葆奎主编：《教育学文集：教育与社会发展》，人民教育出版社 1989 年版，第 99 页。
② ［加］莱纳兹：《教育的各种职能》，瞿葆奎主编：《教育学文集：教育与社会发展》，人民教育出版社 1989 年版，第 98 - 99 页。
③ ［加］莱纳兹：《教育的各种职能》，瞿葆奎主编：《教育学文集：教育与社会发展》，人民教育出版社 1989 年版，第 99 页。
④ 么加利：《构建四翁普米族校内外教育互补结构的调查研究》，硕士学位论文，西南师范大学 1997 年，第 8 页。

表 7.1

族称＼性别	男	女	学历	共计
摩梭人	12	3	中专	15
汉族	5		中专	5
彝族	5		中专	5
共计	22	3	中专	25

这与西南师范大学教科院么加利对川西南部木里县水洛乡一个普米族聚居村——普米村两所学校，水洛乡中心校和东拉村小学全体教师学历构成的统计结果差别较大，如表 7.2：

表 7.2

学历	师范	初中	高小	初小	共计
人数	3	1	1	9	14

表 7.1、表 7.2 的数据显示，普米族教育者的学历普遍偏低，摩梭人教育者的学历明显高于前者，前者以初小学历者为主，后者则清一色中专程度学历。表 7.1 中的教师，大部分是从凉山州会礼师范专科学校、西昌师范专科学校或凉山彝族自治州师范专科学校毕业后返乡的学生，尽管个别年长者是通过函授、夜大或电大等方式获取学位，结果却证明：当地师资文化程度并不低，而且这些教师多系本地、本族人。按理，不弱的、以本地、本族人为主体的师资，因其深谙两种文化，能在教学中熟练使用两种语言，从而有助于学生对知识的理解与掌握。可事实上，教师在教育过程中语言的使用、方法的选择、教学内容的传授、学生学习结果的评价等都没能反映出这一优势。

调查显示，当地教师①多系本地、本族的师范毕业生，师资力量并不薄弱，这与普米族偏低的师资水平形成鲜明对照。在四翁普米族村，6—15 岁的学龄儿童共计 30 人，其中在校学生人数 5 人，仅占适龄儿童总数的 16.67%。如果说，普米族村儿童的低就学率与其偏低的师资学历结构密切相关的话，就此反观泸沽湖镇"高学历"的师资结构与儿童的就学情况该是一个不错的视角。

从理论上讲，不弱的本土师资因为了解本土人的认知结构和价值取向，也有利于针对学生的实际情况有区别地实行教学。但当地学生的辍学数据显出实然和应然之间的差异，学生的就学并不理想，辍学成为当地基础教育面对的一大症结。"宝塔型"的就学模式显示了学生辍学是当地学校教育目前存在的主要问题。

（二）当地学生入学情况

在不弱师资的支持下，以"普初"和"扫盲"为主要职责的学校教育成效如何呢？关于当地学生的就学情况，表 7.3 是作者 2002 年和 2003 年三度得到的考察数据。②

---

① 关于当地教师的实际情况，凉山州政府根据当地人才流失情况与大学或师范毕业后，学生普遍滞留于大城市，不愿回归乡土的实际情况，规定实行定向培养。诸如，从泸沽湖镇木夸乡走出的师范生或大学生，一般在其入学前将与当地政府签署相关协议，其核心内容是毕业后必须回归本土，如不返回，将作相应赔偿或在其外出寻找工作时当地政府采取不给予个人档案等方式限制人才外流。故，这里的教师大多系本地或临近乡镇的人。

② 为了数据的客观性，按理，以考察时间 2002 年和 2003 年计，应该将当前六年级学生人数从初入校时，追踪调查并加以统计说明，但因该校档案工作尚处于起始阶段，无法获取纵向的、全面的资料信息；二是该校新迁校址，造成部分资料在搬迁过程中的遗失。故，作者只有从客观存在的现象出发，取其中部分数据说明。关于该问题，有待进一步调查研究。

表 7.3　1998—2000 年度 4—6 年级在校学生统计表

人数 ＼ 年级		山南小学	木夸小学	中心校
1998 年	四年级	28	24	51
1999 年	五年级	18	16	38
2000 年	六年级	14	10	29

　　从表 7.3 来看，三所学校在四年级共计 103 人，五年级共计 72 人，年辍学人数 31 人，年辍学率为 30.09%；六年级共计 53 人，年辍学人数 19 人，年辍学率为 26.39%；对其做整体的纵向分析，则四年级至六年级的两年时间里，共有 50 人辍学，辍学率高达 48.54%。数据显示，学生的就学情形并不乐观。当地教师把学生就学的分布状况形象地比喻为"宝塔型"，并将其解释为：在小学初期阶段，学生入学率并不低，有些村甚至达到 98%；进入小学中级阶段入学人数开始出现逐渐减少的趋势；到小学高年级时，就学人数则远不及初级和中级阶段。即使是泸沽湖镇中心校，到六年级时，一个班有时也仅剩下二十几个学生，有的甚至只有十几个。和一年级初入学时的情形相比，学生人数有成倍减少的趋势，尽管存在因转学、留级而出现学生流失的情况，但主要原因还是辍学。

　　在有关少数民族学生低教育成就归因分析的研究中，Sando 认为"教师族籍"也是影响少数民族低教育成就的原因之一，因为不同的文化背景与价值观念容易使师生之间发生冲突、产生误解，从而给学生的学校适应带来不适并最终导致后者对学习的厌弃。① 依据 Sando 的理论反观泸沽湖镇的师资与教育成就，与 Sando 的研究结果相异。调查显示，当地教师多系本地、本族的师范生，师资力量并不薄弱。然而学生

———————————

① 参见谭光鼎：《原住民教育研究》，五南图书出版公司 1998 年版，第 97 页。

就学并不理想，教育成就低是当地基础教育客观存在的事实。由此，有必要深入探讨导致该教育现实的深刻原因。

三、多主体视角下摩梭儿童低教育成就原因

就摩梭儿童低教育成就的原因，作者分别走访了当地的许多教师、家长和学生，现将访谈资料整理如下：

（一）教师的观点

1．我们这里以摩梭人为主，虽然摩梭人有自己的语言，却没有文字，所以学校也无法实行双语教学。学校规定我们在上课时必须使用普通话教学，所以，教学时，我们是不太标准的普通话和家乡方言交叉使用。这里的学生汉语基础很差，大多都是进校后才开始学习汉语，要理解教学内容需要花费很多时间与精力，有些即使花费精力也跟不上教师的教学进度，所以考试成绩就很差。辍学的学生，大多是成绩差、失去学习动力与兴趣、厌学的结果。

2．我们教师的教学方法、教学态度、教学语言、对民族文化的认同态度等也可能对学生产生一定的影响。学生在学校呆的时间实际上非常有限，大多时间是在家里以及上学的路上。单纯依靠学校和老师真的很难教好学生，学生考试分数很低，尤其是语文。教学又不能让所有的学生都弄懂之后才继续，每学期、每学年都有一定的教育任务，为完成教育任务，必须往前赶进度。

3．同一班级中，学生之间年龄差距太大而导致个别学生的失学；如：一年级学生中年龄最大14岁，最小的只有6岁。这种现象，在你们外面可能根本就不存在，而且14岁的孩子正是读书求学的年龄。但在我们民族地区，有些小孩13岁就开始谈婚论嫁，而且大多数是作为一个全劳动力参加劳动，个体已经从形式上成为了家庭的经济负担者，

这也导致了部分人的辍学。

4. 学生大多数时间在家庭生活，与家中家长和长辈相处，然而许多家长没有能力管教孩子；① 家长认为读书无用，家里没有良好的对外的人际关系，不能在孩子的工作分配上为其提供帮助。即使读了大学也不好分配工作或找不到满意的工作，所以部分家长从观念、态度与行为上也不怎么重视孩子的教育问题，想让孩子识几个字就行。家长不督促，学生也自我放任，回家不想做作业。

5. 在学校，学生经常和汉族老师发生冲突，尤其是刚分配来的青年汉族老师特别容易与学生发生冲突，年长的、资历深的相对好些。语言上无法沟通，师生之间无法正常交流，特别是一、二年级的学生，根本不会讲汉语，年龄大点，书读多点稍微好些，但个别到了六年级还存在类似的情况。学生大多数时间在家里，摩梭人中50岁以上的老人基本不会讲汉语，就是30多岁的摩梭人汉语也未必说得流利，学生在家与家人交流使用母语，甚至在学校与同伴交往也使用母语。讲汉语的机会相对较少，在学校与老师沟通、理解教学内容显得十分困难，老师因为着急有时在态度或语言上容易引起学生的反感，学生学不会自己也着急，容易产生师生冲突，这种情况一般要求教师适应学生。读初中以后，情况基本好转，因为学生大多数时间呆在学校，与老师之间接触也多，冲突反而少了。针对师生间的矛盾，一般采取以下几种解决方式：找民族教师出面协调，尤其是本民族教师从中协调；学校明确要求教师适应学生，即使学生对老师心生厌恶，也主要靠老师自己出面解决；本

_____

① "家长没有能力管教孩子"，意指家长不能为孩子的学习提供指导与帮助，教育孩子的责任完全落在教师头上，教师认为在自己单枪匹马对学生学科知识学习的教育与指导中力量显得单薄。客观说来，教师希望家长能在孩子的知识学习上承担部分职责，但现实表明这里的大多数家长不能帮教师分担相应的任务。从家长的角度而言，把孩子知识学习的职责全部赋予了教师，从教师的角度而言，却希望家长能与自己共同承担或家长能部分替代教师承担相应的学习学科知识学习的职责。这里更深层次的涉及到家庭与学校各自教育职能的分配问题。

地老师与外地老师相互配合，共同解决类似问题。

6. 学校没有实行双语教学，而汉语的发音习惯和我们摩梭话完全不一样。所以，我们教学生学拼音字母是一件非常困难的事情，许多时候一学期都要结束了，学生甚至没有学会从 a～h 这几个拼音字母。上课时讲到书上的太阳、月亮、云彩时，他们知道挂在天上的、用我们自己语言描述的太阳，可就是无法理解书上所说的太阳。这给教学带来很大的困难，有时根本没有办法完成教学质量，教学进度也受到很大影响。但又面临考试，所以明知学生这部分内容还需要一些时间才能帮助其理解，因为要完成教学任务只好往前赶，赶进度的教学效果肯定不好。个别比较聪明、家里有电视、离泸沽湖镇较近地方的学生学起来相对快些，还能跟得上老师教学的步伐，但大多数学生都不行，许多慢慢没有自信就不想读书。但是一、二年级学生年龄小，即使回家也不能帮家长做些什么，所以家长明知自己孩子成绩不好，孩子不想读书，但还是想让他跟老师在学校多呆几天，认为这样总比不识字的强。

（二）家长的观点

1. 在低年级时，我们家长与孩子本人都有想识字读书的愿望，而且，一年级到三年级年龄段的孩子，年龄小，如果不读书，在家里不能帮家长做任何事，都是混日子，还不如送他们去学习，认几个字也好。

2. 当孩子读到四年级时，家中人口普遍有增加趋势，比如家中又添弟妹，或是弟弟、妹妹也到了读书的年龄，为了让年龄小的也识几个字，就让年龄大点的退学；而且随着年级的升高，学费也在增加，大多数学生家庭没有经济来源，家长经济负担逐渐加重而无力承受学费，只好被迫辍学。

3. 在学校考试成绩太差、无法适应考试、跟不上老师的教学进度、孩子自己不想读而主动退学。

4. 大多当父母的，当然都希望送自己的孩子读书，也指望还能出人头地。也有些父母的或乡邻认为只要能几个识字，出门能认路不被人骗，知道怎么走就可以了，部分家长认为读书无用，因为即使读出来，考上中专或大学又怎样呢，现在什么都凭关系，我们没有关系，找不到工作那不是白读了。家长认为读书无用，自然也不积极鼓励孩子读书，对孩子在学校的学习情况自然也不太关心，家长的这种想法与态度对孩子的心理也产生了一定的影响，导致孩子不专心读书或主动选择辍学。

（三）学生的观点

1. 我们进校学汉语就和学外语一样，觉得很吃力，对汉语拼音和汉字发音的掌握也需要时间。我们有些学生家住在镇上、镇附近或家里有电视，学汉语要快些，大多数同学学习都比较困难。这样，老师有时候也着急，可是我们自己也着急，有时候，我们同学因为跟不上、搞不懂而着急，也有的就和老师吵架。

2. 我们同学住的都比较分散，有些年龄又小，为了上学要在路上走很长时间。我们早上上课比较晚（注：上午 9：00 开始上课），中午老师和我们都不回家吃饭、休息，休息一会儿（注：12：00 下课，休息半小时左右），我们吃一点从家里带的土豆、苹果、核桃什么的又开始上课，上三节课后就放学（注：下午 3：00 左右放学）。

3. 我们有些同学很喜欢读书，但是家里穷，父母负担重，为了减轻家里的负担，有些自愿不读；有些同学因为汉语讲不好，听老师上课很吃力，成绩也差，还和老师吵架。

如果将上述三者的观点予以分析会发现，导致学生辍学主要有：语言差异、文化疏离、读书无用思想和经济贫困等几方面的原因，下文拟对此展开详细分析。

四、摩梭学童辍学归因及分析

（一）语言差异

教师和学生谈话的相关资料显示，"语言差异"是导致师生冲突的主要原因。尽管教师多系本地、本族人，但教师的教学语言、教学方式、所采用的测量评估方式均是主流模式，在教学中教师扮演的不是增进民族文化认同的角色，而是主流文化教育体制下的"中介者"，其实施的中介者职能导致师生在沟通方式、文化认同、人际互动等方面的差异，该差异使学生在学校的学习遭遇不同的文化情境并造成师生互动关系的误解，语言上的差异、文化刺激的不足，自然会影响受教育者的学业成就，从而导致其心理上的焦虑与不适。这种心理行为初期的外部表现是发生师生冲突，后期则是学习兴趣、动力的丧失直至选择辍学。

针对教学语言和学生母语之间的差异，许多老师也感到苦恼、无奈。有些老师讲：有这种苦衷和无奈的不只是汉族老师，本民族教师也很多。表7.1显示，本地教师中摩梭人并不少，他们在教学中也面临同样的问题，即使是他们，在教学时都无法用本民族的确切的语言向学生解释：为什么书上写的"云"字就是天上的云彩，书上写的"日"字就是天上的太阳，尽管学生能理解本民族语言中的云与太阳，但就是无法理解书上所写的四方的汉字与天上的云彩和太阳之间究竟有何联系。学生不懂，自然要请教老师，老师因无法直观、清晰地向学生解释其真正的内涵，大多最终采取的办法是斥责学生："哪来那么多为什么，你只需要记住这个字念'云'，那个字念'水'，记住它们的读法与写法就可以了。"

儿童语言的习得，基于其特定的生理发展程度与对生活环境中言语符号系统的理解，随着儿童对言语符号系统的初步理解，儿童的生活与认知世界因此而发生翻天覆地的变化。个体的人格与认知都将随之而变化并采取全新的姿态，儿童对世界的认知也从开始的主观状态实现向客观状态转化，人对世界的感知也从纯粹的情感态度实现向理论世界转变。个体的这种转变并非突变的结果，而是每个正常的个体在日常生活中可以感知得到的外部世界与环境的刺激，而且在生活中个体也意识到语言对自己生活的重要性从而自主地、积极主动地参与到语言学习的过程中，成年人对其的教育也在自然、随意与非强迫的境况中完成。认知主体的主动探究与成年者的有意识教育促成了个体对其置身环境语言的习得与掌握。"在某种意义上，言语活动决定了我们所有其他的活动。人的知觉、直观和概念都是和母语的语词和言语形式结合在一起的。要解除语词与事物间的这种联结，是极为艰难的。"① 对少数民族学生而言，母语的习得已部分决定了他们的知觉、概念、符号系统和价值取向，他们对外界事物的感知已经与母语言语形式和符号系统整合在一起。进校之后学习汉语，对他们而言，就是学习外语。外语的学习需要个体忘掉母语的发音习惯与表达习惯，要求他们先忘掉过去的语言，再接受新语言的学习，这对初入学的平均年龄 8 岁的孩子，是需要时间与耐心的，然而以汉语传授为主体的学校教育忽略了语言习得的这一前提。

因为语言体系与其内涵价值的差异，学生在学校不仅要学习新的语言，而且要在语言运用中作价值观念的转换。转换不仅给学生的语言运用带来一定的困难，也会对学生思考问题、回忆等产生混淆或是干扰，从而增加学生学习时间、学习精力的负担。学习负担可能会导致学生学校学习适应上的困难，导致学生学习兴趣、学习动力的丧失而辍学，从而影响教育成就。

（二）读书无用

从教师和家长的访谈资料中，可以看出家长关于子女接受教育的价

---

① ［德］恩斯特·卡西尔：《人论》，甘阳译，上海译文出版社 1985 年版，第 170 页。

值观念与学生学业成就高低密切相关。因为家长的价值取向，对子女学习过程与学习结果采取的态度将直接影响学生的学习动机、学习态度与学业成就。家长关于子女教育的低成就动机与"读书无用"的功利性价值观，直接影响其对子女的教养态度。

实际上，家长关于教育的价值取向与其生活中的两种现象休戚相关：一是高中毕业后回家的年轻人既找不到一份称心的工作，也没有生产劳动技能，在学校学习的东西回到农村没有一点用处，有的没有能力参与产生劳动，有的则不安心参与生产劳动，个别的还与家人发生莫名的冲突与矛盾。基于此，人们认为读到高中没有太大的价值；二是村落中个别大学毕业之后的大学生有的并没有实现人们预想的那样走出山沟，留在大城市，有的毕业之后因找不到工作而失业。大学毕业不能如愿留在大城市，被人们总结为是"没有社会关系"导致的结果。两种原因的结果使家长产生功利性的教育价值观，他们更关注现实的重要性。家长的价值取向，与学生在学校所学的知识没有价值，既不能用于指导现实生活，也无益于改变人们的生活境遇有关。

当学校知识使用价值丧失时，当学校知识与"本土知识"在存在价值的较量上落败时，当个体在学校之外获取到更有益处的知识，使其可以取代学校知识或改变人们接受学校教育的价值取向时，当学校教育所学知识与社会法则失去紧密联系时，人们自然会滋生出"读书无用"的想法，从而选择主动放弃接受学校教育并避免投入过多的精力。调查中遇到格萨村的一位年轻人，高中毕业后顺利考上了西昌师专预科，拿到通知书后却不愿就读。问及缘由，他说："读了有什么用，没有良好的社会关系，即使毕业了也不好找工作，参加高考是想看看自己有没有那个能力。与其读几年书浪费时间，还不如现在学点手艺，或许更有用。"这位学习者的看法，既代表了部分家长的观点，也道出了自己辍学的态度。"本土知识"① 从人们语言的习得、行为关系的养成和价值取向的形成等方面体现了自身的价值，它在人们的生活日常中实现了文化传承和人性塑造的目的。

（三）文化疏离

教师、家长和学生的观点表明：文化疏离和"文化断层"是造成摩梭学童低教育成就与辍学的又一重要因素。之所以出现因文化疏离导致的适应困难，其原因在于：

一是学校课程反映的文化差异。结构主义学者福柯（M. Foucault）在阐述知识—权力的关系时指出，社会知识源自于权力，权力产生真理，真理则成为约束个体的绝对力量，如果没有知识作基础，权力无从滋生，更无法运作。质言之，学校以主流话语体系为主的课程便是社会的真理，是社会权力运作的基础与平台。诸如对主流文化价值观、情操、知识和技能的强调与传递，目的在于通过有选择的文化传播，赋予社会稳定性和活力，赋予个体行动和思维的动力以及对自己行为的深层控制，这是学校通过课程进行教育的核心所在。学校作为中央集权化管理模式的集中体现，作为国家统编教材的实施场所，事实上，达到了国家试图通过学校教育追求社会的稳定性、普遍性，寻求个体对自己思维与行动深层的控制目的，却未能实现其赋予社会与文化活力的职责。就我国的教育事实来看，即或在最小的村庄和最偏僻地方的地图上都能反映出学

---

① Indigenous Knowledge，简称 IK，该知识真正引起人们的关注与兴趣，始于 20 世纪 70 年代末。1987 年，美国爱阿华州立大学成立了"农业和农村发展本土知识中心"；1995 年，在美国的宾夕法尼亚州立大学成立了"本土知识国际协会"；20 世纪 90 年代以降，本土知识引起了联合国的高度重视，受"联合国开发计划署"资助，先后在玻利维亚、马来西亚等地召开本土知识保护与保存的会议。随着一系列国际、区域、地区性会议的召开；有关本土知识中心、协会的成立，本土知识遂成为一种主要的知识类型，并引起教育与社会各界的广泛关注与研究。

校的存在，在这里，学校是国家管理空间在地域上的延伸。因为文化疏离，学校课程反映的内容与学习者业已形成的价值观、生活态度、行为方式等明显不同。课程宣扬的观点、态度、价值判定标准、认知方式、对知识价值的界定，都反映了主流文化的立场、观点、意识形态和价值观，它与接受该教育的教育主体自身的已有文化认知有所差异。

二是教学环境营造出的文化差异。学校建筑是教学环境的外部表现方式，这里学校的建筑和社会职能都与其存在环境不相符，甚至有点格格不入，学校白白的墙体、方形的教室、笔直的走廊、冰冷的水泥地板与操场，是国家赋予其内部职能的外部象征。这里被人们看作是唯一的文明场所，是人们学习文化的场所，是借此改变命运的场所，学校犹如一块方印，深深地、真切地印在了偏僻遥远的山村之上。从学校存在的空间结构讲，它是另类的，是一个标识，是一个与该空间场所其他物质相区别的标志。

教师的教学语言、课程内容是教学环境的内部表现方式。学校作为国家实行权力控制的社会化机构，其课程设置、教育目标、教学语言、管理模式和大小职能都反映出主流群体的社会价值，少数民族自身的文化特质没能在学校反映出来。教师的部分观点显示，学生往返于家庭—学校两种不同的文化环境，学校所提供的文化刺激明显不及家庭，家庭与学校分属于两种不同的文化模式，这对个体而言是一种人为的文化疏远，学生无法在社区文化、家庭文化和学校文化之间找到平衡点，周旋于家庭和学校之间的儿童有些无所适从而出现学校学习适应上的困难、学习兴趣和动力的丧失、学业成就低等现象，直至辍学。学校教育也忽视了文化在自我发展中的多种渗透性，忽视了它与社会环境的共生现象，使学校知识存在于一个僵化的教育体制中。

从当地教育的实际来看，学校与其置身环境的疏远与脱节是使学校自身职责产生确切性、明了性的条件，但同时也使学生的学校生活脱离现实、失去情感和自觉性，学校仿佛一块"飞地"，宛如一座所处文化场域的"孤岛"。学生"在为分数和证书的竞争中，根据外界提出的成绩要求来接受一种仅在学校内部可用的知识"，① 学校因为"既不能满足随着儿童与青少年的发展而产生的要求，也不能对这种发展潜力起开拓性作用"② 而削减了学校自身文化传承与促进个体发展的基本职能。

访谈资料中的部分内容显示，没有收入来源导致的经济贫困也对摩梭儿童的就学产生不利影响。总之，尽管不同的原因对摩梭儿童教育成就高低的影响不尽一致，但语言差异、文化疏离、读书无用的价值取向、经济贫困等因素，彼此之间应该存在着许多错综复杂的消长关系，对摩梭儿童辍学现象的调查研究，还应该考虑这些互动因素间的关系，方有助于问题的发现与解决。

---

① ［德］勒德尔：《现代学校的改革与对现代学校职能的认识》，瞿保奎主编：《教育学文集：教育与社会发展》，刘同兰、钱积仁译，人民教育出版社 1989年版，第 100 页。
② ［德］勒德尔：《现代学校的改革与对现代学校职能的认识》，瞿保奎主编：《教育学文集：教育与社会发展》，刘同兰、钱积仁译，人民教育出版社 1989年版，第 100 页。

第八章

仪式折射：学校教育问题

第八章

学校在摩梭人生活中的介入，始于 20 世纪 50 年代。以文化传承与人性塑造为己任的学校教育在摩梭人中的存在，并未达到这一专门教育机构所具有的教育职能。由于学校与其扎根社会文化环境的疏离，学校与其所处社会关系的异化，学校对人"器""用"的过分强调与急功近利，使学校与摩梭人的生活实际产生许多不协调，甚至与摩梭人的传统文化相冲突。摩梭人成年礼与学校教育的不同追求，学校教育与传统文化中不同的教育发生，两者对教育者、教育影响和受教育者的不同理解方式，导致了不同的教育理念与教育价值取向，摩梭人成年礼对"人"的充分关照与学校教育中人的失落和实质上的不在场形成鲜明对照。

一、落入空隙的学校教育目的

摩梭人学校教育的目的在于"巩固'双基'成果、普及初等义务教育、帮助人们达到三会，从而为经济发展和现代化建设的需要而提高人口素质"。按四川省政府提出的"走创新之路，建教育强省"的发展思路，乘着西部大开发的强劲东风，迎接挑战，使当地的教育事业蓬勃发展。在此目的的指导下，当地决心在今后的学校教育中认真贯彻执行党的教育方针，加大教育改革步伐，全面实施素质教育，努力将该镇的学校办成"让人民满意，让家长放心，让学生成才，树文明校风"的学校。这些振聋发聩的教育呼声都可以看做是当地学校的教育目的，这些教育目的直接指导着学校领导和教育者的行动方向。摩梭人成年礼仪式的目的，是摩梭人对"成为一个人"的价值取向与共同追求，只有通过成年礼的形式赋予每一个摩梭人"成人"的权力之后，个体才开始成为一个拥有经济权力、法律权力、宗教权力、婚姻和性生活权力，拥有承担母屋与氏族社会生产、人的生产的责任与义务的"完全的人"。摩梭人通过成年礼仪式实现了促进儿童性别角色社会化、民族身份认同与个人地位强化、行为规范与伦理道德的习得、认知方式和价值观念的更迭与新生、民族凝聚力的形成以及对个体进行传统文化的教育。

两相比较，整个学校的教育目的显得全面、恢弘，同时又显得模糊、抽象与空泛，因为教育目的中似乎没有对作为社会个体、鲜活存在的"人"的关照与强调，这与摩梭人成年礼对"成为一个人"终极目的的追求形成鲜明对照。语言差异、师生冲突、文化疏离、无法理解教育内容、考试成绩太差以及读书无用等观点使学生丧失学习兴趣，学习动机的丧失成为人们最终放弃学校教育的直接理由，学校教育既没有达成其全面、恢弘的教育目的，更没能实现成年礼仪式赋予个体"成为一个人"的教育目的，学校教育在对前者的追求与对后者的忽视中变得模糊并不确定。"凡是有目的性的地方，无论是在人造机那里还是在生物那里，一到根部目的就被溶解，一到峰顶就化为云雾。它总是指向基础目的，也就是说指向生产自我和机器存在的发生过程。"① 学校教育目的亦然。

学校不能通过教育内容的传授达到使个体"成为一个人"的目的，相反，被异化的、急功近利的、功利主义的、机械的、强调理性忽视感情、呆板僵化的学校教育不仅没有达致学校基本教育目的的完成，反而因其介入而导致摩梭人乡规民约、传统信仰、价值体系的崩溃，导致家长在教育孩子问题上权威性的丧失，导致传统文化中的伦理道德规范在个体心中的逐渐瓦解与失效，导致部分摩梭人对自己传统文化的轻视与

---

① 埃得加·莫兰：《方法：天然之性》，吴泓渺、冯学俊译，北京大学出版社2002年版。

逃避，导致"崇洋媚外"观念的滋生与滋长。

关于学校教育存在的这些问题，甘地（Gandhi）曾针对印度的教育问题有过精辟的论述，他说："现代学校教育不能使年轻人学会任何在生活中发挥作用的东西。那些将自己的孩子送到现代学校里去的人绝大多数都是农业专家。……然而，毫无疑问的是，当年轻人从学校回到生养自己的地方以后，对农业却一无所知。不仅如此，他们还从心地蔑视自己父亲的职业。……现代学校是一切事情，从教科书到毕业典礼，从来不会使一个学生对自己的生活环境感到自豪。他受到的教育程度越高，就越远离自己的家乡。教育的整个目的就是使他和他的生活环境格格不入，就是使他不断地疏远这种环境。对于故乡的生活。他一点儿也不感到有诗意。村庄的一切对他来说都是那样的陌生。他自己祖祖辈辈所创造的文明在他的眼里被看成是愚蠢的、原始的和毫无用途的。他自己所受到的教育就是要使他与他的传统文化决裂。"① 甘地的分析可谓一针见血，这种情形何尝不存在于摩梭人的教育中，学校教育促成了生于斯、长与斯的摩梭年轻人与其生长环境的决裂与心理上的疏离，学校教育无意识中充当了导致个体与自己文化疏离的"分裂者"。

教育总是应该教有所学、学有所用的，当教非所学、学非所用的时候，教育价值必须予以重新评估。针对以农业为主导生产方式的摩梭人，学校教育目的究竟应做何调整，如何真实反映人们的需求，教育价值应该如何体现。学校教育的目的，本意在于帮助个人走出在精神上的襁褓状态，试图以此促进个人的解放、人格的形成和人性的塑造，教育可以引导人与人之间、人与民族之间以及民族与世族之间的相互尊重，引导人们共同关注人的存在、人的命运和人的生活。尽管教育无法改变人生而具有的本质，却可以根据人的本质和可能性来促进人的发展。许多时候，无法具体划定教育的界限并预料教育的作用，只能在教育实践

① 石中英：《知识转型与教育改革》，教育科学出版社 2001 年版，第 353 页。

中观察把握。教育既要培养适应现实生活的人，更需要培养面向未来的人。因为人永远走在向一个"真正的人"迈进的旅途中，与过去相比，人是一个既成；与未来相比，人是一个未成。① 教育成为使人从未成走向既成的原动力，对未成人的培养是教育的理想，未成人要达致成人需要借助教育这一手段。从教育的育人职能而言教育具有超越性，教育自身的发展也需要教育具有超越性，因为教育通过对自我的不断批判、调整而发展，在实现着对未成人的塑造中，教育也实现着自己。在不断提升人的价值，开发人的潜能、赋予人以新的内涵规定性的教育过程中表达了教育对美好生活的愿望和对美好未来的追求。"人是教育的出发点"体现了教育的人文关怀，对生命延续性和种族繁衍的关照、对自由的渴望都体现了教育的终极关怀。大致观之，对人的发展的应然性的追求，对潜在可能性的挖掘、塑造都体现了教育的乌托邦情结。"每一次应然性的实现，又总是迈向新的应然性的起点。缘此，教育的乌托邦情结不仅铸就了教育的超越品性，也不可避免地导致了'教育何能'的质疑。"②

对"完人"的追求，"教育万能"的造势都使教育陷入悖论的乌托邦情结。人们清楚地意识到"人无完人"，人无完人的道理既是对人的宽容，也是对人的客观评价，复杂的人性决定了人不可能像纯洁的水晶球，晶莹剔透，通体透明。人性的隐蔽性、不可感知性、复杂性甚至是欺骗性都明示出"完人"的追求是一个美丽的谎言，尽管通过教育可以完全改变人，但"没有教育的更新，社会也会发展。"③ 教育的作用，就广度而言似乎是无所不包的、万能的，就其作用的深度来看它实际上

① 王啸：《教育即自由》，《上海教育科研》1999 年第 8 期。
② 孙传宏、孙元涛：《教育难解的乌托邦情结》，《教育理论与实践》2000 年第 4 期，第 4 页。
③ 联合国教科文组织编：《学会生存——教育世界的今天和明天》，教育科学出版社 1996 年版，第 89 页。

又面临着诸多的困境与尴尬。教育力图解决人类的一切生存危机，但教育也确乎难以解决种种危机，于是在对教育职能的无限派生中对教育职能的铺陈夸大和对教育万能的不尽追求中，教育自身的无能又毫不客气和隐晦地的暴露出来。在无能和万能的夹缝中，教育陷入了困境，教育目的最终落入空隅。

对复杂人性的忽略使学校在制定教育目的的时候没有从人生存的实际出发，而是外在的、人为地去寻找一个教育目的，不仅用这个目的指导教育实践，而且生硬地要求教育过程服从该目的。摩梭人的学校教育同样如此，既没有结合摩梭人生活环境的社会实际，也没能充分体现学校教育的导向性价值；既没能注重摩梭人的内在发展，也没有体现摩梭人现实生活、生产的真正需要。如何培养摩梭人对本土知识、文化的挚爱，如何促使人们敢于也愿意建设自己的家乡，如何让他们知道自己的优良传统并建立民族自信心是学校教育目的需要解决的问题。考大学只能是一少部分人的出路，大多数人最终还是要回到自己的家乡，如果回乡之后既不会扛犁靶，也不会播种、施肥，不懂得务农，那么个体的生存将面临严峻挑战。更严重的是出现甘地所说的与生活的格格不入，对故乡从心底里的轻视，对自己文化的陌生，没有了对自己文化的热爱之心与自豪感，如何结合人们的生产、生活与实际发展自己的文化呢？这需要学校教育目的与本土社会人们的生活目的相契合。

二、学校与摩梭人社会关系的"异化"

（一）学校与摩梭人社会环境的疏离

教育内涵的文化性与民族性需要学校教育关注其所处环境人们的人格特征、风俗习惯、价值取向与行为方式，这也是国家建立自己民族教育制度的基础，关注到民族性的教育才是有灵魂的教育，才是民族自己的教育。教育如果不能依据民族性的原则建立起来，就无法成为民族发展历史过程中有生命力的工具。作为促进民族历史发展的工具，学校教育必须承担起传承不同社会传统文化知识的基本职责，从而使依赖该文化方式生活的人类群体理解、掌握、运用并自觉传承这些传统文化知识，从而更好地发展自己生活社会的生产方式、宗教信仰、价值取向以及人们的文化智慧。从摩梭人当前的学校教育来看，学校没能实现自己的职责，不仅如此，学校几乎成为其置身环境的"飞地"，不与或很少与摩梭人的社会文化环境发生联系。

以书本知识传授为己任的学校教育忽略了知识的客观性、建构性、社会性、情境性、隐喻性以及复杂性，现代教育将无限复杂的世界与作为认识主体的复杂的人予以简化，把复杂的世界浓缩为分门别类的学科课程，把复杂的人简化为可以与教育，甚至可以与学校教育相等同。现代教育有两个根本弱点："往往使教育成了一个难于对付的工头。如果我们承认这两个弱点，教育学就能得到大大的改善。第一个弱点是它忽视了（不是单纯地否定）个人所具有的微妙而复杂的作用，忽视了个人所具有的各式各样的表达形式和手段。第二个弱点是它不考虑各种不同的个性气质、期望和才能。"① 两个弱点的共同点都是对人的忽视，前者主要是对个体作用的忽视；后者则强调教育在追求一致性上的弊病。不同的个性气质、希望与才能是不同的文化传统赋予不同个体的，用全国统一的教育内容、几近一致的教育方式、同样的选拔和考试制度来评价摩梭人的发展状况的时候人们沾沾自喜，自认为以此方式施行的学校教育就达到或实现了教育的平等。其实，教育的平等并非仅限于享受教育权利的平等，不同民族的个体所接受到的适合自己民族的教育也是一种平等，如果以享受教育机会的平等而剥夺享受自己民族文化的权利，我们还能说这是真正的平等吗？现代教育强调了前者却忽视了后

---

① 联合国教科文组织编：《学会生存——教育世界的今天和明天》，教育科学出版社 1996 年版，第 105 页。

者，肯定了前者而否定了后者，结果是强调了教育内涵的规定性、规范性与描述性的同时，忽略了教育内涵的历史性、文化性、民族性与价值性；强调了人的发展的理性与工具性，忽视了人的复杂性与多样性。人的生物构成、生命周期和经验世界的普遍现象都不足以使我们成为人，人之所以能够成为人，是借着学习在特定时期、地域的丰富多样以及就某种意义而言是唯一的、文化性的生活方式。

我国目前的教育实践表明，同一社会知识文化在不同社会的传递处于方兴未艾阶段，民族地区的教育尤其如此。摩梭人的学校教育表明，以主流文化为主导的"普初"和"双基"教育程度成为泸沽湖镇、盐源县教委评价学校教育水平的标准。基础知识主要是学好普通话，写好汉字，背好唐诗宋词等为主；基本技能则以读写算的能力的为主。可以说，粉白墙体、笔直、呈四方几何图形的学校与摩梭人的木楞子存在着形式上的巨大差异。不仅如此，学校在组织结构、课程设置、教育理念等诸多方面都与其置身的社会环境相脱节。从左所中心校到前所乡小学，从木夸小学到布树小学，每一所学校，不管有几个班，也不管有几个学生，学校都是用高高围墙圈起来的。在教学时间里所有的学校全都关上自己的大门，围墙与大门成了将学校与社会隔离开来的分界线。大门里面的学校自成一体，大门外边耕种、劳作、放牧、繁忙的劳作景象以及在周围生息繁衍的人们，摩梭儿童赖以生存的文化环境与社会又自成体系。两者之间各自为政，外面的社会因为封闭的大门而无法进入学校，学校也因封闭的大门而与外界隔离。学生一天在学校的时间，从早上上学进校门到下午放学出校门，一般不得以任何理由跨出学校的大门。校外辛苦劳作的人们和家长实际上并不真正了解自己的孩子在学校与教室里学些什么，唯一值得欣慰的可能就是家长们所说的"孩子好像变大方了，会说汉话了"，孩子上学之后的这些外在变化是家长能直接感知到也唯一值得欣慰的，至于其他，人们似乎没有更多的了解。学校围墙外的人们按照自己既定的生活节奏、生活逻辑与模式生活着，退耕还草、退耕还林的政策在当地推行着，这将对摩梭人的生活、认识方式甚至传统文化带来许多巨大变化，学校教育却依旧两耳不闻窗外事，老师们更多的是关心学生考试的分数。泸沽湖有着丰富的水产资源，有着良好的旅游开发资源，有着丰富的生态资源与文化资源，而这些，学校教育却熟视无睹，学校无暇顾及这些"凡间俗事"，只关心自己的升学率，自己在全镇、全县甚至全州的排名。人们有什么事情也不会去请教学校的老师，虽然学校是人们心中公认的知识分子群体和文化人，当地人依然不会找他们咨询，因为"问他们，问他们也不懂。"

当地的学校教育无论从外部形式还是实质内容都与摩梭人的生活世界相脱节，在此情形下的学校与学校教育仿佛成为与本土社会生活背景毫无瓜葛的"飞地"，人们实际赖以存在的生活方式、生产技能、天文历法知识等宝贵财富和地方性的认识论变得毫无意义。虽然摩梭人的风俗、古规、家法等使摩梭人从小养成了懂规矩、守纪律、讲道理、懂礼貌的习惯，这些规范着摩梭孩子在学校的行为，诸如进校后十分遵守学校纪律，团结同学，热爱劳动，不偷、不拿、不窃取他人的东西等；虽然摩梭人因为自己民族的宗教信仰与禁忌约束了学生在学校的行为，但这并没有引起学校对此的关注与借鉴。以学校的思想品德教育为例，学校思想品德教育从教育目的到课程设计都有专门的课程，除了单独开设思想品德课，学校几乎见缝插针的灌输相关内容，"语文课""历史课"也几乎变成了德育课，不仅如此，思想政治教育的痕迹几乎渗透到了各种课程之中，其内容直指国家体制之内的生活，效果似乎不能如人所愿。约束摩梭人行为的，最终还是其文化传统中的"规矩"与"禁忌"。摩梭人，尤其是中老年人对民族的"古规"有着深刻的认识。人们认为：

> 我们摩梭人在家里上辈对下辈平时的管教较严，教导孩子从小要热爱劳动，勤劳方才衣食无忧，有衣穿，懒惰则会当乞丐，没有地位等。教导小孩不要做坏事，做了坏事要遭雷击。死后到阴间要

下油锅，来生变牛给别人耕地。我们摩梭人相信来生，所以今生的
修为直接影响来生时运的好坏，在这种价值观念和宗教信仰的指导
和约束之下，摩梭人平时克己，注重自己行为，强调个人对风俗习
惯的自觉认同与遵守等，如果不遵守规矩就有变马给别人当坐骑等
多种风俗迷信的说法。一个人如果不守古规，就是没良心，会受到
社会的批评和谴责，甚至受到惩罚，而且个人行为关乎家族与祖先
的声誉，所以人们十分在意个人行为带给家族和祖先的影响。

——格科次尔

　　家庭借助于禁忌、借助不可知的神灵世界、借助因果关系与自我良
知的觉悟、借助舆论的方式实现对个体行为的约束与规戒，实现使个体
自觉遵守行为规范与伦理道德的目的，摩梭人的规矩因为接近生活的真
实性而被人们所遵守。

　　学校教育游离于人们的生活之外，其价值无法在摩梭人的生活中反
映出来。当个体的日常经验因为没有得到与社会以及其他各方面的联系
而扩大它的意义时，当个体在学校所学习的知识与其自身的生活、活动
没有任何联系时，教育因此显得缺少生气，没有价值，更不真实，从而
缺乏说服力与约束力，更不能使人们主动去遵从。学校教育对普通话和
写汉字的强调，对考试分数的追求使学校在其所处的社会环境中失去存
在的意义与价值。从文化传承的角度讲，学校教育没有在摩梭人中达
到，从使摩梭人成为一个人的角度讲，学校也没有完成这一目的。脱离
于摩梭人文化环境的学校教育，因为其自身的迂回曲折而使其存在的价
值备受质疑。

（二）学校与摩梭人传统文化的疏离

　　在对推动或制约不同民族文化产生、创造因素的探究中，大多学者
将自然环境（包括地理环境与气候）与人的综合作用排在首位，类似

观点从古至今不胜枚举，诸如：古希腊的亚里士多德、希罗多德，近代的黑格尔、孟德斯鸠以及现代欧美著名的地理学家、历史学家亨廷顿、汤因比等都对此有过精辟的论证与分析。认为不同的自然与人文地理条件以及由此产生的功能需求的差异是造成人类群体个别的民族性格和文化精神的重要因素，尤其是在一种文化形成之初，自然环境的综合作用对其的影响相当大。由此不难想象，只要存在不同的自然与人文地理条件，就会存在不同的文化表现方式与文化模式。尽管我们不是单一的环境决定论者，但不得不承认环境相异性与文化多元性之间的密切相关。作为文化载体的课程，必须要能反映这种相异性并在实施的学校教育中得以落实，以此满足不同环境中人们滋生的不同的功能需求、民族性格和文化精神，相异性应该成为课程设置的最起码要求。相异性的课程设置要求课程充分反映出文化的多元性与丰富性，在多元性的文化传承中实现文化传承，促使文化焕发其生命活力。摩梭人学校教育的课程设置是在追求共同性还是相异性，我们有必要做此追问。

调查显示，当地摩梭人学校教育的课程设置是以国家统一编写的教材大纲为准，教师的任务是传授这些课程内容，而学生的学习任务则是记住这些内容，学生所记内容的多少、记忆能力的好坏直接决定其前途命运与教师优秀与否、排名几何、奖金工资密切相关，能否通过考试最终成为教师"教"与学生"学"的唯一标准。左所摩梭人的学校教育与全国所有地区的学校教育一样，没有较好反映出本土知识与社会发展、与教育目的之间的密切联系，课程设置也没有培养本土人的知识、态度、价值取向、信念、本土意识以及生活能力，没有反映出不同民族文化心理的不同要素。诸如：学校课程设置没有反映出不同文化模式中民族"与天地参"的人生观和价值意识；没有反映出民族传统文化中心理的最高凝聚力与内核、不同文化模式中人们的思维方式；没有反映出人们的理想人格，民族血缘伦理，孝道也好，害羞也好，禁忌也好，都是联系不同民族成员的重要纽带；学校的课程设置同样也不能反映出民族的审美情趣，诸如对善的追求，美善合一的审美观，对民族文化中建筑、绘画、歌舞、文学的忽视等，都深刻反映出学校教育课程设置的弊端所在。课程设置与摩梭文化的疏离体现在学校所学的知识既不能用于指导个体的生活，也不能用于指导生产劳动，更不能对人们的经济建设提供任何帮助，相反，学校教育激起逐渐成长起来的摩梭人对自己传统文化的抛弃，转而羡慕、接受并模仿其他族群的文化，学校教育没有激起个体对自己族群传统文化强烈的向心力。陶行知先生早年在分析中国乡村教育时说："中国的乡村教育走错了路！它教人离开乡下往城里跑，它教人吃饭不种田，穿衣不种棉，做房子不造林。它教人羡慕奢华，看不起务农。它教人分利不生利。它教农夫子弟变成书呆子。它教富的变穷，穷的变得格外穷；它教强的变弱，弱的变得格外弱。"① 同时，陶先生要求人们悬崖勒马，为自己重新寻找生路，诸如教育与农村生活事务应该紧密相关，教育应该与农业密切联系，对农村而言，教育与农业之间不能老死不相往来。因为当教育离开农业的时候，就成为空洞的、分利的、消耗的教育；而当农业没有教育的时候，也就丧失了促进农业发展的最好依托。

　　陶行知先生在 20 世纪 20 年代关于中国乡村脱离生活的思考一样可以用于质疑摩梭人今天的学校教育，学校教育在教人羡慕别人的同时也在逐渐抛弃自己的传统。摩梭人对自己文化的不自信，随时在人们的语言中反映出来。采访中人们总是对我重复这样的话："汉话老是不会讲，讲不好，不会说话罗，让你见笑了，害羞啦。"由于高寒气候与豪爽性格的原因，摩梭人好喝酒，而且大多是自家酿造的醇香的粮食酒，外边旅游的人对此赞不绝口，然而人们依旧各有说辞，诸如："我们少数民族好喝酒，喝的酒是自己酿造的，不好喝，好酒都让你们大汉人喝了"，"我们这里很穷，很落后，人们老是连汉话都讲不好，等于瞎眼啦"

---

① 中国陶行知研究协会编：《陶行知教育思想、理论和实践》，安徽省教育出版社 1986 年版，第 18 页。

等，这些解嘲的话隐藏着人们深深的自卑与无奈。即使人们认为读书无用，孩子丧失学习动机而主动放弃读书，但许多家长还是辛苦赚钱，想尽一切办法送孩子上学，有的甚至是牺牲家里其他孩子的利益，全家人投入所有的人力、物力与财力供一个孩子上学，期望其能考上大学，走出山村，人们也以此为荣。在当地，只要经济条件稍微好点，即使夫妻双双都是教师也要想尽一切办法把孩子送到盐源县或西昌市去读书，他们认为只有在这些地方，孩子才能接受更好的教育。把孩子送到盐源县城或西昌市读书，是当地稍微"有点办法"① 的家长的普遍作为。人们拼命想洗刷掉自认为是落后的、不好的、原始的习气，教育没有从根本上树立人们对自己民族文化的热爱，相反学校教育激起了人们更多的想逃离自己民族文化的心境，激起了人们心中深深的自卑。这并非源于他们不热爱自己的民族，而是他们试图改变目前的处境，想追求更好的生活，试图融入他们认为是优秀文化的主流文化群体之中。以主流文化传递为主的学校教育让许多人陷入更深的心理自卑中，学不好普通话、讲汉语发音不标准成为人们心中难解的结。

三、学校教育效应的弱化

摩梭人的成年礼是一个全环节的教育过程，仪式中的教育发生与教育目的达成是在人性与非人性的符号刺激共同作用之下实现与完成的。仪式中达巴、喇嘛、母亲、保爷的言行以及其他参与个体都对未成年者产生影响，如果将这些影响予以分划，大致包括语言的、行为的以及符号的几种，影响借助仪式中主体与主体、主体与客体全面的交互作用于仪式中的"未成年者"，发挥着重要的教育作用，"成为一个人"的目的在多重刺激的教育过程中完成。仪式中以人性化、形象化方式作用于

① 指在这些地方有亲戚或朋友关系，能解决孩子的吃住问题；家庭经济富裕，能为孩子提供充分的经济保障。

个体的符号，在仪式实行中实现了意义转化。符号的表现形态是多样的，既有空间的、物质的符号形态，也有语词的、时间的符号形态，不同的符号形态在同样的时空关系中同时作用于个体。尽管具体的形象物本身并不是观念，但是它可以起记号的作用，它"可以与观念同存于记忆之中；而且，如果观念还没有出现的话，形象可以为观念保留着未来的位置，并以否定的方式显出其轮廓。形象是固定的，以独特的方式与伴随着它的意识行为相联系；就是说，与概念不同，它们与同类的其他物体还不具有同时性的和理论上无限的关系，但它们已经是可置换的了，也就是说，已能够与其他物体处于相继的关系中——虽然在数量上还很有限。并且，如我们所看到的，它们只是发生于这样的条件下，即总是形成一个系统，在此系统中影响着其中一个成分的变化将自动地影响所有其他的成分。"① 诚如仪式中的母屋、中柱、火塘和服饰，这些在仪式中以形象方式作用于成年者的并不是观念，而是一个符号，甚至是以形象与符号意义的方式存在于其未成年个体的记忆中。由于人是一种符号化的生物，所以人的符号化能力促成人的符号化思维与符号行为的有机结合，于是人利用符号的方式表征世界并调节自身的心理机能，教育与个体的主动建构构成教育过程，仪式中人的行为、语言以及各种符号形态充分体现着事物之间的相互关联，并系统、和谐、自然的同时作用于仪式中的个体，而这些符号形态与人们的言行举行本来就无时无刻不存在于个体的日常生活中。成年礼仪式是立足于人自身、凸显人的价值的仪式。摩梭人借助仪式对个体实行教育，基于这样的教育理念：教育首先是一种生活，是一种个体置身其中，再现真实与复杂人性的生活。摩梭人在自己生活基础之上举行的仪式，既凸显了仪式本身的重要价值，也凸显了它的教育过程赋予个体"成人"的教育价值。

　　与摩梭人的成年礼仪式相比，学校教育显得不甚完整，甚至有点支

---

① ［法］列维·斯特劳斯：《野性的思维》，李幼蒸译，商务印书馆出版 1987 年版，第 27 页。

离破碎。和所有的学校一样，这里也实行分科教学。分科课程在学校的执行，使摩梭人接触到不同于以往任何一个时期的知识体系，使摩梭人开始认识到对知识的具体类分。有研究对摩梭人的词汇进行研究并揭示摩梭人概念的发展状况，在调查研究的基础上，文章认为摩梭人的词汇有几个特点：一是于所谓近代文明相关的词语很少，如，学校、教室、收音机、邮电局、电视机、电话等；二是与近代社会分工有关的职务和职务名称的词很少，诸如，编辑、记者、工程师、发明家、科学家等。实行分科教学的学校教育，无疑拓展了人们的认知视野，使人们可以通过书本知识迅速获取外部信息，使人在一个有序的状态下认识世界。但学校教育对课程结构做出智力的、美感的、社会的、道德的和体力的任意分隔与分科，实质上是人与人、人与自我的互相疏远、轻视和支离破碎的一种迹象。

现代社会发展的事实表明，单纯发展个体的某一方面已无法适应现代人多方面发展的需要，而且"学校中的每一项教育举措，都很难归之于某一育（如教学不等于智育），而任何一育的实施，只有把它视为'全方位'的'那一育'，如'全方位德育''全方位智育'等，才真正有效。"[1] 教育实践对教育构成的分解，"既不属于学校教育具体工作的分类，更不应该把它作为学校工作人员智能分工的基础。"[2] 今天教育的问题在于，不仅把教育实践对课程结构的分解作为学校教育具体工作的分类，而且也把它作为学校工作人员智能分工的基础。语文、数学、物理、化学、外语等主课老师是学校的佼佼者和宝贝，是家长、校领导心目中的重点，也是从事该科课程教师自己心中的"谱"，这个"谱"让他们明白自己在学校的分量与地位。反之，体育课和音乐课则被称之为"豆芽课"，这些课程是辅助"主课"而设置的，在课时、课程安排都要先考虑到主课，然后才会考虑它们，到了考试时间，不论是小考还是

---

① 陈桂生：《教育原理》，华东师范大学出版社 1993 年版，第 253 页。
② 吴俊升：《德育原理》，商务印书馆 1948 年版，第 3 页。

大考，"豆芽课"都要让位于"主课"，因为升学考试不会涉及它们，所以课程和承担该课程的教师也被学校的整体计划随意支配与修改。

以分科课程设置为主的学校教育与产生综合效应的成年礼仪式相比，在教育目的的实现程度上显得捉襟见肘。成年礼仪式是摩梭人几千年文明进化的结果，是结合摩梭人社会环境和文化创造的结晶，是与摩梭人的农耕文化有机结合的产物。它赋予个体成人的权利，赋予个体享受自己权利的机会，同时也赋予成年的个体以责任和义务，仪式最终所指的是"人"，是鲜活、灵动、复杂的生命个体。以分科教学为主导的学校教育，部分地隔断了人与世界、与生活的联系，完整的人也由此被肢解开来。学科本身所具有的价值和它们与人的发展，与教育的关系及其在社会上的用处常常没有什么联系，教育也因此与生活脱节，无法作用于生活或与生活没有联系的教育，其存在的价值本身就值得怀疑。

德国文化教育学家威廉·狄尔泰认为，传统的教育学是"没有人的教育学理论"。他认为传统教育目标中的以知识作为评价人才的标准是"扼杀人的生命的教育"。同时，他对康德等人所作的知情意的断然划分也颇有微词，觉得这种随意的割裂和否弃情意的行为，将人变成了干瘪瘪的"知的主体"。现代教育"过分的依赖理论和记忆，它给予传统的、书面的和复述的表达方式以特殊地位，损害了口语的、自发精神和创造性的研究"[①] 过分注重理性的学校教育，将鲜活的生命个体的生存空间围于非常有限的生活场域，人为割裂了人与外界世界之间活的联系，知识也因此失去了活力。整天与单调的文字符号打交道的生命，在我看来是几近枯竭的、失去活力的生命。置身理性教育，让人因此而怀疑生命的活力、张力与质量。教育必须把人的实际形象、人在世界的地位、人与自然万物相互作用的关系；必须把生物学、心理学、揭示人心灵深处活动状况的精神分析学、人与环境相互作用的社会学以及教育所

---

① 联合国教科文组织编：《学会生存——教育世界的今天和明天》，北京教育科学出版社 1996 年版。

涉及的人之"本性"的全部知识纳入到教育中来，将其作为教育理论研究与实践发展的基础。

四、学校教育执行方式及问题

柳诒徵曾分析过中国文化中衰之时的三条理由：一是坏于盗贼无赖；二是坏于科举利禄；三是坏于宗教信仰的缺乏。关于一、三两点本文不作探究，仅谈与教育相关的科举利禄。柳先生不仅分析了科举的弊端，也列出古人对科举流弊的谴责，以《赵匡举选议》为例："国朝举选，用隋氏之制，岁月既久，其法益讹。夫才智因习就，固然之理。进士者时共贵之。主司褒贬，实在诗赋，务求巧丽，溺于所习，悉昧本原。欲以启导性灵，奖成后进，斯亦难矣。故士林鲜体国之论，其弊一也。又人之心智，盖有涯分，而九流七略，书籍无穷。主司征问，不立程限，故修习之时，但务钞略。比及就试，偶中是期，业无所成，故由于此。故当代寡人师之学，其弊二也。疏以释经，盖筌蹄耳。明经读书，勤劳已甚，既口问义，又诵疏文，徒竭其精华，习不急之业。而当代礼法，无不面墙，及临人决事，取辩胥吏之口而已。所谓所习非所用，所用非所习者也。故当官少称职之吏，其弊三也。"① 在列举古人对科举的正确认识与批判的同时，他也指出"虽科举考试，可以泯贵族平民之阶级，然以利禄诱人，奖竞召伪，大损人格，实与古代教育之义反。夫人民止知尚利禄，而不尚道义，非独科举为害也，即行学校之制，亦足为害。班固论汉代学校，已斥其禄利劝人。……宋代尝有意于学校，然亦无非以利禄诱之。……是学习科举，名二而实一也。论者徒谓汉以后学校科举，一本儒术，故以国家社会之不进步，归咎儒家。实则教育之根本既歧，无论崇尚何种学术，皆不能免于腐败也。"此论证

① 柳诒徵编：《中国文化史》，中国大百科全书出版社1988年版，第347页。

只指出教育的根本歧途在于既损人格，也鼓励人们不崇尚道义，而是以利禄诱人，科举与学校的弊端早已超出学校的本义。察古鉴今，今日的学校教育存在的问题是否与古时学校教育和科举弊端同出一辙呢？学校教育因其在促进人的发展上的急功近利、过于机械理性而使其在具体的执行过程中存在许多问题。

（一）教育方法模式化

模式化意味着其单一、刻板和程式化的特点，尼采曾经直言不讳地指出：现在的学校制度把教育工厂化，它用灌输的方法，将千篇一律的知识塞给许多不同的学生。教育本真的目的是塑造美好人性，使人成为独一无二的个人，成为"完全的自己"。杜威也指出：每个人关注的问题、观点、学习对象乃至处理问题的方式都存在个别差异。如果这些差异变成所谓的追求一致性利益的牺牲品而受到压制，并企图使学校中的学习按照一个模式，结果必然造成学生心理上的混乱和做作，这样导致的危害是不容忽视的。教育家、教育思想家对模式化教育的指证不能一一列举，但这些例证及其现实表明：现代教育的最大的弊端是把人变成了机器，使人成为知识的奴隶、金钱的奴隶、听命于人的循规蹈矩的奴隶，而人的天性却在个体成为奴隶的同时被扼杀了。"君子不器"似已成为昨天的童话，模式化教育在实行让所有的儿童接受大同小异的文化和知识模式的同时，对人的个性的差异的忽视则变成一件有意为之的事。技术主义、工具主义似已成为今日学校教育的共同追求。

对学校教育缺失的客观认识，在理论上和实践上早已引起人们的关注。在每一次的教育改革，每一轮的课程改革等一系列教育和社会现实的变中，我们必须重新思考学校究竟扮演着哪种角色？它应该扮演哪种角色？在社会飞速变革的今天，学校是否继续保留自己的面纱而故作害羞状呢？抑或反省自己从中吸取哪些营养，以期更好地促进人的发展，关注个体生命的完整性；学校教育的发展应吸收人类发展和文明历程中的经验，从而更好地完善自身。

人的未特定性、未专门化特征表明人对教育的需要性、人接受教育的必要性和多种可能性，如此特征也表明人的教育需要多种执行方式，而不是单一、固定的模式。教育只是促进人的发展的一种途径和手段，学校教育尤其如此。人的复杂特性决定了人面对世界方式的复杂性，而世界本身又包括自然和人文两大景观，这两大景观以不同的方式作用于人。不可控的、未确定的世界作用于同样复杂的、未特定的人性，使人的发展问题变得更加难解。现代教育的问题是：在人与教育之间、教育与学校教育之间、人与学校教育之间简单地列了等式，这无形之中将人色彩斑斓的生活简单规限于学校。区分教育与学校教育、人的发展与教育的关系、与学校教育的关系是教育研究应该清醒认识的问题。如果非要用公式来标志人的发展与教育之间的关系，首要的前提是必须清楚人的发展大于或不等于教育；教育的外延与内涵亦大于或不等于学校教育；人的生活空间更不应只限于学校一隅。知识并非是文化所要求的一切，学校教育也不能完全满足人的发展所需要的一切。

（二）教育对象的遗忘与"不在场"

学校教育原初的、本真的、因有的教育职能是以人为对象，并能有效促进人的发展。今天的学校却比这走得更远，以至于忽略了人的存在。教育不能只能将目光关注于为什么教、怎样教和教的结果如何，教育更应该认识到人性恶复杂与难以捉摸，因为知识的获得，能力的养成等只有出自于内心方能进入内心。对认知主体内心的忽视，单纯强调人为的、外在的、施加性"教"的效果，未必能有效促进个体的发展。今天的学校教育大多是"忽视人"的教育，是教育对象"不在场"的教育，是遗忘了教育对象——人的教育。当人们一厢情愿地把人的发展等同于教育，把教育等同于学校教育，把教育中智力的、体力的、社会的、道德的和美感的组成部分人为地加以分隔和隔裂的时候，人也就被我们疏远、轻视并变得支离破碎起来。现代学校教育关心人的知识的获得数量，技能的掌握程度，能否会唱歌、弹琴，是否懂得一门技术，如果受教育者懂得上述东西，那么人们就认为教育是成功的，反之则认为教育是失败的。人的发展的多种可能性也被全部寄望于学校并被规限于学校。学校所强调的不是个体的人的发展，而是个体社会化的发展。"当学校向着某种工具职能处倾斜时，事实上就是造就政治动物或经济动物，或其他形式的片面发展的人。这意味着学校教育忘记了它的对象。"① 一旦学校"忘记了"它的对象，它的对象也就"忘记了"学校，从而出现"学校繁荣、教育衰败"的现象，"无目的升学者"和"非本意就学者"也因此增加。"学校是繁荣了，但教育的前途未卜，多数人感到茫然。"② 在人、教育和学校三者之间随意划等号的结果是教育游离于人的发展，而学校游离于教育，这对以学校教育作为人的发展的主要场所来讲，导致学校教育忽视了人的存在，也导致了受教育者表面上在场、实际上却不在场的荒诞局面。

教育自身所宣扬的价值体系与社会目标之间存在一定的差距；教育传授的内容与学生现实生活经验之间的严重脱节；教育对人的理性过分强调与对人的情感的忽视；教育过分关注对同样的文化和知识的学习而忽视人的个性发展的多样性；注重人的服从、驯服与人性的奴役而忽视人性的张扬与关注；对实利的关注使人超越品格的丧失以及时人的批判意识和创造力的泯灭与扼杀，都使教育从根本上受到了损害。一直以来，人们都强调通过教育为一种刻板的职能、固定的情境、一时的生存、特定的职位或某种特殊的行业做好准备。教育传授着、灌输着过时的、陈旧的、属于古旧范畴的某部分知识，人们也试图通过教育这一捷径，一劳永逸地获得终身受用的知识和技能，这种想法对今天的受教育

---

① 陈桂生：《教育原理》，华东师大出版社 1993 年版，第 266 页。
② 筑波大学教育研究会主编：《现代教育学基础》，上海教育出版社 1986 年版，第 230 页。

者而言，似乎显得更加迫切和直接。至于如何生活；如何学习，如何做人；如何去自由地、批判地思考和解决问题；如何去热爱自然、热爱自己、热爱世界并使其更富人情味；如何使人像人一样地生活等真正与人相关的领域与范畴，反而被我们的教育束之高阁抑或熟视无睹了。如果在对教育的思考、研究与操作中，继续只根据教育的结构、手段和施教的过程来进行，对教育自身的发展而言也是极其有害的。现代教育真正应该思考的是：教育的实质、教育与人和人类发展的基本关系、教育与社会产物和社会环境的相互作用，教育应该关注人的需要、人的情绪、情感与动机、正视人而不是弱化人等。这些都是有待我们去深刻检查和重新思考的问题。

关心科技人才的培养，关心某类技术的掌握与运用，尤其是对科技人才重要性的铺叙夸张，使教育自身积重难返。孔子曾言：君子不器。对此我们也应予以关注，因为在为技术人才匮乏、遭遇经济损失或政治地位削弱而震惊的同时，我们忽略或模糊了技术所可能招致的后果。政治、经济、科技需要，为教育造成很大的声势并创造了良好的发展条件，但人的精神家园失落与人性的迷失却使我们陷入更大的困境。雅斯贝尔斯甚至认为："培养出来的科技人员只是服务于某些目的的专业工人，他们并没有受到真正的教育。因为技能的训练，专业知识的提高还不能算是人的陶冶，连科学思维方式的训练也谈不上，更何况理性的培养。"①

由此认为："人的回归才是教育改革的真正条件。"②

---

① ［德］雅斯贝尔斯：《什么是教育》，邹进译，生活·读书·新知三联书店 1991 年版，第 50 页。

② ［德］雅斯贝尔斯：《什么是教育》，邹进译，生活·读书·新知三联书店 1991 年版，第 51 页。

第九章

仪式蕴涵的问题解决（一）：共生教育①

---

① 吴晓蓉：《共生理论观照下的教育范式》，《教育研究》2011 年第 1 期。

第一个明确提出生物界广义共生概念的人，是德国医生、著名真菌学家 Debary（1831—1888）。他在 1879 年明确指出："共生是不同生物密切生活在一起（Living together）。"1884 年，他又以共生、腐生、寄生等表达，描述不同生物间多样的共生方式。在 100 多年的发展历程中，共生理论不仅成为生物科学中诸多生命分支科学的理论网络、分析工具，也"作为一种视野独特、逻辑严谨的描述物种间关系的方法论，在其他领域得到广泛借用"，[①] 使得"共生"一词内涵的拓展及在其他领域应用范围的延伸。综述之，共生理论与方法在其他领域的应用，大致可分为三类：第一类是将共生现象进行哲学抽象与升华并应用到社会文化领域；第二类是将生物共生的概念体系与技术方法直接借鉴应用到科技与经济领域；第三类是在借鉴基础上进行理论创新与发展。对共生教育的探讨当属第一类。作为一种方法论，共生学为系统描述不同形态教育及其彼此关系，不同形态教育与外部自然/人文社会环境的关系提供了微观和系统视野，为优化共生教育系统、实现各形态教育的功能互补提供了新思路，也为重新审视与建构新的教育理论提供了科学的范式与方法。

---

① 袁年兴、许宪隆：《民族共生理论：散杂居民族关系及目标范式研究》，《青海民族研究》2009 年第 1 期。

一、人类早期教育共生态

作为一种分析工具和认识论，共生理论已拓展到用以分析人类社会个体和组织普遍存在和发展的必然属性，强烈引发教育学界对其的热切关注。一方面，伴随教育研究的开放，借助于自然科学的原理思考和解决教育问题，将为教育研究提供一种新视界、新思路与新方法。如依据生物学的目标分类原理提出教育目标分类学，由物理学中的耗散结构理论衍化出教育学中的复杂性分析。另一方面，时下人类与自然、与文化、与他人，乃至与自身内部的"非共生关系"，本质上是人类文化生态的失衡造成的，是人性危机的反映。由此引发人类关注教育"非共生态"，社会、宗教、种族的矛盾与冲突，使教育，尤其学校教育，愈来愈强烈地受到存在合理性的质疑和批判。也使其成为提倡"共生教育"的现实基础与首要前提。

人类早期的教育，处于混沌和协同状态。这意味着教育现象的发展进化，历经了一个形态分化的过程。在人类以氏族部落为生存单位，家庭没有从整个聚居群体分离出来时，教育在时空上统一于一体，氏族成员共同生活的过程就是教育发生的过程，教育与学习以自然的、非制度化的方式共生存。随着家庭从氏族部落中相对独立出来，当社会成为以家庭为基本组成细胞的社会时，家庭以自身独特方式对后代发展施以影响的作用日益彰显。这时，家庭教育从社会教育中分化出来并与社会教育处于共生状态。再随着社会职能、组织机构复杂化；社会分层、劳动技能分工等社会系统功能的自然分化，教育的再次分化成为必然，学校属于再分化后的产物。自学校诞生后，教育现象逐步从散乱、游离的教育细胞发展成系统、稳定的教育实体。作为独立的教育实体，制度化之前的学校，与家庭教育和社会教育处于较和谐的共生存状态。伴随学校教育的制度化，学校日益成为一种规模庞大、社会化程度高、与社会关系复杂的事业，其在整个教育系统中的地位也日益突出，并在一定程度上削弱了家庭教育和社会教育的功能，成了教育的"轴心"。

处于轴心地位的学校教育，在理性主义统御下，因与其"所依附的具体生活过程、生活情景、生活的时空关系、主客体相互作用的种种因素相脱离"①，而逐渐变成了一种"脱水""提纯"的"纯理性的教育"。问题也因此而发：一是地方文化与国家文化、社区文化和学校文化、民族文化与主流文化关系处理不当，导致个体因语言和文化疏离而中途辍学、失学，学业成就较低，学校无法为个体的生命成长提供帮助；二是家庭、社区、学校客观差异的存在，使一些设法就学的人，所受训练未能或无法作为其继续学习或生活的基础，或学校所受教育与当地社会需要不一致，或相差深远，潜在地影响另外一些人的入学动机或受教育愿望；三是一些人设法就学而走出农村、顺利完成或实现社会流动，具体表征为个体走出农村、改变自身或家人的生存境况。若都是第三种状况，还能说学校教育是成功的。结果却不尽然。这表明，作为促进个体社会流动的主要方式和手段，学校教育在农村，尤其贫困地区农村常遭到破坏，使其变成一种勉强有用但倍受质疑的工具。"当学校向着某种工具职能处倾斜时，事实上就是造就政治动物或经验动物，或其他形式的片面发展的人，学校教育忘记了它的对象。"② 一旦学校"忘记了"它的对象，它的对象也就"忘记了"学校，从而出现"学校繁荣、教育衰败"的现象，"无目的升学者"和"非本意就学者"增加。"学校是繁荣了，但教育的前途未卜，多数人感到茫然。"③

针对教育系统内出现的问题，尼采曾直言不讳地指出，现在的学校制度把教育工厂化，它用灌输的方法，将千篇一律的知识塞给许多不同

---

① 鲁洁：《生活·道德·道德教育》，《教育研究》2006 年第 10 期。
② 陈桂生：《教育原理》，华东师范大学出版社 1993 年版，第 266 页。
③ 筑波大学教育研究会主编：《现代教育学基础》，上海教育出版社 1986 年版，第 230 页。

的学生。杜威也指出：每个人关注的问题、观点、学习对象乃至处理问题的方式都存在个别差异。如果这些差异变成所谓的追求一致性利益的牺牲品而受到压制，并企图使学校中的学习按照一个模式，结果必然造成学生心理上的混乱和做作，这样导致的危害是不容忽视的。

那么，该如何解决这些问题呢？有没有一种新思路？即如何根据多元的自然与文化基因，以及个体遗传该基因的认知特点和思维习惯，去促成丰富的人和人性的发展，继而促进人与自然、与文化、与他人以及与自己的共生。溯本求源，"共生教育"是值得提倡的新思路。

二、共生教育的理论基础及分析方法

共生理论对共生系统目的性、整体性、开放性、自组织性等基本特征的揭示，对共生单元、共生关系的强调，是讨论共生教育的理论基础和基本分析方法。

（一）目的性

目的性是共生系统的一个主要特征，若没有目的性，共生系统内的诸元素就没有行动的主动性，缺乏主动性的复杂系统就无法适应环境，自然也谈不上对多元环境的适应与改造。教育的主体是人，人作为有目的的行动者，其行为内在地规范了教育行为的目的性。教育因涉及范围的广度与要素的多样性，使其不仅是一个描述、记录了庞大生命信息的语言系统；也是为促进个体生命成长与精神发展提供各种规范的意向系统（propositional set）和指令系统（command system），该意向和指令，驱动教育行为以环境为资源，向表现型功能运动。

在探究谁才真正是教育目的的制定、追随与执行者时，德国教育家W. 布列钦卡（Wolfgang Brezinka）曾区别了两种情况：一是若将教育目的理解为"所欲之物"，则只有教育者和对教育者制定教育目的产生影响的非教育者才可能拥有这些目的；一是若将教育目的理解为"期望之物"，那么任何一个人都可能拥有这个目的。① 不管是"所欲之物"还是"期望之物"，现实的教育目的是直指教育者的，它指导、规范和评价教育者的行动，将"知识人"的培养作为学校教育信条即是明证。

作为人生命活动的产物，知识原本蕴涵着多重意义。知识的学习过程应是生命投入的过程，是意义追寻和创生的过程，是教育者、受教育者，以及知识间意义建构的共生过程。如果学校教育成为"崇尚普遍性知识而否定具体的地方性、个别性知识，它只讲抽象的概念和范畴而舍弃具体经验、体验的表达"，② 充满形象性、丰富性、多样性的生活和复杂人性的人，被抽象性、概念性、逻辑性和系统性的知识所过滤。被这种知识所培养的人，注定不会去关注、体察、珍惜自己赖以生存的自然与人文世界，不会去深思人与自然、与文化、与他人以及与自身的共生状态和共生度的问题。理想上追求人的全面发展，现实上却以培养知识人为信条的教育，由此难以描述教育主体丰富的生命内涵，无法充分实现自己的教育意愿并对其结果做出客观评价。

（二）整体性

生态系统的整体性，是生态学的基本观点，也是共生系统的基本属性。其要求关注系统内各组成部分与整体的相互联系与相互依存关系。在原始社会时期，人们的"生命观是综合的，不是分析的。生命没有被划分为类或亚类；它被看成是一个不中断的连续整体，容不得任何泾渭分明的区别。"③ 中国传统的把天地跟人、人事、礼仪认作一体的"天人合一"认识论，渗透着自然与人文共生的生存理念与哲学观。文化是

---

① ［德］沃尔夫冈·布雷岑卡：《教育科学的基本概念：分析、批评和建议》，胡劲松译，华东师大出版社 2001 年版，第 99 页。
② 鲁洁：《一个值得反思的教育信条：塑造知识人》，《教育研究》2004 年第 6 期。
③ ［德］恩斯特·卡希尔：《人论》，甘阳译，上海译文出版社 1985 年版，第 104 页。

构成民族认同的基础和关键，其融以语言文字、宗教信仰、宇宙观、民族节日、风俗习惯等方式为表征的人文情怀，与以山川名胜为空间的自然风景于一体而构成民族文化心理场，其意义在于以"显"和"隐"两种方式，使某一群体或族群产生并形成强烈的民族认同感。"从形态与方式上看，'场'意味着空间化的存在和多元的相互作用，也就是说是由多方面的因素，或多或少，或显或隐地影响了思维方式的趋同。"① 民族认同感的形成过程，其实质是民族文化心理场中的物质、能量和信息，"全息"、网状、立体方式，整体、综合作用于场域个体的教育过程。该过程贯穿于人整体的生活和生命世界。

学校教育固然是文化传承、人性养成的一种基本方式和正规手段，"其他较不正规的方式，如家庭教养、同仁团体、工作和玩乐、传播媒介等，也是教育方面重要的、有时是主要的因素"。② 教育是个具有普遍联系关系的统一整体，须关注自身、外部环境、教育主体以及教育客体的不同关系特征，并不断进行调整，促进其和谐共存，服务于"使个体成人"的教育目的。

（三）开放性

开放性是系统存在和发展的必要条件。"系统无论是有生命的，还是无生命的，无一不是与周围环境有着相互依存和相互作用的开放系统。"③ 对系统开放性的理解，可以从宏观、中观和微观三个层面着眼。宏观层面是指系统与其外界环境的关系；中观层面指系统与系统之间的关系；微观层面则指系统与其内在要素，以及系统的结构和层次间的相

---

① 张诗亚：《强化民族认同——数码时代的文化选择》，现代教育出版社 2005 年版，第 96 页。
② ［美］詹姆斯·博特金：《回答未来的挑战——罗马俱乐部的研究报告〈学无止境〉》，林均译，上海人民出版社 1984 年版，第 20 页。
③ 乌杰：《系统辩证论》，人民出版社 1991 年版，第 106 页。

互联系、相互作用，及其相互间进行的物质、能量和信息的交换与转换。对共生教育系统开放性的理解可遵循同样的思路。

首先是教育与社会之间的关系。教育系统与社会的关系，表现为输入和输出两种类型。社会对教育系统的影响是输入式的，即外界环境的发展状况与变化趋势，将直接影响教育的目标定位、发展程度与未来走向。教育系统对社会的影响是输出式的，教育通过人才培养、知识创新等方式，对政治、经济、文化、科技，甚至人口发展等提供技术与文化支撑，继而影响社会及其发展。教育处理好自身与外界环境的关系，是其存续和发展的必要条件。因为，二者之间不断的物质、能量与信息传递、交换和转换，是二者不断新陈代谢、实现自我更新的重要保障。

其次是家庭教育、社会教育与学校教育等不同教育形态的相互作用和影响。三者在具体的教育目标、影响方式上虽然存异，其核心目的却在于促进受教育者的身心成长。当下的问题是，学校教育成了教育的"轴心"，使整个教育系统的平衡，及其功能的全面、均衡发挥很难保持。工具理性的价值取向、学校教育不能使个体学会在生活中发挥作用的东西、本土年轻人与其生长环境和传统文化的疏离；因对普遍性知识、科学知识的过分强调，导致乡规民约、传统信仰、价值体系的崩溃；人与自然关系的不和谐；社会、宗教、种族冲突等，都是教育系统和社会系统内的非共生态所导致的短期内急需解决的问题。

再次是教育过程中不同构成要素间的相互作用与影响。教育过程中的各要素不是孤立存在着，其在系统中都有一定的位置，并发挥着特定的作用。各要素的相互关联，构成了一个不可分割的整体。教育是一由教育者、受教育者和教育媒介等多元要素构成的复杂系统。在具体的教育过程中，虽各有倚重，却又相互关联。人类各种教育活动的基本结构，被一个共同的功能的纽带结合在一起，虽然这个纽带不是一种实体的纽带；但也正是这根纽带，成为链接不同教育形态、教育要素的"节点"。所以，共生教育主张，尊重系统内各要素的独立性及相关性，调整系统结构，优化教育系统的整体功能，建构主体的认知结构、丰富其精神世界，促进个体的生命成长。

（四）自组织性

作为一个过程演化的概念，自组织表示系统的运动是自发的，不受特定的、外来干预而进行的。其自发运动是一以内部矛盾为根据，以环境为条件的内外条件交叉作用的结果。伊利亚·普里高津（Llya Prigogine，1917—2003）在讨论自组织的形成条件时指出，判断自组织的形成，有两点值得注意：一是只有开放系统才有自组织，系统的自组织不能离开环境单独存在；二是系统的自组织包含系统自发运动的含义，同时强调，自发运动过程也是自发形成一定组织结构的过程。即系统的自组织包括了系统的进化与优化。教育的起源和形态分化过程证明了这一逻辑。人类教育的发生发展，大致经历了三个阶段：第一个阶段是从非组织到组织，即从混沌到有序的组织起源的过程。如人类早期的教育，是与人类的生活浑然一体的，后来逐渐分化成家庭教育、社会教育和学校教育。第二阶段是组织程度由低到高，即有序程度得到提升的过程。如果说，与人类生活处于初级分化状态的家庭教育、社会教育和学校教育，是不成系统的、零散的"教育细胞"，那么，历经漫长演化历程之后的教育，则是由大量"教育细胞"构成的教育组织系统。第三个阶段是在相同层次上，组织的结构与功能由简单到复杂的演化过程。如明确的教育目的；教育主体、教育对象的相对固定；教育客体随教育主体的需求而被选择或改革；教育分工的日益精细；教育功能多元化等。这一阶段，家庭教育、社会教育和学校教育，形成一个相互交织，彼此作用，共同作用于人生命生成过程的立体式、网络系统。

讨论教育的自组织性时，应充分关照学生的自组织学习。虽然从学校的班级设置、课堂教学、课程设置、教师聘任等层面来看，其是非自组织的，但教学的成效和结果却是自组织的。学校教育质量的高低与好坏，与学校的它组织程度不呈正相关。因为学生的自组织学习在其间将发挥重要作用。学习主体生命和思维的自组织性，是教育目的性和本体性的实现机制。而生命自组织的核心，由生成（基因的）和现象（此时此地的生存存在）两个不可分割的原理之间的对话构成。教育的主体是人，目的是追求人的生命和精神成长，使人成人。这使得教育成为"人类—社会的相互作用中和精神圈的组织中具有最彻底的生命性的东西。"① 以抽象化的文字符号为载体的知识教学，抽离了知识本身蕴涵着的"生命性""生活性"内涵和意义，很难让学习主体产生认同基础与情感共鸣。这也是灌输式教学低效或无效的原因所在。

"共生发源（Symbiogenesis）是一个进化论的名词，指新的组织、器官、生物甚至物种的起源，都是建立在长期或者永久的共生之上的。"② 共生对物种的起源和进化的创新能力有着决定意义。其间，以共生单元的分工与合作为基础，从而实现效率较高的物质、信息和能量的生产、传递与交换，在频繁的双边与广泛的多边交流机制中，使所有的共生单元通过提高生存和繁殖能力获得进化的对称性互惠共生模式，③ 既成为效率最高，最具凝聚力和稳定性的共生形态，也是共生的目标类型和目标状态。④ 而共生教育所要追求的，正是这样一种模式与状态。质言之，教育不仅要追求与外部社会环境，不同的教育形态、教育过程中的各要素，以及几者间的对称性互惠共生。更重要的，是在共生过程中产生促进个体自由精神成长和独立人格形成的新能量。

---

① 谢光前、袁振辉：《自组织形态的复杂性演化与主体的发生发展》，《哲学研究》2008 年第 6 期。

② ［美］林恩·马克里斯：《生物共生的行星》，易凡译，上海科学技术出版社 1999 年版，第 5 页。

③ 共生理论指出，共生包括寄生、偏利共生、非对称互惠共生、对称性互惠共生四种行为模式。其中，对称性互惠共生因具备共存、和谐、进化等诸多优势而成为最为理性的共生模式。

④ 袁纯清：《共生理论——兼论小型经济》，经济科学出版社 1998 年版，第 52 - 53 页。

三、共生教育形态及其范式

共生理论的主要特征，既为揭示共生教育的基本属性提供了立论基础、论证依据，也为当下人与自然/文化之间的矛盾、社会和教育问题的解决，从思维层面提供了参考范式。如何使这一基本思路转化成具体的行为方式，是共生教育面临的重要课题。

以我国西南民族地区教育实际为例。学校在西南民族地区的介入，因区域、族群、经济生产方式和社会文化发展程度的不同而存异。按理，这一以文化传承、人性发展为要义的教育形式，既应成为西南民族地区教育从形式到内容的补充与完善，更应谋求与当地原生共生教育范式的共生。使校内外教育系统构成动态、交叉、立体的教育网络，共同推动"使人成人"的教育理念在社会的全方位辐射与渗透。介入到西南民族地区的学校教育，似乎没有充分关照到其存在区域的自然/文化生态与人的具体需求，而是一如既往的重组织、重形式、重抽象了符号意义的知识传授、重评估。结果使得西南民族地区的学校教育，虽然在传授现代文明、引领民族了解现代科技、扫除文盲等方面发挥了一定的作用，但也在解构原初共生教育范式、弱化民族地区家庭教育、寺庙教育与社会教育功能的发挥上，产生了消极影响，并逐渐导致西南民族地区自生性共生教育的失范。

即或如此，在今天的西南民族地区，依然存在着共生教育的活的范式。质言之，西南民族地区的共生教育具有自生性、原生性。其最初的呈现形态是自组织的，是自成生境的。西南民族地区的共生教育在发展过程中，在个体与自然、与文化、与社会，以及与自身的共处历程中，自然地协调了各种关系。是在漫长历史长河中，持续、自然磨合的结果，非人为创造之物。该范式和生境，在西南民族地区人漫长的演化、生产、生活，及其处理自身与自然、与文化、与社会以及与自身关系的过程中，发挥过并正在发挥着重要作用。该生境，成为西南民族地区种群、物种、文化、族群等生存的最基本和必要的条件。该范式，成为西南民族地区人与自然、与文化、与社会，以及与个体共生、共存的重要前提和基本条件。其在教育形态上具体表现为家庭教育、寺庙教育与社区教育并举；在教育方式上具体表现为随境式、浸润式、生活式、体验式方式并行；教育场域上具体表现为家庭、社区、寺庙、田间地头并存等。但凡个体生活可能触及的空间，就是一个教育场。其具体反映在个体日常的饮食起居、宗教活动、丧葬习俗、歌舞活动、人生礼仪等诸多方面。这种立体的多维方式、扎根于民族社会生产生活之中的教育，既具目的性、整体性，也具开放性和自组织性。并由此成为西南民族地区共生教育的重要构件。

教育公平问题、教育均衡发展问题、义务教育普及问题、教育资源分配问题、女童教育问题、留守儿童问题、乡村教育问题等，归结起来是教育定位的问题，是人类自身的生长同它外部世界发展的非共生问题。要实现人与自然的共生，首先要实现人类文化的共生。没有文化的共生，讨论人与自然的共生则显得空洞。当共生因自身特质逐渐成为时代的表征、人类的价值诉求，以及社会发展的趋向时，需要教育这一系关人类个体与社会发展的活动，在自然与人文共生态的保持中有所担当。单一、失衡、非共生的教育系统，显然没有承载起如此重要的历史使命与社会职责。这也是教育成为社会问责对象的根源所在。共生教育理念的提出，对共生教育范畴的探究，以及当下"活"的共生教育范式的挖掘，对解决我们唯学校教育至上的教育基本立场是有助益的。由此可能不再简单推崇外来的、自上而下的学校制度，而是以中和位育思想，将"自然与人文的东西融合成一个很好的培养基"，① 因地制宜地去培养人和发展教育。这样的教育，既是与其赖以存在的外部环境共生

---

① 张诗亚：《共生教育论：西部农村贫困地区教育发展的新思路》，《当代教育与文化》2009 年第 1 期。

的教育；也是家庭教育、社会教育和学校教育等不同教育形态共生的教育；还是具体教育行为发生过程中，教育者、受教育者与教育媒介等教育要素共生共存的教育。

尽管学校教育存在这样那样的问题，但就现代教育的发展趋势而论，学校依然是文化传承和培养人的专门机构与主要场所。通过案例的分析、考证，其目的还是在于认识学校教育现在的问题，试图借此完善、修正和发展学校教育。成人礼仪式是摩梭人中蕴涵深刻教育内涵与教育价值的教育活动，试图通过对仪式教育内涵的翔实揭示与当地学校教育的问题分析，通过对摩梭人学校教育的反思，为解决目前学校教育中存在的问题提供参考。

四、共生教育的基本维度

（一）不同教育范式的共生

人不同于动物的生物结构、生长节奏与面对世界的方式等特点决定了其复杂性，尤其是个体心理的复杂性。来到这个世界的个体，因其生存的根本需要，必须对世界自我适应，必须主动建构其所面临的各种情形，自我的认知加工、学习的天性与好奇，都会促使个体主动作用其所置身的环境。每一个人从呱呱坠地的那一刻起，就已然置身于它所处的环境，也是从那时起，他就主动地与环境发生着交互作用。这具体表现为对外界环境的观察、模仿与反省，语言的学习与文化的学习是人的天性。许多时候家长会因孩子说出像大人一样的话而惊诧，认为没有人教他是从哪儿学来的。事实上，儿童对母语的学习，一般在两岁到三岁半之间，不仅速度惊人，而且能根据成人的语言榜样建立起较好的语言理论，语言的突进现象让大多数成人为之惊诧。其实，是我们忽视了母语语言范畴中最能反映本民族的事和物能为个体的语言学习所提供的声音、形象等多重感官刺激，使个体在成人的有意识教育和个体学习中迅速掌握。

　　经历了童年经验，每个人对自己生活的世界环境以及在该社会环境中如何行动都有一套自己的规则与概念体系。生活经历塑造并调整着每个人的情绪、动机和价值取向；每个不同的社会通过自己的社会组织、风俗、习惯和教育理念，为个体提供了接受教育的场所和文化学习的场所，其中包括语言、风俗习惯、行为规范、伦理道德、价值取向等诸多方面，文化调整并塑造着人性。生活既为个体提供了文化学习的场所，生活也不断验证和修正个体的相关认知。社会生活的情景既不断改变，也经常重复，在个体、个体行为与环境的三方互惠中，人最终得以真正形成。所以，教育者应充分关注并尊重学习者，尊重学习者自己的差异，了解学习者，尊重学生无限丰富的天性。

　　其实，理性思维在理论研究领域中具备就够了，最高的生活实践所需要的是完整的、有血有肉的、有感情的真实的人，生活固然需要理性，但生活更需要真情与人性。教育者应当明智地、前瞻性地看到当前知识的局限，明白培养学生不单纯是为了科学，而是为了包罗万象的生活。了解人的本性的教不是为了满足物质需要的"器""用"教育。人接受教育的目的是为了更好地生活，生活的目的绝非仅仅只是为了接受教育。

　　作为一个教育者，教师也好，家长也罢，都应该力求了解人，了解人的天性，了解人性中可能存在的缺点和优点，了解人在生活中的正常需要，这种需要不管是生理的，还是心理的，教育者都必须了解。作为一个教育者，应该了解不同场景中的人，从各个角度全面、完整地了解人。以前的教育是追求培养"全面发展的人"，今天的教育要求培养具备"良好素质的人"。但是，作为一个教育者必须明白，全面发展的人也好，良好素质的人也好，最终都是根据美好愿望和良好企图实现对"人"的培养。而人却是复杂的，非全面发展与良好素质所能涵盖和包容得下。人的一生，要经历诸多酸甜苦辣，不同年龄段的人、不同生活境遇中的人、不同情绪状态中的人、不同生命体验中的人对生活的需要是不一样的，所以教育者要了解人的这些特征。生活中存在着多种形态的人，一个人也可能同时拥有这诸多特性，这些都是作为一个教育者所必须了解和明晰的。因为只有这样，教育才不会是机械的、功利主义的、强制性的、模式化的、理性主义的和工具性的。在教育活动中，教育者应该关注受教育者的能力差异；学习动机差异；家庭、教师、主体自身影响受教育程度的差异；性别差异以及受教育者对教育有哪些特殊需要等。而且，教育持续不断的发展使其逐渐成为全社会的职能，对教育的关注，不该只限于学校，教育者也不应只限于学校教育中的教师，同时还包括家长与社区的其他行政人员、工作人员等也应该参与教育工作。

（二）多元教育主体的共生

依据"师即生，生即师""三人行必有我师"和学校教育中的学生来看，受教育者一词也存在广义和狭义两种解释。广义的受教育者是指不限时间、地点、情境，当个体受人启发、点拨或有所获益时都是受教育者，狭义的理解专指学校教育中的学生，这里对受教育者的探究也是指学校中的学生。关于学生在学校教育中的地位问题，向来存在三种不同的观点：一是教育者是教育活动中的主体，受教育者是教育活动中的客体；二是教育者是教育活动中的主体，受教育者是学习活动中的主体，即所谓的平行主体；三是针对教育者与受教育者之间的复杂关系，提出的复合主体。复合主体的观点针对教育者、受教育者与教育内容三者在教育活动中的复杂作用关系，认为教育者与受教育者是教育活动中的承担者，双方都居于主体地位，教育内容则是两者在教育活动中共同的作用对象——共同客体，而整个教育活动都是在教育者与受教育者密切联系、相互交织、前后作用中达成的，故，两者构成教育活动中的平行主体。

　　相对于教育者与受教育者的共同作用对象——教育内容来讲，教育者和受教育者是教育活动中的认知主体，至于在教育活动中所起的作用则是由两者各自不同的任务与职责所决定。教育者的目的是在某种美好意愿的作用下，采取一定的行动，促进受教育者外部行动与内部行动的某种提升与改变。从教的角度看，受教育者是教育者教育活动的作用对象，教育者是教的主体，受教育者是教的客体；从学的角度看，受教育者则是学的主体。受教育者的学是教育活动的出发点与归宿所在，无论学习者主观能动性的发挥程度如何，都不会影响教育者在教育活动中主导作用的充分体现与发挥。"未来的教育必须把教育的对象变成自己教育自己的主体。受教育的人必须成为教育他自己的人；别人的教育必须变成为这个人自己的教育。这种把受教育者同他自己关系的根本转变，是今后几十年内科学与技术中教育所面临的最困难的一个问题。"①

　　改变受教育者在学校生活的地位，并非是要求教育者越俎代庖，而是受教育者适应课程内容、适应学校预先制定的教学计划与规则。受教育者在教育活动中的地位与作用是确定教育体系的价值、性质和教育目的的重要标准。改变受教育者在学校生活中的地位是指学校允许受教育者在教育活动中的自由程度，选择适合于受教育者的教育标准，规定受教育者能够承担的责任，树立受教育者能够效仿的榜样，选择受教育者能够接受的教育方式和手段。要改变受教育者在学校生活的地位，就应该使受教育者成为学校教育活动的中心，允许受教育者随着不断成熟而获取与成熟程度成比例的自由，使受教育者有权利选择自己的学习内容、学习方法、学习时间与地点，学校应该赋予有能力享受该权利的受教育者以相应程度的自由。学校也可以根据受教育者心理倾向、内在动力、内部需求确定教育内容。这并不是说全面放开，赋予受教育者享有该权利必须遵从以下条件：其一，受教育者有能力自我决定，其成熟程

① 联合国教科文组织编：《学会生存——教育世界的今天和明天》，教育科学出版社 1996 年版，第 200 页。

度允许其做出这种选择；其二，必须赋予受教育者承担对自己和对学校的某些职责；其三，在具备前两项条件之下，学校应赋予受教育者自己选择自由改变其在学校生活中地位的权利，并非单纯地享受权利，还应该是责任的赋予，使其明白教育并非只是家长和教师的责任，更是受教育者自己的责任。这犹如摩梭人成人礼仪式赋予个体的，并非仅仅只是成为"完全的人"所能够享有的经济的、宗教的、法律的、婚姻和性生活方面的权利，更重要的还是义务与责任的赋予。成人者要意识到自己今后必须扮演的性别角色，自己在家族、氏族、民族兴盛中承担的职责，女人的职责是照顾好家和家人，男人的职责是挣钱；女人的职责是掌管家中的财务，当家理财，男人的职责是负责对外的人际交往；女人要教好自己的女儿，男人要教好自己的外甥；"舅掌礼仪母掌财"等等都是仪式赋予个体必须承担的责任。在过去，权利的赋予还标志着个体承担保护氏族不受侵犯、不被其他族系蚕食的重大责任。今天的学校教育，可以效仿仪式带来的启示，让有能力做出选择、享受自由的受教育者承担自己在教育活动中所应该承担的责任。

（三）多样教育方式的共生

1. 提供丰富的教育信息

生命是复杂的、完整的，更是不可分割的，完整的生命需要自然、完整的教育。完整的教育不同于单纯强调理性的教育，因为完整的教育需要了解人的丰富性与复杂性，需要了解生命的不可分割性，了解人类文化的不可肢解性。现代教育过分倚重死记硬背，过分倚重书本知识的传授，过分倚重理论与理性。德国文化教育学家威廉·狄尔泰曾抱怨传统教育学是没有人的教育学，认为康德对人所作的知、情、意的划分与分割是对情、意的否定，从而使人变成干瘪瘪的"理性的主体"。过分的理性教育，对理性的强调，对人情绪、情感、想象、直觉的压抑与轻视容易导致个体精神生活的贫乏，不利于个体健康人格的形成。

单纯的书本知识的传授，割断了知识与外界世界之间的活生生的、有形的联系，学习变成单凭记忆与文字符号交往的游戏，这样的学习生活会使学习者的精神生活变得贫乏、枯燥、单调，甚至导致学生人格的扭曲与变态发展。这需要现代教育突破书本知识的局限，将书本知识与丰富的生活实践之间的联系重新构筑起来，为受教育者提供丰富的教育环境刺激。人凭借多种方式作用于外部世界，诸如凭借眼睛的观察，耳朵的听，以及嗅觉、触觉甚至味觉对外部世界的感知，使人类充分明白世界的精彩多样与人间百态。教育也应该为学习者提供丰富的环境刺激，充分调动学习者各种感官在学习过程中的重要作用，从空间上予以拓展，突破几何图形模式的教室与学校对多种生活的局限。从教育人类学的观点来看，教育不能囿于学校，因为个体学习空间的拓展，也是个体成熟活动范围的一个拓展，一个人只有走出家庭，才能走向学校，只有走出学校方能迈向社会。诚如摩梭人的成人礼仪式，为个体提供了丰富的环境刺激，除了"人性"的教育刺激之外，还包括"非人性"的各种符号刺激，个体在与环境、与其他认知主体的互动中实现着文化传承与人生塑造。

2. 打破既定、单一的教育模式

卢梭认为模式化教育有损人的个性，杜威认为人存在个体差异，模式化的教育只能导致学生创造性的日益磨损，导致学生心理上的混乱与造作；尼采认为学校像一座工厂一样的将千篇一律的知识教给不同的人，最后让所有的不同都变成一样，模式化教育容易导致个性和创造性的丧失。既然不同文化模式中的群体有着不同的文化特征，那么教育自然没有必要按照统一的标准和模式来要求受教育者达成同样的素质。因为，如果让不同的人做出同样的选择，结果可能也只有一个。现实证明，套路性的、单一化的、程式化的、刻板的教育模式已经无法适应现代教育发展的需要。人的培养不是流水作业，人也不是机器，更不是器具、器皿；学校更不是工厂，可以在一个程式化的模子中对人实行成批量的生产。

现代教育应该打破固定的教育模式、教育内容、课程计划和教学大纲，要能为受教育者提供关于客观的、真实世界的知识，能为受教育者解决他们在现实生活中、所处环境中、客观世界中的诸多问题。学校课程应该具体、多元，结合不同地域文化群体中人们的实际需要进行教育，而不是以严格分科为基础，也不以照搬西方课程模式为基础，课程应该符合受教育者所属文化群体的生活实际。

打破既定、单一的教育模式，为个体提供丰富的教育刺激，了解知识的情景性、社会性、复杂性与建构性，了解学习是个体主动建构的过程，关注不同类型的学习对个体发展的重要性。因为人的心理活动是与一定的历史、风俗习惯和文化背景联系在一起的，教育不能单纯因为知识的传授而强迫改变个体原有的认知图式。不同社会中不同的文化，是知识的不同来源，学校教育应该关注课堂之外人们的生活环境，并体察现实生活。

（四）多种教育形态的共生

卢梭在研究法律时指出，在政治法、公民法与刑事法之外，还存在着最重要的第四种法，"它既没有铭刻在大理石上，也没有铭刻在铜表上，而是铭刻在公民的内心里；它是国家的真正宪法；它每天都在获得新生的力量；当其他法律都过时或消亡时，它会使它们恢复活力或代表它们，它会维持人民的法律意识，逐渐用习惯的力量取代权威的力量。我所说的，就是风俗、习惯，尤其是舆论；这是我们的政治家所不认识的部分，但其他所有部分的成功均有赖于它。它正是伟大的立法家在似乎局限于制定具体规章时内心所注意的部分。具体的规章不过是拱顶上的拱梁，而缓慢诞生的风俗习惯才是拱顶上难以撼动的基石。"① 卢梭

---

① ［法］卢梭：《社会契约论中自然法和国际法》，转引自维克多·埃尔：《文化概念》，康新文、晓文译，上海人民出版社 1988 年版，第 31 页。

的观点是要求人们关注风俗、习惯对人们行为约束与规劝、维持社会秩序、规范人们行为中的重要作用。事实上，在学校教育之外，又何尝不存在类似于卢梭第四种法一样的教育阵地呢？只是在对学校教育与学校教育职能的推行与强调中，渐渐忘却了它们在人类教育发展历程中曾经扮演的角色和正在发挥的教育作用。风俗习惯中蕴藏的教育理念、教育内容、教育方式方法和教育目的；蕴藏着教育者、受教育与教育影响三者有效互动的宝贵资源。今天的学校教育应该关注到这块教育阵地的存在与它在文化传承和人性塑造中的重要作用。

　　摩梭人的成年礼仪式和我国西南甚至世界上不同地方其他民族的教育传统一样，也是人类的教育方式与财富，这种教育方式存在学校之外，但其深远的意义与重要作用，有许多是学校教育无法企及的。所以，教育与学校教育应该拓展自己的视野范围与空间，认识到教育的实施应该是在家庭、社会和学校内进行，单凭学校教育或单纯寄希望于学校教育促进人的发展，事实已证明并非明智举措。如果要构成完整的教育体系，则应该打破对教育的场域划分，实行以"完整的人"的培养为目的的完整教育。以智能机器体系为整个生产力基础的第三代生产力的出现，将人类教育推向一个全新阶段，作为历史现象的教育，自然无法脱离社会历史，对新时代社会现实的关注也是教育发展的根本。我国教育家杨贤江先生早年预料说："未来的教育是在更高的形式上回复原始社会教育的性质。"[1] 杨先生的言论，并非是对复古的推崇，而是在对教育深刻洞见之后的精辟见解。学习化社会的来临、终身教育的提倡，使教育已不只限于未成年人，也不仅限于学校，有人甚至断言，"第三个教育阵地绝对是在学校之外。"[2]

　　不管我们在教育形式、体制、课程上如何强烈地要求与过去决裂，

---

① 胡德海：《教育学原理》，甘肃教育出版社 1998 年版，第 214 页。

② ［法］米歇尔·德·塞而托：《多元文化素养》，李树芬译，天津人民出版社 2002 年版，第 129 页。

但历史对教育的影响却是强烈的、非人为力量就能割舍与剥离得开的。教育的发展是社会历史发展的功能，其自身带有许多过去挥之不掉的痕迹。作为人类社会的一种自然特征，教育随着人的出现而出现。在人类早期的发展过程中，教育的目的在于形成一个人的性格、才能、技巧和道德品质，人们通过共同的生活，在日出而作、日落而息的生活历程中教育自己，这时的教育更多是源于个体的观察模仿从而实现自己教育自己的目的，而不是被别人教育的。所以，这时的教育不仅具有自发性、分散性和随机性等特点，同时也具有连续性和复杂性的特点。因为生活就是受教育，所以氏族生活、家庭生活、游戏，劳作、宗教活动、仪式、典礼是个体每天遇到的学习机会，家中母亲的照顾、劳动中族内长者的领导、观察四季和星相的变化、照管家中或族中年幼的儿童、放牧、采集、聆听长老讲述神秘的故事、看巫师做法事和各种宗教活动等，处处充盈着学习的机会。这种能者为师、游戏即学习、生活即教育的本真、自然和非制度化的教育与学习方式在世界上的广大地区长盛不衰地流传到今天，仍然是今天世界上许多人受教育的主要形式。即使是在学校教育普及的今天，这种教育依然存在且情形和过去相比并无多大的区别，相反还因为对学校教育职能的过分托大与对其他教育形式的忽视使其重要性显得更加突出，这源于学校教育培养中人格与个性的丧失。对学校教育的过分投入与关注，实际上忽视了这样一个事实：儿童与成人都是在他们所处的家庭、环境和社会中，直接地、现成地、形象地、直观地、多样地吸取经验，学习文化和接受教育，以生活教育的方式获取的知识，因其获取途径多元性的特点，

从而决定了知识的丰富性、生动性、灵活性、生活性、人文性和有效性。"因为这种知识乃是一个人能否接受学校教育的先决条件，而学校教育又反过来为学习者提供一个框架，使他能把经验中得来的知识多

统化和概念化"。①

"但是在一切社会中，无论是原始社会还是高度文明的社会，直到最近为止，大多数儿童的教育多半是附带进行的，而不是在专为实现文化传承和人性塑造目的而单独设立的学校里进行的。成人们从事经济工作和执行其他的社会任务，在这里，儿童并没有排除在外，他们也受到了注意，而且他们也学习参加这些活动。儿童不是从形式上受到教育，而是实质性的参与其中并真正体认的，在成人的许多机构中，附带出现的教育往往理所当然地被视为执行教育功能的一个主要部分，例如，在家族和同年龄的集团中，在宗教仪式中，都可以实现教育的功能。在希腊的文化教育中，城邦这个全部制度网都被当作一个教育者。正如约翰·杜威巧妙地指出的：一切哲学的精华就是教育哲学，即研究怎样去享有一个世界。"②

今天的教育被专门化，被人们渐渐将其从生活中剥离出去，从其所属的群体中拉了出来，其弊端也是有目共睹的。现代教育应遵循其文化性与民族性的典型特征，考虑不同的文化生态系统。

人的教育并非是一种独自的与生活分隔的活动，也不是在一个既定时间、一个既定的地点、在人一生中的某一个时期或某一段时间里就能完成的。教育是整个生活、整个人生、整个族群和社会的目的，一个社会、一个家庭、一个群体、一个地区乃至于一座城市都在发挥着教育作用并教育着人。摩梭人通过成年礼实现教育"完全的人"的培养，个体也通过仪式活动及其符号化内涵接受教育。在群体与个体、家人与个体、个体与个体的交往中进行教育，这种情形，并非仅存于摩梭人，而

---

① 联合国教科文化组织合编：《学会生存——教育世界的今天与明天》，教育科学出版社 1996 年版，第 27 页。

② 保罗·古德曼：《关于教育的奇想、青少年的教育》，联合国教科文组织 1972 年版，国际教育委员会文件意见汇编，第 57 页，转引自《学会生存，学会生存——教育世界的今天与明天》，教育科学出版社 1996 年版，第 27 页。

是每一个社会、每一个族群和每一个家庭都以此进行着教育，文化传承、人的培养也在该过程中完成。把教育的职责、权利与责任交给一个单独的、固定的、垂直的、专门的机构，无异于人为地促成了该机构的特殊性与独特性，使其成为一个特殊而又独特的团体。这种情形，使家庭、社区、集体、族群把自己的教育责任予以转移，"共同承担教育的责任"实际成了学校单独面对的主题，而人的生活空间并不局限于学校，人在学校、社会与家庭中穿梭，交织活动。社会和家庭在赋予学校重要地位、职责和权利的同时，也卸下了自己肩头的责任与义务，家庭因其特殊的构成不可能不承担个体的养护与教育作用，而社会的影响却被忽略与轻视。在相互交接中，教育也因此发生了职权的转变，而学校对人的教育本身并不如人们所赋予的权利一样有效。学校不仅在教人学知识方面显得十分无能，而且在形成人的情感、性格等方面也同样显得无能为力。由此证明，教育必须是家庭、学校与社会的协调运作、统一作用的整体，整体之内的各要素必须从结构上统一起来，形成连续的、整体的、普遍的和继续的教育。

第十章

仪式蕴涵的问题解决（二）：文化位育

　　文化是一个民族存在的根基，是一个民族发展的动力。作为一个多民族国家，有着丰厚的传统文化底蕴和特色鲜明、样式众多的民族文化遗产，保护传承其得天独厚的民族文化遗产和民族文化资源、建立良好的民族文化生态环境，是我国民族教育的发展要义。人类的繁衍靠基因遗传，文化的传承则靠教育。要实现文化的保护与传承，教育是必不可少的手段。随着多元文化教育思潮的兴起，更由于民族地区社会发展的需要和广大少数民族群众的教育需求，民族地区学校教育作为民族文化的一种生命机制，被赋予了传承民族文化的重要使命，文化位育成为重要的社会文化发展需求，民族文化也因此走进校园。

一、何谓文化位育

　　书中所用的"文化位育"，是潘光旦先生"社会位育"（Social adaptation）一词的借鉴。会通西学，且深谙中国传统文化要义的潘光旦先生，受英国遗传学家贝特森（Bateson）的启发，对"生物适应"的译法与表达方式提出质疑，"这概念的西文名词，我们一向译作'适应'或'顺应'，我认为这译名是错误的，误在把一种相互感应的过程看作一种片面感应的过程。人与历史的关系，人与环境的关系，都是相互的，即彼此之间都可以发生影响，引起变迁，而不是片面的。说完全由人安排，是错误的。历史与环境完全支配着人，也是错误。"他认为：在西方，自进化论后，人们才逐渐明了生物界所谓的 adaptation 现象。

很早以来，我国学者学日本人，将生物界所谓的 adaptation 现象译做"适应"或"顺应"。adaptation，词根为 adapt，其本意，按《牛津高级双解词典》的解释，是 "make something suitable for a new need"，指为了一个新的需要使某种东西改变自己。这是百年来演化论的哲学新发现的一个最基本最综合的概念。在质疑 adaptation 译法恰切与否的基础上，潘先生借《中庸》之"致中和，天地位焉，万物育焉"的说法，以及"位者，安其所也；育者，遂其生也"的注脚指出，"位育"的基本内涵为"安所遂生"。所以"一切生命的目的在求所谓'位育'。藉此指出 adaptation 现象，即位育现象具有两面性：一是静的，指生物在环境里所处的地位；二是动的，指生物自身的发育。地位和发育的缩写，便是'位育'"。

后来，潘光旦先生在主编《华年》杂志期间，较为明确地阐释了"社会位育"思想。"社会位育"包括两方面内容：一为"位"，即社会秩序，该秩序是保障社会稳定的基础；一为"育"，即社会进步，该动态过程是促进社会向前发展的动力。若以潘先生从"静""动"两个维度对"社会位育"的解读为鉴，针对中华民族多元一体格局的文化现实，"文化位育"也包含两个诠释维度：一为"静"的"位"，即中华文化的"共性"与"一体"，其是民族认同的根本，是和谐民族关系、保持社会稳定的基础；一为"动"的"育"，即中华文化的"个性"与"多元"，其是民族与民族文化发展的动力。而"文化位育"的实质，是解决如何处理中华多元一体格局中文化传承的"同"与"异"的问题，即文化"共性"与"个性"的和谐共生问题，即中国传统文化中一直强调的"和而不同"问题。

二、文化位育多维路径

以文化位育为立论基础，结合实地调查、深度访谈等获得的研究资料，详细考察了贵州省"民族文化进校园"的课程设置、教学形式、教学管理、科研工作、发展规划。通过分析其历时十余年的实施成效与问题，揭示"民族文化进校园"在保持民族文化绵续性与联带性、实现多元文化和谐共生与文化美美与共等方面的教育价值与社会文化意义。文化位育是文化全球化、中国现代社会转型、民族文化传承式微背景下，实现多元文化教育、保持民族特色、促进社会发展，以及不同自然与文化生态系统中生物个体与群体安所遂生的动力与有效方略。

（一）促进民族文化进校园

1. 案例地区民族文化进校园发展历程

　　贵州省是一个多民族省份，在全省176167平方公里的土地上生活着49个民族，少数民族个数仅次于云南和新疆，居全国第三位。其中，世居少数民族有苗族、布依族、侗族、土家族、彝族、仡佬族、水族、回族、白族、瑶族、壮族、毛南族、蒙古族、羌族、满族等16个，少数民族人口占全省总人口的37.9%。丰富多彩的民族节日，绚丽多姿的民族歌舞，特色鲜明的民族建筑、历史文物、民族工艺等，都蕴藏着绵延数千年的文化奥秘，构成了贵州省极为丰富、最具魅力的民族文化资源。但随着经济全球化的推进和现代化进程的加快，贵州省文化遗产及其生存环境受到严重威胁，民族文化保护形势严峻。基于此，2002年7月30日，贵州省九届人大颁布了《贵州省民族民间文化保护条例》。同年10月，贵州省教育厅、民族宗教事务委员会制定实施了《在全省各级各类学校开展民族民间文化教育的实施意见》，在全省范围内启动"民族文化进校园"活动。

　　此后，2004年4月8日，我国文化部、财政部下发《关于实施中国民族民间文化保护工程的通知》（以下写作《通知》）。2005年，国务院又下发了《关于加强文化遗产保护的通知》。两份《通知》阐述了当前中国保护文化遗产的重要性和紧迫性，并要求文化部、财政部共同合作，在全国实施我国民族民间文化的保护工作。以此为指导，贵州省于 2006 年 1 月召开十届人大四次会议，确定《贵州省国民经济和社会发展第十一个五年规划纲要》。《纲要》明确提出，贵州省各级政府的行政管理工作目标：积极发展文化事业和文化产业、促进其他社会事业健康发展、丰富人民群众精神文化生活。在该政策指导下，贵州省各级教育行政部门和民族工作部门结合本地区实际，制定切实可行的具体实施方案，并在少数民族聚居地区编写相关教材供教师使用。各大、中、小学校通过师资培训、聘请民间艺人等方式，以本民族音乐、绘画、美术、手工艺为主要教学内容，校本课程、学科教学、艺术团活动和主题活动为主要教学形式，因地制宜开展民族文化进校园活动。

2007 年，在民族文化进校园开展 5 年之际，省教育厅、省民委联合下发《关于在全省各级各类学校开展民族民间文化教育项目学校评选活动的通知》，命名从江县小黄小学等单位为贵州省首批民族民间文化教育项目学校。2008 年 7 月，省教育厅、省民委联合下发《关于大力推进各级各类学校开展民族民间文化教育的意见》，对民族文化进校园活动开展六年以来的成果给予充分肯定，并提出进一步发展要求。

2. 案例地区民族文化进校园实施状况

贵州省民族文化进校园发展沿革显示，以传承民族文化为主要目的的民族文化进校园活动，具有重要的实践意义。本书对贵州省部分项目学校的课程设置、教学形式、教学管理、科研和发展规划现状进行了实地调查，以期在教育人类学视野下观察民族文化进校园的教育价值与社会文化意义。

（1）丰富课程内容

表 10.1 贵州省"民族文化进校园活动"实施状况统计①

基本情况市（州、地）名	开展民族文化进校园活动学校（所）	主要内容
贵阳市	35	民族音乐、舞蹈、传统体育、民族工艺
遵义市	8	民族舞蹈、民族乐器、传统体育
安顺市	15	民族音乐、舞蹈、脸谱雕刻
六盘水市	46	民族音乐、舞蹈、体育、工艺制作
铜仁地区	19	民族音乐、舞蹈、体育、文学、工艺、花鼓
毕节地区	21	民族音乐、舞蹈、民族传统体育、文学
黔东南州	73	民族芦笙、歌舞、工艺制作、文学、侗族歌舞、侗戏
黔南州	188	民族音乐、舞蹈、传统体育、绘画、工艺、民族戏曲、水书
黔西南州	26	民族音乐、舞蹈、传统体育、工艺制作
总计	431	

　　上表以行政区域为划分标准，对贵州省民族文化进校园开展情况做了初步统计。数据显示，贵州省作为一个历史悠久、民族众多的省份，非物质文化遗产资源相当丰富。安顺市的特色脸谱雕刻、黔南州被称为活化石的水书、黔东南州的侗族歌舞等等无不蕴含着贵州人民的聪明和智慧。以上表为基础，根据全省申报"贵州民族民间文化教育项目学校"的部分材料，对教学内容做了梳理，如下表。

---

① 此表统计数字及相关内容为贵州省教育厅提供，时间截至到 2006 年 6 月；"主要内容"栏的填写内容忠实于原报表，未予以具体分类修改；缺少对威宁自治县数据的统计。

表 10.2 贵州省民族文化进校园内容设计

	小学	中学	大学
民族舞蹈	板凳舞、花棍舞、芦笙舞、彝族舞蹈"火把节"	木鼓舞、锦鸡舞、踩鼓舞、吹木叶	民族民间舞蹈（芦笙舞、木鼓舞、踩堂舞、毛古斯、肉莲花、摆手舞）
民族音乐	侗族大歌、八音坐唱	侗族大歌、琵琶歌、踩堂歌、拦路歌、山歌、水歌、苗歌、布依歌、芦笙、琵琶、牛腿琴、唢呐、月琴、箫笛、锣、铜鼓等乐器的演奏	民族声乐、民族乐器、民族民间舞蹈、民族音乐理论
传统体育	射弩、踩高脚、鸡毛毽、打陀螺	蹴球、陀螺、珍珠球	蹴球、押加、抢花炮、珍珠球、陀螺、射弩等民族体育项目
民族美术、工艺	民间刺绣、民族美术、织锦、挑花、猴儿关农民画	民族刺绣、民族蜡染、民族剪纸、蜡画、木雕	民族民间美术、民间刺绣、蜡染、民间版画、民族服装、民间工艺
理论知识	民族人口分布、语言服饰、传统节日民族传统文化	民族政策、民族传统文化	民族文化历史、民族文化理论和各种专业基础知识
民族语言文字	双语、双语文（苗文、侗文、水书）	苗语文、侗语文课（台盘中学）	

该表显示，各地区民族舞蹈、音乐、体育内容丰富、形式多样。仅侗族音乐，就有大歌、琵琶歌、踩堂歌、拦路歌等多种形式。除此之外，还在教学内容中增加了基础理论的学习，如民族文化历史、民族政策、民族传统文化等。此外，依据不同年龄阶段受教育者认知能力的差异，民族文化教育内容呈实践教学难度上升、理论研究增强、专业性趋于明显的发展态势。

（2）改善教学形式

在实践过程中，各学校充分挖掘资源、创设条件，既强调教学内容科学性、趣味性的有机结合，又注重教学形式多样性，主要有校本课程、学科教学、艺术团活动、主题活动四种教学形式。

第一，校本课程。民族文化是一个民族在长期发展过程中创造、积淀和传承下来的宝贵精神财富，有鲜明的民族特色和丰富内涵。然而，"普适性"的课程模式、学校课程与教学环境的文化疏离，使民族学生对本民族文化缺乏了解，难以产生认同感。为改善现状，校本课程立足本土，以民族文化为资源，以增强学生的文化适应力为目的。贵阳市民族中学针对初一、高一新生开展民族文化校本课，教材采用学校自主编写的《民族知识》。该教材介绍了贵州省少数民族历史、文化、经济发展等方面内容，并对省内世居少数民族的民俗、文字、音乐、体育、工艺等做了翔实介绍。此外，贵州民族学院在音乐、美术、旅游管理、法学专业开设了民族声乐、乐器、刺绣、蜡染、版画、服装、民族文化与旅游、民族法学等校本课程。

第二，学科教学。各学校还以分科教学方式传承民族文化。如安顺市民族中学在高一年级"体育与健康"学科推行模块教学，推出民族传统体育项目，供学生选学。使学生既锻炼了身体，也增进了对民族传统体育项目来历和作用的了解。巴冶民族小学将苗语文作为主要教学内容，在语文、数学、英语、美术等诸多学科中利用双语进行教学，借助学科教学提高苗语文教学效益，逐步形成苗语文教学特色。都匀市民族中学将民族服饰、民族建筑、剪纸、手工制作等民族传统文化引入学科教学。总体而言，学科教学应用较为普遍。

第三，主题活动。主题活动是校本课程、学科教学之外的另一种教学形式，是活动课程的一种类型。在主题活动课上，学生在教师指导下，围绕一个主题开展一项综合性活动，自主性得到了充分的发挥。贵州省世居少数民族有 16 种之多，每个民族都有独特的传统节日与民俗活动。各学校因地制宜，以本地区富有特色的民俗节日为主题开展教学活动。如松桃苗族自治县的松桃民族寄宿制中学以苗族四月八日的祭祖节、英雄节、联欢节为主题，在每学年的四月八日举办全校性的民族文化艺术节活动。后山民族小学充分利用多民族杂居的优势，积极参加踩山节、三月三、六月六、九月九等多种民族大型活动。通过艺术节丰富多彩的活动，既加深了学生对民族文化的理性认识，也使学生深刻体会到民族文化之"魅"。主题活动中威武雄健的四面鼓舞、原汁原味的苗族民歌、博大精深的民族武术等，既带给学生强烈的视听冲击，也在陶冶师生性情、增进民族了解、增强民族自豪感和认同感方面发挥了重要作用。

第四，艺术团活动。在贵州省的民族文化进校园活动中，艺术团活动是一种较为普遍的教学形式。所谓艺术团活动，是将对民族文化兴趣浓厚且具备一定基础的学生组织起来，以团体形式进行的小班级教学活动。因艺术团具有规模较小、水平较高的特点，除日常教学外，还经常参加一些县、省级甚至国家级的文艺演出。榕江县车民小学的"金蝉侗族儿童艺术团"组建于1984年，在早期的侗歌进课堂活动中取得了显著成绩。自民族文化进校园活动开展以来，"金蝉"歌队除在音乐课中教授侗族大歌，还另外安排周一、周三、周五下午第四节课作为"金蝉"歌队的学习排练时间。丹寨扬武中学则利用每天下午4：30到5：30的时间对学生进行蜡染技艺和芦笙吹奏培训，以艺术团形式进行集中教学。

（3）完善教学管理

在教学过程中，因从事民族文化教学的教师大多为民间专家艺人，教学时间经常无法得到保障，加之丰富的教学内容和灵活的教学形式因组织无序而显得随意。为确保教学正常有序进行，各学校制定了相应的管理措施。如贵阳市民族中学建立由校长把关、副校长分管、各相关教研室、教研组负责人参加的民族文化工作小组，统一领导学校的民族文化教育工作。丹寨县扬武中学则由校长领衔、副校长负责具体执行，两名专业老师担任项目负责人。此外，每班配备一名专业教师作为民族文化班主任，并制定专门教务管理人员、后勤保障员和财务人员，加强教学管理，协调解决场地、师资、服装等后勤保障问题，确保教学正常有序进行。紫云民族中学则设置专门人员分管教学、器材、经费和档案。从全省情况来看，民族文化进校园教学管理机制仍存在权力分配不合理，专业权向行政权让位；组织结构刚性强，适应性较差；信息流向从上至下，反馈少、速度慢等问题。

（4）开展科研工作

贵州省在民族文化进校园实施过程中，除积极让民族文化走进校园、走进课堂，还通过相关科研工作的开展，探究民族文化教育与民族学生发展的关系，探索新的教育形式与教育方法，以求提高教育成效。如贵州民族学院、苗学会、侗学会等的研究，为民族文化进校园提供了丰富的文献资料。其中，贵州民族学院通过参与国家重点课题研究出版学术著作、编制《全国中小学九年制义务教育体育课教材》《大学生体育与健康课程教材》《五年制大专体育教程》《全国民族院校体育课教材》以及侗语文、苗语文等学科教材，为民族文化进校园提供了理论指导和现实借鉴。比较而言，中小学校科研工作则相对薄弱，尚处于实践反思阶段。

（5）制定发展规划

自2002年实施"民族文化进校园"以来，许多学校制定了较为系统的发展规划。如：清镇市腰岩小学在巩固现有项目基础上，以民族体育和民族歌舞为特色，进行分块发展，并提出加强师资培养、开设地方课程、整合教育经费等工作计划；黎平岩洞中学在师资建设、教学器材完善、本土教材编著及进一步发展侗族大歌等方面的规划；铜仁学院初等教育分校在建立健全领导机构、民族传统体育项目教育、民族民间文化教育、民族旅游风情教育及校本教材、乡土教材五方面的工作规划等。

自2002年下发《关于在贵州省各级各类学校开展民族民间文化教育的实施意见》，民族文化进校园已历时7年。7年间的实施状况可以从成效和问题两方面来概括。首先从成效来看：一是部分民族文化资源被纳入学校教育，使文化传承场域由家庭、社区延伸到学校，传承式微现状有所改善；二是部分地改善了家校文化疏离的弊端，断裂的家校文化从形式上被链接，校园生活逐步由书本化向生活化和情境化过渡，增加了学生的学习积极性和兴趣；三是在一定程度上实现了教育分流，为学生特别是初中学生的个人发展提供一技之长。调查也发现，民族文化进校园活动因尚处于发展阶段，还存在诸多问题：如因缺乏制度保障，有序的、有规律的教学难以维系；因教育经费投入不足，导致教学活动简化，甚至一些教学活动无法开展；以及缺乏对学校特色发展、教师专业发展的价值诉求及学生个人发展人文关怀的理性思考等。

3. 以文化位育观解读案例

尽管贵州省民族文化进校园是由政府发起、以学校为执行主体的活动，在历时7年的实践中还存在待改善之处，但其以民族文化传承与弘扬为要义的价值诉求，在文化全球化、中国现代社会文化变迁以及多元一体文化格局中，已逐渐具有显性的、重要的学理价值与现实意义，体现了文化位育的社会价值与教育意义。

（1）家庭文化、学校文化与社区文化的非连续性得以链接

讲位育离不开环境。该环境可分为体内的环境和体外的环境两种。体外的环境又有两分，一为横亘空间的物质环境，一为纵贯时间的文化环境。前者具联带性，后者具绵续性。一个人或一个民族要安所遂生，既要与其置身的物质环境发生相生而非相克的联带关系，也要保持与文化环境的绵续性，不能打断与之的链接。以文化位育的观点，去解释与解决贵州省民族文化进校园活动内涵及其存在的问题是可能与可行的。

1933年，潘光旦先生一篇题为《忘本的教育》的文章中指出："中国的教育早应以农村做中心，所设施，在是应该以百分之八十五以上的农民的安所遂生做目的的，但是二三十年来普及教育的成绩，似乎唯一的目的在教他们脱离农村，而加入都市生活。这种教育所给他们的是：

多识几个字，多提高些他们的经济的欲望和消费的能力，一些一知半解的自然科学与社会科学的知识和臆说为多，……至于怎样和土地及其动植物的环境，发生更不可须臾的关系，使 85% 的人口更能安其所遂其生，便在不闻不问之列。"以潘先生的观点透视贵州省民族地区教育，主要表现为学生校园文化与家庭文化、社区文化的断裂，文化传承的断层、学难以致用等问题。调查发现，尽管国家在民族地区依据少数民族特点推行的集中与分散相结合、寄宿制与走读相结合的办学形式有效促进了民族教育的发展，但因民族教育在教育目标、内容和课程设置等方面与民族地区的实际相脱离，使民族教育缺乏自身特色，与汉族地区学校教育差别不大。由此，学校成为一个脱离社会现实的文化孤岛，严重影响了民族文化的传承和民族成员的精神成长。

长期以来，民族教育的理论和实践研究将低学业成就、高辍学率以及读书无用等现实问题归因于经济落后、教育投入不足等经济问题，忽视作为独立个体的学生，与其文化、自然之间的绵续性和联带性。教育人类学研究表明，学校教育中的文化适应基本上是不连续的或间断的。其中一种情况即为少数民族学校受到外来文化的影响与本族文化的冲突造成的文化非连续。少数民族学生的生活环境是以本民族文化为主的文化体，而现代学校教育以主流文化价值为办学根本，二者之间的差异导致文化的非连续，具体表现为学校课程和教学环境的文化疏离。民族文化进校园即是将民族文化引入到学校教育中，通过对多元文化生态系统的关注，加强本土课程资源的开发与利用，凸显学校教育课程对民族文化与本土知识的开发与利用。[7] 由此缓解非同质文化之间的冲突，改善文化非连续性对学生造成的消极影响，帮助学生实现由退缩型适应、同化适应向双重文化适应方式的转变，进而保持学生与民族文化环境的绵续性。

此外，人作为自然的产物，是自然的一部分。而自然的这种"先在性"决定了人与自然之间具有联带性。这种联带性，既非对自然的一味适应，也非对自然的武力改造，而是人与自然之间的和谐共生。民族文化进校园从侗族大歌、陀螺、木雕的教学内容到兴趣小组、主题活动的教学形式，无一不源于生活、源于自然。故，民族文化进校园活动，既从课程内容的选择上使家校文化间的非连续性得以链接，促进民族传统文化的传承与发展，也能在一定程度上满足不同民族个体因发展现实生活而产生的实际需求，继而对学生潜力的发展发挥重要作用。

（2）多元文化和谐共生成为可能

有学者指出，潘先生的位育之道至少超越了以下几种对立："个人与社会的对立，动态与静态的对立，社会性与生物性的对立，传统与西方的对立"。在作者看来，其还超越了"共性与个性的对立，多元与单一的对立"。这表现在文化上，具体体现为对"和谐共生、和而不同"思想的强调。费孝通先生在提及潘光旦先生的"位育"思想时指出：潘光旦先生早在 20 世纪 30 年代就讲"位育"问题，其早年不察潘先生良苦用心，晚年体会到其所言"中和"观念在文化上表现出来的文化宽容与文化共享情怀。并呼吁确立世界文化多元共生、不同文化美美与共的情怀与理念。

以上述两位先生分别言及的"文化位育"与"文化多元共生"思想审视教育现实会发现：教育无疑是实现文化位育与文化多元共生的有效路径。贵州省的民族文化进校园活动，在某种程度上体现并实践了这一思想。尽管其在处理文化的共性与个性、同一性与多元性问题上尚存在待改进之处，却触及到学校的文化作用方面。即学校应该如何选择文化；如何为民族个体提供适合其精神与生命成长的文化场域；如何使个体既习得"普适性"的科技发展、学科知识，也了解自身优秀的传统文化，从而在一种视域融合的基础上学会理解，达致和谐。

进入 21 世纪后，人类社会发展进程中累积的不和谐现象也越来越多。而要从根本上解决这些问题，只有变"不和谐"为"和谐"。但"和谐"不是单一，不是走向统一，而是让不同的东西在一体的情况下，以各自的特色融在一起，是谓"和而不同"。若要实现这种多元之间的"和而不同"，实现人与自然、文化与文化、人与人和人与自身内部的和谐，文化位育当是民族教育的应然选择。在具体的学校教育中则表现为多元文化教育。即通过开设多元文化课程，将各少数民族的文化精华或特色融入学校现有课程中用以发展学生认知、技能、情意等方面的能力和态度。因此，多元文化和谐共生不仅为学校教育传承民族文化确立了正确的价值取向，也为学校教育传承民族文化提供了实践指导。

贵州省是一个有 49 个民族的多民族省份，省内各民族呈大杂居、小聚居状态。因此，学校作为社会的一个缩影，也表现出多元文化的特性。安顺市民族中学作为贵州省民族文化进校园的项目学校，是一个典型的民族学校。在校学生 1784 人，其中苗族、布依族、仡佬族等少数民族学生占在校学生总数的 39.97%。学校因地制宜，积极开展内容丰富、形式多样的民族文化活动和民族教育。不仅编排了布依族迎客歌舞，苗族芦笙舞，傣族歌舞及黑管、电子琴、萨克斯等民族文艺活动，编写了安顺苗族、布依族和仡佬族的百年实录，还通过对安顺各少数民族人口分布、语言服饰、传统节日、民风民俗以及民族源流的介绍等方式对学生进行多元文化教育。

综上，文化位育的应然状态是：既应顾及民族与固有自然、人文环境的绵续性和联带性，保持相互之间的链接；也应顾及民族的发展企求，以求同存异方式使民族具备积极的生存与文化创生能力。

（二）改进民族地区学校教育

不同民族有其不同的历史发展进程和文化背景，这些是该民族在其生存环境中形成的不同于他民族的思想、情操、习惯、价值取向与行为方式，是一个民族建立自己教育制度的基础。19 世纪中叶，俄国教育家康·德·乌申斯基指出："一个没有民族性的民族，就等于一个没有灵魂的肉体，只能屈从于衰败的规律，只能消亡在另一些保存着自己独特性的其他肉体之中。"① 他强调教育应该在民族性的原则上建立起来，只有这样，教育才是民族发展历史过程中有生命力的工具，教育应该从这个源泉中吸取适合自己发展的东西。他甚至指出："一切民族共同的国民教育制度，不仅在实践上，而且在理论上都是不存在的。"② 西南少数民族教育应该遵循这一理念，注重民族文化的多元性和教育内涵的民族性，发展多元教育形态，促进西南少数民族基础教育的有效发展。

1. 改变学校的教师编制

泸沽湖镇 7 所村小的现实表明，除泸沽湖镇中心小学，这里的学校大多地处偏远，班级设置不完整，有的学校仅有 1—4 年级，有的学校仅有 1—3 年级，有的学校只有 1 年级一个年级班。教师配置不合理，表现在两方面：一是人数配置的不合理，二是教师知识结构上配置的不合理。针对这一现实，学校应修改现行的教育人事规定，增加、改变或提高现行偏远山区、小型学校的教师编制。一是保证学校教师人数编制的下限，诸如一个班级根据课程设置至少应保证主修课程（一门课一位教师）的教师数量；二是减少教师的行政职务或额外的工作负担，使教师能专心教学；三是以本地本族教师为主，敦促其在教学中帮助学生解决"延续传统文化"和"适应现代生活"的矛盾。

2. 改变学习绩效的评价方式

对于民族地区学生的学习，应妥善运用各种测评工具，针对不同地区学生的实际情况，制定不同的评价标准，采取多样的评价方式，对学生的学习绩效实施评价，谨慎解释评价结果。不将评价结果单纯指向学生的考试成绩，不单纯以考试成绩的高低否定学生。

---

① ［俄］康·德·乌申斯基：《人是教育的对象——教育人类学初探》，郑文樾译，人民教育出版社 1989 年版，前言第 5 页。
② ［俄］康·德·乌申斯基：《人是教育的对象——教育人类学初探》，郑文樾译，人民教育出版社 1989 年版，第 5 – 6 页。

（三）设计多元文化教育课程

教育的目的在于文化传承和促进人的有效发展，它要求尊重人的个别差异并促进社会的健全发展，即教育要发挥自己的多元文化教育功能，课程改革是实现教育该功能的必要途径。具体的课程改革可以做到：鼓励在教材中运用各民族的文学、艺术作品；要求在教材中说明其他各民族在国家不同历史建设时期的具体贡献；要求拓展课程的包容面和叙述范围，把非主流社会的其他民族的历史、文明纳入课程之中；要求课程用多元一体的观点来平衡多元主义等。设计多元文化教育课程，其目的在于引起研究机构、行政机构和本土人民重视本土知识的价值，从而改革原有的以西方学科知识为核心的学科课程，发展独立的以本土知识学习和研究为主的"地方性课程"，区别于以"西方的"或"外部的"知识学习和研究为主的"国家课程"，发展与本土知识有关的"特殊课程"或"课外活动"，使学生在校园生活中通过不同的方式了解到本民族知识的性质、用途，① 体会本土知识在民族发展中持久的生命力与魅力。

1. 制定多元文化课程政策

多元文化课程的设置应考虑到我国的实际情况。从我国西南民族的居住格局来看，大多呈民族"大杂居，小聚居"的格局，文化赖以滋生的环境存在差异。从中西文化赖以滋生的自然基础来看，中华文化滋生的自然基础具有这样一些特性：地域纵深，幅员辽阔；半封闭的边缘地形、地貌复杂多样；气候温暖湿润。在东亚大陆这块华夏文明诞生地，有着漫长的海岸线和陆上边界，致使内陆与外界的相互隔离。浩瀚无际的太平洋使没有工具的古人难以驾驭，海成为了人们心中的蓬莱仙境，但人们并不主动积极地与海发生关系；而内陆地区的西南边缘，也

---

① 石中英：《知识转型与教育改革》，教育科学出版社2001年版，第360—362页。

因其崇山峻岭和充满瘴气的热带森林阻隔了与东南亚之间的文化交流。西南的喜马拉雅、西北的漫漫黄沙、东边的浩瀚大海，自然构成了与外界交流的隔离机制，中华文化在摇篮一样的环境中滋生生长。也构成我们天人合一、整体观照、实践理性和模糊体验的思维方式，孕育出我们的人文传统、道德价值、群体认同、中庸和平以及内向的基本精神。这与西方物我二分、结构分析、思辨理性和逻辑推理的思维方式不同，也与西方以科学为中心、强调个人本位、崇尚力争和开放的基本精神不同，中西文化存在着如此众多的差异。尽管这些同样都被冠之以文化，同样被界定为是人类一切生活方式的总和，其内涵却是大不一样的。不同的自然、不同的人文地理条件以及人对自然和地理条件产生的功能需求的差异，造就了人类群体不同的民族性格与文化精神。文化的多元发生是其永远无法更改的事实，中华文化的发生同样如是。

制定多元文化课程政策，首先应明晰文化内涵的多元性。课程政策是规定课程设置所应遵循的程序、参与者以及参与者的权限问题。课程设置的目的既能实现培养目标、适合社会需要，也能适合不同区域学生的身心发展特点以实现教育目的。所以它是集课程编制和课程实施于一体的有效环节，要求设置过程中既要有地方行政领导、学科专家、课程管理部门的课程专家和课程研究者的广泛参与，也要有具体实施教学的教师的广泛参与。古德莱德认为："差异的实质常常是在课程编制方面教师所承担的责任，问题在于教师是课程政策和课程制定的积极参与者，还是已有决定的应用者和使用者。"① 70 年代初期世界教育改革的经验也表明，缺少教师参与、中央集权化的课程设计最终取得成功的可能性很小。世界上许多国家，无论采取哪种课程决策权的分配方式，教师一般是作为课程改革成果的实施者和使用者，通过教学体现自己的职能，很少以改革者的身份参与课程编制，这在实行中央集权型课程编制的

① 江山野编译：《简明国际教育百科全书——课程》，教育科学出版社 1996 年版，第 180 页。

国家，表现尤为明显。我国以往的课程发展大多采取"自上而下"的决策方式，导致中央教育行政部门、学科专家、课程管理部门、课程专家与教师之间的分离，忽视了教师独立判断和课程开发的积极性和创造性。

随着世界范围内课程政策的变革，诸如英、美等国从政策上给予了学校开发课程的权利，从政策上支持学校的课程开发；法国、日本、俄罗斯等国也纷纷出台课程决策权限从中央向下分配给学校的政策，从而出现"求同与求异"并存的现象。我国也开始出现中央—地方—学校三级管理制度的尝试；到了 90 年代，我国在原则上肯定了学校和教师在课程开发中的权利和地位，制定了中央—地方—学校三级课程管理制度。多元文化课程政策的制定是一个相当复杂的过程，它不仅涉及政策制定者、制定模式的采用，同时也涉及管理体制目标的确立和策略的采用。

2. 采取合适的课程制定方式

中央集权型的课程管理模式较难顺应历史发展的需要与潮流，必须选择适合我国国情的、能适应我国课程发展的模式，目前世界上通常采用三种模式：一是集中模式，二是分散模式，三是集中分散模式。分散模式的特点是：课程设置和管理实行分权，国家不做统一规定，管理的主体是地方和学校；科目设立、教学内容、课时标准、培养目标等在各地并不统一，中央不直接干预地方的课程管理事务，主要通过考试进行间接调控；教科书的编写、审定、发行无统一规定和限制，地方和学校可自由选择和确立教材。采取该模式，不仅能使课程与该地区经济发展的水平相适应，而且能更好地满足该地区学生的需要，为该地的经济发展和建设培养人才，从而推动该地区经济文化的发展。

集中分散模式是将集中和分散模式相结合，该模式尽量集中两种模式的优点，克服两种模式单独实施的弊端，从中寻求一条有效途径在中央—地区—学校之间作好权力分配，尽量避免出现"松则管理失控，紧则重蹈覆辙"现象的出现。所以，多元文化课程设置标准和课程计划主要交地方负责编写，教学计划由地方学校依地方实际情况编定执行。同样，教学大纲由国家统一颁布，教科书的编写和选用由地方和学校根据自身情况而自行加以确立，国家只需对其进行审定，允许一纲多本的存在。就我国课程改革的弊端分析可知，我国的课程决策较适合采用集中分散的管理模式。因为采用该模式既有利于各地、各校自行发展的需要；同时决策权利的下放也激发了广大教师参与课程政策制定和课程改革的热情。

课程政策是课程政策制定过程的产物，它通过文件、法规和规章制度的形式出现。课程政策的出现表现为对制定结果的更大控制，它可以衍生出具体目标、教学策略和评价程序等课程蓝图；而且它所涉及的范围也较广。课程政策的内容具体包括：规定教师的工作任务、教师应遵循的规章制度，制定合适的地方政策，为教师提供培训和对信息系统交流选择的机会等。在以往，由于课程制定过程中的许多延误，使课程政策和课程实践的联系教为薄弱，减少了课程政策对课程实践的影响。另外，课程政策本身的迟钝性和工具性，政策制定信息来源的局限性，导致对课程实践指导作用的减弱，在执行过程中出现"上有政策，下有对策"的尴尬局面。今后在课程政策的制定、研究与颁布中，应充分考虑与实践的相关性。除了相关课程政策的制定，更重要的是提供切实有效的行政支持和保障，为教师创造良好的环境，鼓励教师积极参与国家的课程改革，不给参加课程改革的教师增加额外的教学负担，不设置障碍阻碍教师参与学习和研究。

3. 扩大政策制定者的参与范围和广度

传统的集中模式的课程政策制定方式，使教师成为被动的课程结果的执行者，使课程决策与课程实施处于分离状态，往往造成教师对新课程的抗拒或误解，使得课程改革的实施大打折扣。故，应把课程决策的部分权力交给教师，使课程专家、课程编制者、行政人员、家长与学生一同参与课程发展过程，广泛收集并听取他们的意见，激活参与者的课程意识，改变其固有的观念，从而有效促进多元文化的课程改革，提高教育改革质量。

4. 课程设置充分反映本土知识

（1）关注不同的文化生态系统

多元文化课程的设置首先要考虑文化赖以滋生的文化生态系统，文化生态系统由自然环境、社会环境和精神环境三部分组成，学校的课程设置应该充分反映这些内容：

第一，自然环境，即群体赖以生存和发展的各种自然条件，具体包括山川、河流、动物、植物、矿产、土地状况、植被状况、气候条件等。

第二，社会环境，即与群体生活相互关联的各种社会条件的总和。诸如，由某一群体所构成的社会内部结构的各方面，该群体与其他群体之间的交往、关系；该群体与其外部环境各方面的关系等。具体包括该民族的饮食、生产生活方式、节日庆典、生产劳作工具、政治、经济、教育、社会建设、社会关系、民族分布、家族关系、氏族关系、建筑、服饰等。

第三，精神环境，即某一群体所共有的精神形态各方面的总和。具体包括该民族的道德观念、价值体系、风俗习惯、宗教形态等，也包括民族的历史名人、语言、寓言、神话、传说、英雄人物、天文、医学、历算、歌舞、谚语、格言、禁忌、民谣等。诸如摩梭人的"害羞文化"；追求和谐统一、和睦相处的价值取向；成人礼、丧葬、月米酒等风俗习惯以及达巴教和喇嘛教两教共存的宗教形态等。

课程设置要针对不同区域民族的文化生态传统、生存环境，并在选择、加工的基础上其纳入学校课程。教育作为文化生态系统中的子系统，必须将其同整个民族文化生态系统联系起来考虑，才能相对正确地认识教育的系统功能。力求为教育与文化多样性的历史发展寻求一个平衡点，有意建构既传承和发展各民族所依托的民族传统文化，又要输入现代科学文化知识的民族教育系统构成研究初衷。风俗、习惯是不同地域民族文化的载体与体现，其教育功能不应被忽视。

（2）加强本土课程资源的开发与利用

文化生态系统在动态运作中达致平衡，教育中的课程作为有选择的文化，应充分反映不同文化生态系统中的文化形态，多元文化课程的设置，自然应该考虑到不同文化生态系统的自然环境、社会环境和精神环境，即多元课程的设置应该考虑到文化生态系统不同要素的具体内容，将其作为课程资源予以充分开发与利用。

以摩梭人古老的达巴经"饵"① 经的部分内容为例：

> ……
>
> 没有作调查　　不知真事相
>
> 生平不杀狗　　没有杀狗罪
>
> 不吃骗人饭　　没有骗人罪
>
> 只吃辛苦饭　　心里也安定
>
> 不喝骗人水　　没有哄人罪
>
> 只喝流汗水　　心里也甘甜
>
> 没有偷盗粮　　吃粮不心慌
>
> 没有抢劫财　　花钱手不抖
>
> ……

经文通过禁忌的伦理作用，达到对人们行为予以敦促与警诫的目的，用经文劝诫人们生活要遵循规矩，约束自己的行为，经文劝诫人们要热爱劳动，告诉人们不劳动者不得食的道理，再如前文引述的摩梭"斯宽"经，也具有同样的教育价值。

之所以引述该经文，缘于其深刻寓意。简短的经文，告诉每一个摩梭人许多关于自己民族的故事、民族的由来、摩梭人文明的由来、摩梭

---

① 拉木·嘎土萨主编：《摩梭达巴文化》，云南民族出版社 1999 年版，第 565 页。

人与对祖先的敬重，反映摩梭人祖先崇拜的信仰。简单的经文，仿佛一部展示摩梭人文化由来的画卷，包含了摩梭人关于宇宙、天地、世间万物、时令气候和做人准则的认识。摩梭人深刻认识到祖先的骨血是根本，认识到礼仪和古规是由祖先创造并传承的。经文强调古规是人们行动的指引，是人们行为的规矩，是做一个摩梭人所应该遵循的准则。摩梭达巴用几乎可以触摸得到的语言，真情地劝诫人们遵守规矩并自我约束。

对本土课程资源的开发与利用，第一，应针对不同的社会群体广泛调查该社会普遍存在的课程资源，其调查内容包括自然环境、社会环境以及精神环境的具体内容；第二，应针对学生的生活经验、认知技能展开调查研究，了解学生的发展差异与基础；第三，选择、鉴别课程资源，在当地充分了解自己文化内涵的知识权威、有经验的农民以及本土社会知识人士的参与下对课程资源予以精选、加工，保证其价值在社会中的充分体现与发挥；第四，为学生提供广阔的实验场地，将教育与社会实践相结合，加强学校与社会和家庭的密切联系，做到两者的相互了解与关照；第五，以本土教师的任用为主，注重教师本土课程意识的培养，将本土社会有经验的农民、民间艺人、手工业者、本土文化群体中的文化人请进课堂，让学生充分了解学校围墙之外的生活世界。

（四）增进教师的多元文化教育知能

为了提高少数民族教育成就，增进民族间的文化认同，建立尊重民族文化的态度，处理教学中学生因文化疏离、语言差异而导致的认知困惑与学习问题，有必要增进教师的多元文化教育知识技能。增进教师多元文化教育知识技能，应该：

1. 改善师范院校的课程规划

师范院校的课程设置，应该打破传统的仅重教育学、心理学等基础课程的学习，而应增加开设教育人类学、文化人类学、"多元文化教育"或与少数民族社会与文化相关的课程。这些课程既可以排在专业课程之内，也可以排在通识课程之中，其目的在于增进师范生对民族文化、教育内涵的民族性与文化性、人的发展差异与文化和教育间的交互关系等的概括性认识，发展教师的多元文化知性，促进师范生对民族文化的了解、认同、欣赏、接纳与传承。

2. 鼓励教师在教学中改进课程设计模式

课程是联系教师与学生的中介，课程改革能在多大程度上得以实施，关键取决于实施课程的教师。学校应该支持教师在教学中运用多种途径改善课程设计模式，诸如让教师在语文、历史、地理、社会等学科教学中，融入与本土知识或少数民族文化有关的内容。教师甚至可以在自己的教学中设计"民族传统文化"单元，将某一民族的舞蹈、音乐、建筑、传说、历史故事、诗歌、语言、宗教以及该民族在现代社会的发展状况等融合起来，运用室内、室外相结合的方式设计教学活动，帮助其学习传统文化知识，提高其对民族文化的认同与尊重。这种教学活动的设计与开设，也可以开放让其他民族的学生参与学习，以增进对不同民族的文化认知。

不论是通过改善师范院校的课程规划提高教师的多元文化素养，还是鼓励教师在教学中改进课程设计模式，增进师生之间或学生之间的文化认知，都必须基于这样一个前提，即教师本人充分认识到了"本土知识和本土认识论的价值，认识到了他们对于学生身心发展和本土社会延续与变迁的价值"，才有利于改进少数民族学生的学业成就。①

3. 鼓励教师参与民族教育研究

民族地区的教师，除了承担一定的教学任务，也应承担一定的科研任务。教师是教学的直接承担者，对教学中存在的问题、对民族教育中存在的问题，教师应该是最了解的。所以，学校可以鼓励教师开展民族教育研究，针对教育中学生学习存在的问题，进行长期的、有针对性和

---

① 石中英：《知识转型与教育改革》，教育科学出版社 2001 年版，第 366 页。

有计划的研究，这些研究具体可以包括：

（1）少数民族学生低教育成就的归因分析即对策研究；

（2）少数民族学生生理、心理特质研究；

（3）少数民族双语教学的适当年龄、成功经验或存在问题的研究；

（4）学校教育现行的课程如何与本土知识有机结合，以促进学生无限发展的研究；

（5）民族传统文化与现行学校的课程体系对促进学生认知发展的作用研究；

（6）在不同的文化传统中，受教育者接受教育的态度、教育者执行教育的态度和想法有无差异？有哪些差异？

这些研究通过对摩梭人现今的传统和学校教育的调查，分析民族教育的有效执行方式，使受教育者在教育过程中既能做到"延续传统文化"，也能了解"现代知识，适应现代生活"。

结　语

　　本书从教育人类学的视角出发、关注现代社会中不同民族原生态和自然的教育形态，期望从中寻求对民族教育改革和教育发展提出可资参考的依据。在一个民族浩如烟海的文化里，在花团锦簇、争奇斗艳的教育研究里，作为摩梭人习俗的成年礼仪式不过是沧海一粟，很少引起人们的关注。尽管摩梭人的成年礼仪式只是一个民族的教育传统和教育习俗，却依然真实地再现了摩梭人的文化传承和人性塑造教育的一个方面。这个面虽然小，却也值得关注、思考与研究。关注本身不是徒劳的，它将更加有助于扩大我们认识人的发展与现代教育，尤其是人的发展与学校教育之间的关系，将摩梭人成年礼仪式作为反思学校教育的资源，为现代教育研究的提升提供借鉴，并以此丰富教育发展的相关认识，完善并充实教育的理论研究与实践探索。

　　由于人类学的课题是关涉整个人类社会的、人性的课题，教育人类学则是将其具体化到教育领域。本书运用人类学的研究方法和视角，从具体案例出发，试图在学校教育之外关注人的发展，试图将人的发展置于学校教育与其他因素的共同作用之中，进而提出下列思考与设想：学校教育应充分关注人的多种发展的可能性；在教育过程中对人予以充分关注，实现人在教育中的回归；教育对象在学校教育的地位应该有所改变，必须突破单一的学校教育模式和实践方式；有必要重新审视当前教育中实行的家庭、学校与社会的场域划分，力争实现家庭教育、学校教育与社会教育的有机融合，最终达到对完整的人实施完整的教育。

　　本书虽言尽于此，却意犹未尽，总觉有许多问题尚需进一步考察与论证。运用人类学的一些方法进行研究不仅辛苦，有时还劳而无功，想必不是所人都愿意为之的事。

　　王国维先生曾言："自然中之物，互相关系，互相限制，故不能有完全之美"，这用于描述该书的研究似也恰如其分。虽竭尽所思，却也无法达致"完全之美"。不为猎奇，不为怀旧与复古，更非为了标新立异，是需要明示的研究基点。在兴趣与探究之间，我渴望自己对此的执着追求与孜孜不倦能真正开花、结果。

附录 1：考察计划及访谈提纲

一、左所摩梭人教育状况考察：访谈提纲一
西南少数民族教育与心理发展研究中心

（一）考察目的

我是西南师范大学教育科学院二年级博士研究生，主要从事教育学原理、教育人类学、课程与教学论的相关研究。计划从 2002 年 1 月 8 日—2002 年 2 月 12 日赴四川省西昌市盐源县左所区，就当地摩梭人的教育状况展开考察。

个人的研究兴趣和考察重点在于从民族教育这一涵盖面甚广的因素着手详细调查并记录左所和永宁摩梭人学校教育、家庭教育和社区教育状况。

摩梭人的家屋作为宗教仪式的实体、民族学工作意义上的社会组织以及教育学意义上的儿童成长历程中的启蒙和持续教育机构，既充分体现着摩梭的血族关系、婚姻制度、家族经济和性别关系，同时也充分体现着摩梭独特的文化模式。这次调查工作的理论框架建构于民族多元文化教育理念的基础之上，并从实用的角度分析教育人类学家和文化人类学家们对东南亚、南美洲多元文化教育进行的多样性分析。这些观点有广泛的讨论前景和深远的发展方向，在民族教育研究和多元文化教育研究的相关著述中也对少数民族多元文化教育有所调查论述。

　　每个民族的文化模式被视作区别他族的重要标志之一，教育，特别是广义上的教育（包括家庭教育、社会教育、学校教育等多种形式）又被视作文化保存、传承与发展之要义。故从教育人类学的角度，运用人类学的研究方法对摩梭人教育予以考证，据此，管窥该民族的文化变迁、文化融合、文化认同、文化保存与传承成为多元文化教育的重要使命。祭祖葬礼与"成年礼"在摩梭人的生命历程中与其他民族的其他人相比显得尤其重要，出生与婚礼对他们而言重视程度比成年礼和葬礼轻微许多。葬礼是整个司日或整个村子的事，通过葬礼摩梭人向后代宣传其"规矩"，并让儿童通过葬礼学到做摩梭人的"规矩"。成年礼被认为是个人的事情并且在家中举行，当男女儿童成长到 13 岁时，每家人都要举行"男穿裤子女穿裙"的仪式，摩梭将其称之为"成丁礼"，"成丁礼"被看作生理、心理发展成熟的标志，经历过成年礼的摩梭人在许多方面与 13 岁前相比都发生了很大的变化。摩梭人的家屋也极具研究价值，被看做与家人共处的住处，家屋中的火塘成为全家人的中心，这既体现了他们的信仰、生产和消费的分配模式，也体现了摩梭家庭是一个血缘关系群体，一种与宗教仪式构造有关的组织。摩梭人在家屋空间分界线和建筑上苦心经营的意义以及它所包含的内涵，借助性别关系的文化内涵得以淋漓再现。

　　本次调查将采用文献收集、实地观察和深度访谈等的民俗学方法进行。调查工作包括以左所摩梭人的成年礼和学校教育为中心的田野考察，如少数民族家庭教育；族群教育；宗教在少数民族教育中的体现形式；民族文学的教育作用；摩梭人保存至今的"成年礼"在摩梭儿童成长历程中的重要作用，其他各种民族教育以及传统教育的实施方式。考察将从理论探究和实践操作角度出发，对左所摩梭人学校教育与民间教育状况展开调查是本次考察的主要目的。具体从文化角度着手，详细调查并记录左所摩梭人学校教育的师资状况（包括教师籍贯、民族、年龄、性别、文化程度、稳定性、流动状况、教学方式、教学手段对摩梭儿童学习的影响程度），课程设置（内容分析、民族课程资源的利用程度）以及多元文化教育在学校教育中的具体体现。

（二）访谈提纲

个人的调查工作试图对摩梭人家屋的文化内涵作为家庭教育的实体投入特别关注，这次田野调查具体从以下几个方面展开：

第一阶段：运用深度访谈的方法对个别的家庭组织进行考察；

第二阶段：对调查结果进行自始至终的查证核实；

第三阶段：对收集的资料进行初步整理；

第四阶段：对利用问卷调查的不同的家族的情形进行比较、分析。

1. 对左所摩梭人的学校教育、家庭教育、社会教育状况展开详细、深入的调查。考察其文化模式、社会结构、宗教仪式、婚姻习俗、风俗习惯、家屋组织等对摩梭人教育和学习成就、独特文化保存和传承的影响。

2. 了解当地学校的教育成就及其影响因素，进行相关因素分析。

运用自制的调查问卷，对少数民族地区的师资状况与课程设置情况进行调查，分析教师的年龄、性别、民族、文化程度、流动状况、教学方式、文化差异、师生交互作用情况、任教缘由以及所采用的教学语言等对学生学习态度、学习动机和学习成就的影响，以便深入和全面分析摩梭儿童教育成就状况。

3. 从文化认同与文化差异出发，深入分析摩梭儿童的学习心理。

文化认同属于心理因素，只有做到心理认同才能最终实现文化认同。本书将从文化的角度出发，以家庭文化、社区文化与学校文化作为考察研究的主要维度，分析文化差异、文化认同、课程设置与教师多元文化教育职能对家长、社区、教师和儿童本身的心理状况以及对学习和教育的支持度。

本次调查将在严汝娴、宋兆麟、方国渝、郭大烈等的社会考察以及相关著述和论文的基础之上进行。

2002年1月——2002年2月
左所摩梭人成年礼考察线路图

注释：■ 主线路　-·-·- 河流　━━ 次线路
　　　 ····· 地区界限　-··-··- 洲界限
　　　 〇 城市

二、左所摩梭人教育状况考察：访谈提纲二

西南少数民族教育与心理发展研究中心

（一）考察目的

考察将从理论探究和实践操作角度出发，对摩梭人成年礼教育内涵与教育价值的揭示，是本次考察的主要目的。具体从整体性的文化探究

的角度着手详细调查并记录左所摩梭人成年礼对摩梭人的意义、作用与价值，考察中注意到访谈对象籍贯、民族、年龄、性别、文化程度、稳定性、身份等问题，以及因为这些具体情况的差异他们对成年礼具体所持的态度与价值取向。考察其社会结构、宗教仪式、婚姻习俗、风俗习惯、家屋组织等对摩梭人文化传承和人性塑造的作用机制与作用方式。

（二）访谈提纲

我是西南师范大学教育科学院二年级博士研究生，主要从事教育学原理、教育人类学、课程与教学论的相关研究。计划从 2002 年 9 月 13 日—2002 年 10 月 15 日赴四川省西昌市盐源县左所区考察当地摩梭人的传统教育。本次考察将在第一次全面了解摩梭人文化习俗的基础上，重点就成年礼的相关事宜而展开，调查主要采用文献收集、实地观察、深度访谈等方法进行。调查工作首先针对上次考察中的疏漏找不同年龄阶段的人进行验证分析，其次是对成年礼仪式上人们的某些动作行为或对某些符号意义做出的解释；摩梭人如何看待这一重要的仪式，为什么仪式在摩梭人的生命历程中如此重要；仪式的意义与价值何在等。第一次考察中虽然也涉及成年礼仪式中的相关事宜，尽管作者也在大年初一亲自参加了他们的成年礼仪式，但因涉及面太广，调查框架过于宽泛，对成年礼的了解也仅限于形式上的观察与描述。

本次考察主要在摩梭人的文化人中展开，这些文化人主要是摩梭人的达巴、喇嘛和当地的教师与一些具有中专文化程度的归乡人。之所以这样考虑，并非出于对大多数摩梭人的有意忽略与轻视，而是吸取第一次考察中的相关经验。在第一次的考察过程中发现：参加仪式的人们或置身于自己文化群体中的人们，对于他们而言，这些是他们的日常生活，虽然司空见惯，却未必皆耳熟能详，当问及他们仪式上或生活中的许多动作行为或仪式上的一些符号的意义的时候，得到的答案通常都是：我也不太清楚，我们这样做是因为这些仪式从来就是这样做的，我们从小看到大人就是这样做的，我们这个族的人都这样做，所以我们也就这样做。至于它具体有什么意思，我们也不大清楚。当时的我对于这样的答复真是充满了失望，许多时候甚至有一种深深的失落感与挫折感，因为与我的预计相差太远。仔细想想，我们对自己文化的态度何尝不是如此，许多司空见惯的事情，我们也就想当然地认为它原本就是那样，从来没有真正去思考它究竟有什么深刻的含义。比如，当我们结婚的时候，不论城市还是农村，父母都会在你崭新的被子或褥子里放上铜钱、硬币、枣子之类的东西，并且一再叮咛新婚之夜要吃下那些枣子，懵懵懂懂的我们遵照他们的吩咐吃下枣子，却很少去关注其所寄予的殷切期望与枣子本身的深刻内涵，如果用卡西尔的观点来解，那么枣子这时已不再限于它本身的含义，同时也作为符号存在着，在新婚之时的枣子则完全是以符号形态的方式介入的，因为："枣子枣子，就是早生贵子。"我们又何曾追问过它本身的意义？这是我这次限定访谈对象的原因所在，当然对大多数人生活的观察与询问也不会成为被遗忘的角落。

男女儿童成长到 13 岁时，每家人都要举行"男穿裤子女穿裙"的仪式，摩梭将其称之为"里给""毯给"，"里给""毯给"被看作是个体生理、心理发展成熟的标志，经历过成年礼的摩梭人在许多方面与 13 岁前相比都发生了很大的变化，诸如成人权利的获致、死后可以与祖先葬在一起、性生活的权利、经济权利和宗教等方面的权利与义务。如果用我们现在分科性的思维习惯来分析，那么，我认为摩梭人则赋予了成年礼仪式深刻的社会学、人类学和教育学等多重含义。至于具体如何，我初步拟订了一份考察中的访谈问卷，试图通过它来揭示我所想了解的问题。附问卷如下：

1. 具体有哪些人参与成年礼仪式？

2. 举行仪式之前要做哪些准备工作？

3. 行礼者本人当年会举行其他宗教活动吗？如果有，有哪些？

4. 当年母屋和成年者个人有没有特别的忌讳？

5. 男孩和女孩举行仪式是否有差异，具体表现在哪些方面？为什么存在这些差异？

6. 仪式举行的时间、地点有没有特别的规矩？为什么会有这些规矩？

7. 摩梭人为什么要举行成年仪式？有没有不举行成年礼仪式的摩梭人？

8. 在有学校教育的今天，仪式是否会消亡？为什么？

9. 仪式中具体有哪些讲究？为什么有这些讲究？

10. 举行仪式之前和之后家人或族人对行礼者在认识和态度上有无变化？有哪些变化？

11. 举行仪式之前和之后家人或族人对成年者具体有哪些要求？

12. 喇嘛和达巴是否要举行成年礼？仪式和一般人是否存在差异？如果有，有哪些？

13. 成年礼对个体心理有没有影响？会产生哪些影响？

14. 成年礼仪式男女操作上的差异有无性别歧视或等级差异？

15. 成年礼仪式和平时的宗教活动在意义上有什么不同？

16. 成年礼之后还玩游戏吗？有哪些游戏？

17. 家中长者最希望小孩成长成什么样子？

18. 服装的变化说明了什么？

19. 摩梭男女在行为方式、待人接物、劳动分工上存在差异吗？具体有哪些差异？为什么存在这些差异？

20. 学校教育对成年礼有无影响？如果有，表现在哪些方面？如果没有，为什么？

采用开放式问卷的方式设计了这份问卷，多是根据上次的考察结果设计出来的，有些带有个人所属文化氛围惯用的表达方式，这或许不适合摩梭人，只有在访谈中依据具体情况适当地做些修改与调整。如何理解摩梭人成年礼仪式的意义，或如何解读这一仪式，显然是不能仅靠对它的直接观察与询问在场的参与者就能完整诠释的，需要将它放到摩梭人生活的社会文化背景、象征体系和更为久远的历史中去思考与分析。

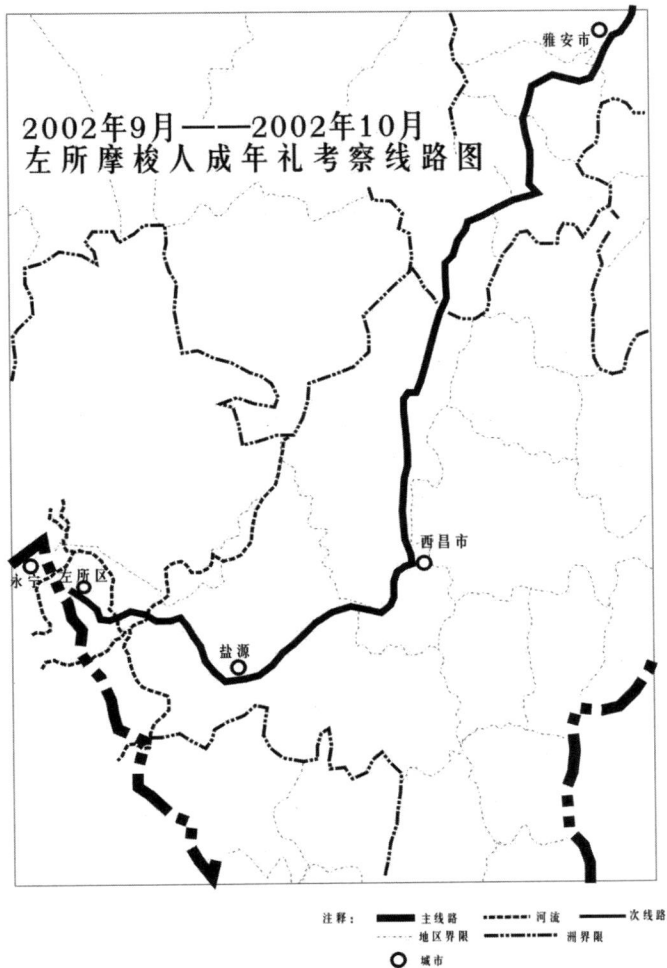

2002年9月——2002年10月
左所摩梭人成年礼考察线路图

注释：　━━ 主线路　┅┅ 河流　── 次线路
　　　　─·─·─ 地区界限　▬·▬·▬ 洲界限
　　　　○ 城市

三、前所乡摩梭人成年礼考察：访谈提纲三

西南少数民族教育与心理发展研究中心

（一）考察目的

本次考察在前两次的考察基础上，依然以成年礼的继续深入为主要目的，但这次与上两次的区别在于考察线路的不同。通过对不同地域摩

梭人成年礼举行方式和具体细节的考察，试图揭示这一习俗是否是所有摩梭人的共同信仰？如果是，因其地域的不同，是否存在文化内涵揭示的不同，当地摩梭人在举行仪式时有哪些讲究？和左所甚至其他地方摩梭人的这一仪式可否存在差异？如果有，具体表现在哪些地方？

其次是拜访在摩梭人中被公认的目前最有名望、资格最老和最有学问的三个达巴之一的前所达巴打发·鲁若，了解摩梭人文化的发展与演变历程。

（二）访谈提纲

我是西南师范大学教育科学院三年级博士研究生，主要从事教育人类学、课程与教学论以及学前教育研究。计划从 2003 年 1 月 28 日——2003 年 2 月 10 日赴四川省西昌市盐源县前所乡考察当地摩梭人的教育状况。附开放式问卷如下：

1. 具体有哪些人参与成年礼仪式？

2. 举行仪式之前要做哪些准备工作？

3. 行礼者本人有哪些准备？有哪些禁忌？

4. 当年家中人有哪些禁忌？

5. 行礼当天和当年，行礼者本人和家中是否要举行与仪式相关的宗教活动？

6. 男孩和女孩举行仪式是否有差异，具体表现在哪些方面？为什么存在这些差异？

7. 行礼当天和当年，家中会举行哪些宗教活动？

8. 举行仪式的时间、地点有哪些规矩？为什么存在这些规矩？

9. 摩梭人为什么要举行成年仪式？有无不行成年礼的摩梭人？

10. 在有学校教育的今天，成年礼仪式是否会消亡？为什么？

11. 成年礼仪式中有哪些讲究？为什么有这些讲究？

12. 举行仪式之前和之后家人或族人对行礼者在认识和态度上有无变化，有哪些变化？为什么？

13．举行仪式之前和之后家人或族人对行礼者品德上有无不同要求？有哪些不同要求？为什么？

14．举行仪式之前和之后家人或族人对行礼者有无不同的要求？有哪些不同要求？为什么？

15．摩梭人为什么要举行成年礼？

16．喇嘛和打巴是否要举行成年礼？仪式上和一般人是否存在差异？如果有，有哪些？

17．成年礼对个体身心发有无影响？

18．成年礼仪式男女操作上的差异有无性别歧视或等级差异？

19．成年礼仪式和平时的宗教活动在意义上有什么不同？

20．成年之后还玩游戏吗？有哪些游戏？

21．家中长者最希望小孩成长成什么样子？

22．服装的变化说明了什么？

23．结婚后的摩梭夫妻是怎样过夫妻生活的？是同居、分居抑或因其他原因的存在而有其他情况？（诸如随着子女年岁渐长，夫妻之间也不好意思再住在一起，而是分开居住等。）

24．平时人们是怎样教育孩子的？是任其自然，还是当出现问题时再纠正，抑或是情景性？教育孩子时在方法、内容、语言和行为上具体是怎样操作的？

25．教育孩子是否存在性别差异？

26．摩梭孩子住宿是怎样安排的？举行仪式之前和之后有没有有差异？有哪些差异？

27．男孩子主要从谁那里、怎样受到管教的？女孩子呢？

28．在教育孩子的问题上，是否存在性别分别？如，舅舅或家中的男性成年人主要负责男孩子的教育，母亲或家中的其他女性成年人则负责女孩子的教育。

29．家中当家人的更替是在什么原因的促成下完成的？是因为前任当家人年迈体衰、能力不济无法胜任的被迫更替还是自然的更替？

30．是否存在当家人一直不退下来，年轻人因自己在经济、劳动力等方面的贡献而不满或不高兴，抑或是闹分家？

31．摩梭人请的里给、毯给对孩子的成长有无承担义务？双方平时在怎样交往的？是否因为存在这种关系而与一般人的交往有差别？这种关系一般维持多久？关系的维持可否存在性别差异？

2003年1月——2003年2月
前所摩梭人成年礼考察线路图

注释：　■■■ 主线路　┅┅┅ 河流　━━ 次线路
　　　　‥‥ 地区界限　━·━ 洲界限
　　　　○ 城市

32. 摩梭人的日常生活中存在哪些禁忌？人们的遵守程度如何？

33. 一大家人平时的住宿是怎样安排的？

34. 摩梭人的词汇中有无教育这个词？如果有，摩梭语是怎么讲的？如果没有平时是怎样表述这种情况的？

35. 成年礼衣服的缝制为什么定在冬至这天？仪式举行的时间为什么定在大年初一早上的卯时？

因为这次走的路线与第一次、第二次的考察线路不同，考察地点也不一样，所以问题的设置有些重复，有些是第一次和第二次回来后整理资料发现不甚明了的问题。当然，一个民族的文化，不论人口的多寡、居住地域的广窄，它都是自成体系且极为完整的，如果想在短时间内清楚其经纬，似乎略显夸张也不大可能。尽管对部分的理解依赖于对整体的了解与把握程度，但对整体的诠释也有赖于对部分的深入体认，两者是相互铺陈的，我也试图有意识地去做，至于结果与效果如何则受个人修为的局限，所以不当与不妥之处也在所难免，希冀在不断的摸索中实现柳暗花明。

附录2：摩梭人成年礼研究

来自四川左所摩梭人成年礼的田野考察①
吴晓蓉

摘要：认识、挖掘摩梭人成年礼俗的多重意义，学习、借鉴、发扬与保持部落民族的优秀文化传统，走出单纯寄希望于法律规定成人年限的简单模式所带来的社会与认知弊端等，是多元文化教育、保持民族特色、促进社会发展的有效方略。本文作者运用实地观察和深度访谈的研究方法，对四川左所摩梭人传承至今的大年初一清晨为 13 岁儿童行成年礼的习俗进行了详细考察。通过对仪式中符号意义的考证、"竞争"现象的解读，分析论证了该成年礼在促进摩梭儿童性别角色社会化、民族身份认同与集体意识形成、行为规范与伦理道德习得等方面的教育价值和社会意义。

关键词：摩梭人　　成年礼　　母屋　　符号

作者吴晓蓉，西南师范大学教科院博士研究生。地址：重庆西南师范大学教育科学学院，邮编400715。

---

① 本文为西南少数民族教育与心理发展研究中心"西南少数民族地区基础教育发展类型及相应政策"项目研究成果（批准号：〔2001〕209）；本文为西南师范大学人文社科青年基金项目资助研究成果。

Recearch on Moso People's Rite of Puberty

——The Field Research on Moso People's Rite of

Puberty in Zuosuo Sichuan

Wu Xiaorong

Abstract: This paper is a result of field research and deep interview, which is aimed to study Moso people's tradition conducted to today of the rite of puberty for 13 years old children held in the new year's first day according to the lunar calendar in Zuosuo Sichuan. And through the higher criticism on the symbols' meaning and the interpretation of "competing" phenomenon, it is proved that the ceremony has the educational value and social meaning for Moso children's socialization of sex roles, the forming of nationality's identity and consciousness of collective, and the learning of the behavioral criterion and ethical thoughts. So it is an effective strategy of processing plural – cultural education, keeping the features of nationality, and promoting the society's development to learn and study the alternating meaning of Moso people's ceremony of manhood, research and develop the tribe nationality's excellent traditions, and also step out the social and cognitive defaults caused by the simple style of putting hope on law to regulate the age of manhood.

Key words: Moso people; ceremony of manhood; mother's room; symbol

在原始人或现代部落民族那里，成年礼作为对青年人的教育仪式是必不可少的。每当一个人长到其族群规定的成年年龄，族人或家人就要为其举行隆重、庄严的成年仪式。仪礼形式因民族不同而各具特点，各民族多借仪式向青年传授历史知识、生产技能和风俗习惯等，由此使"成年礼"成为民族身份认同和民族文化传承的重要标志与象征。作者分别于 2002 年 1 月 8 日至 2002 年 2 月 13 日，2002 年 9 月 12 日至 2002 年 10 月 15 日赴四川左所摩梭人聚居地，对摩梭人成年礼俗展开了深入考察，探究摩梭人成年礼俗的社会意义和教育价值是本次考察的宗旨。

一、摩梭人成年礼仪式中的符号形态与功能置换

（一）八阿家的成年礼仪式

"成年礼"，摩梭人自称"里给"（即穿裤子），"毯给"（即穿裙子），是在大年初一早晨为年满 13 岁的男女儿童举行穿裤子和穿裙子仪式。至于举行成年礼年龄的选择，作者认为与人生理发育程度密切相关。考察中发现，摩梭人虽大多认同人狗换寿的神话，其实质却与个体身心发育程度密切相关。下文先简述八阿家升格直玛和萨达直玛的成年仪式。

大年三十晚上，八阿家的达布就安排人去请达巴和喇嘛，其余的人则准备母屋①中的布置。她们将猪膘肉挂在女柱（即右柱）上（有的直接将猪膘肉放在女柱下边；如果是男孩行礼则置于男柱即左柱旁，再将粮食口袋放在猪膘肉旁边或上边），把粮食口袋放在女柱下边，再将缝好的金边衣、白褶裙用"塑料袋"包好放在上火铺。山村的夜格外静谧，空中的繁星安静而又调皮地眨巴着小眼，注视着八阿家有条不紊的忙碌景象。谢纳咪的海水在夜风的鼓动下调皮地给猪槽船和岸边的石头挠痒痒，引来串串欢快而又脆声声的笑，给人带来"清风明月本无价，近水远山皆是情"的温情与享受。晚饭后，八阿一家围坐在温暖的火塘边，有说有笑地继续忙碌着。老祖母和妈妈忙着为女儿们编织头饰，用

---

① 母屋即汉语中的正房，摩梭语称"日咪"，"日"即房屋之意，"咪"即女性之意。母屋整个结构呈"回"字型。回字的内"口"部是摩梭人一生核心的活动场所，其功能是每个摩梭人生老病死以及人生在世所有重要礼仪的所在地，也是所有重要家庭活动的场所，是整个家庭饮食、待客、议事、祭祀、敬神的地方。外"口"部分别为粮仓、停尸房、工具室和生产工作房、卧室等。

牦牛尾和梳落的头发一股股缠绕在一起，编成一条长长的发辫，发辫里包含着母亲对女儿无限的憧憬、关爱、希望与眷念，缕缕情思牵系着家中的每一个人，即将举行成年仪式的升格直玛和萨达直玛无疑成为全家人的中心。大人们一边忙碌着，一边讲述着两姊妹成长历程中的点滴小事。升格直玛和萨达直玛带着兴奋、甜美的笑脸关注着，倾听着。这是她们自懂事以来，通过村寨中其他人的成年仪式，通过家中人言行举止所了解到的最让她们充满期待与向往的大事，尽管她们此时未必全懂成年对她们意味着什么，但期待的目光与笑脸却感染着在场的每一个人。

　　夜，静极了。平日肆虐的风声与松涛声今夜也显得格外温柔，仿佛怕惊醒私语中的月亮、星星与沉睡中的"谢纳咪"（泸沽湖）……。几声鸡鸣狗吠划过夜空，唤醒了沉睡中的山寨。看看表，凌晨4：30分，直玛的妈妈已起床点燃火塘中的火，家中其他人也陆续起床来到火塘边，就连最小的妹妹（6岁）也一身新装的来到火塘边，睁着一双机灵的大眼睛关注着家中每一个人。5：20分左右，喇嘛来了，在上火铺南边（房子坐西向东）盘腿落座后，年长的喇嘛教小喇嘛用糌粑面揉制各种动物面偶，老喇嘛用新鲜的松枝蘸起碗中的苏里玛酒撒向上火铺的火塘中、三脚架和神龛上。随即，在几声清脆的钹铃声中，他们念起了精美的颂词。传统摩梭人行成年礼，多请达巴祭神、祭祖；在男孩穿裤子、女孩穿裙子之前念"长寿经"，祈祝即将成年者健康长寿、福禄皆至、衣食无忧。这在摩梭人古老的达巴经文"子娟"经中有所记载，"子"用摩梭话解为生命或寿命之意，"娟"是嫁接或重续之意。该经专门为行成年礼者念诵，寓意为"人年满13岁以后，要重续新的生命。"① 达巴念经祈求祖先、神灵"让人间家庭内，长出一代比一代强的人"；"神灵护佑吉祥，长出英俊无比的男儿，长出漂亮迷人的女儿"；"让家中长出银鸟一样的女子，让家中长出金鸟一样的儿子，长出像高子

---

① 拉木·嘎土萨主编：《摩梭达巴文化》，宁蒗彝族自治县政协编，云南民族出版社1999年版，第267页。

萨一样的人"（高子萨：摩梭传说中一位杰出的人才）；"在神灵的护佑下，居住在大地上的人类，吃穿不愁衣食丰足，庄稼丰收无灾害，牲畜兴旺无病痛，白头长寿如青山，黑头健康又聪明，代代传承永不断。"①

吉时一到（时辰的选择依据小孩的属相与生辰而定），伴随着"嗡嗡——"的海螺声，由人品甚好、家境不俗、属相与升格直玛相容的妇女为她穿裙，萨达直玛因与妈妈属相相合，就由妈妈代劳。为成年者穿裙子或穿裤子的人，摩梭人称其为"里给""毯给"，个别将其称之为"保爷"，即汉语中的干妈或干爹之意。"保爷"的选择主要依据行礼者的属相、性别而定。保爷既要与行礼者属相相容、性别相同，同时对其德行、品性也极为讲究。保爷不是为举行成年仪式临时邀请，而是在小孩出生行取名仪式时，喇嘛就依据婴儿的属相与性别为其在同族人中选一个与之属相相容、性别相同、德行较佳的人。儿童在未举行成年礼之前，逢年过节要携带礼品拜见她们，她（他）们对小孩则多视个人经济状况或个人心意而给予小礼物或帮助。对保爷的要求和选择表达了家长对未成年人寄予的良好心愿，希望自己的孩子成年之后在家境、德行、人丁等方面如和保爷一样；同时也为他们树立一个可资参照学习的榜样，提供了一个具体的人生目标，穿裙子或穿裤子也必须由他们施行。"毯给"先帮助升格直玛脱去外边的旧衣裤，然后将裙子顺着从头顶套下去，再将裙子理好，拉直。男孩穿裤子时，则先从左脚开始。在传统摩梭文化中，小孩未行成年礼之前，统一着麻布长衫，系花腰带。现在因受汉文化的冲击与影响较大，未行成年礼的小孩都着"汉装"。行礼之时，方才褪去所有旧装，换上新装。现在行礼，男孩依然完全脱掉旧装，赤身穿上新装；女孩则是在大年初一早上起床时，换上除外套外的所有旧装，在穿裙子时，象征性地脱掉外套，换上崭新的金边衣裳和百褶裙，意义虽然一样，形式与传统相比却大相径庭，这较为直观地

①　拉木·嘎土萨主编：《摩梭达巴文化》，宁蒗彝族自治县政协编，云南民族出版社 1999 年版，第 424－433 页。

反映出摩梭人某些观念正在悄无声息地发生变化。穿戴完毕后，升格直玛与萨达直玛先跪在喇嘛面前，由喇嘛为其诵祷告经，由家庭主妇向祖先、灶神、火神献食。向祖先献食时，达巴就呼唤家庭中每个死者的名字，主妇将献给祖先的食物举过头顶，撒到房子上。接着，她们依次向经堂、灶神、喇嘛、达巴和长辈磕头施礼。每个长辈或客人都要适当地给她们送些礼物，（钱或首饰、粮、茶、盐等），对她或他说些赞美祝福的话，诸如：健康长寿、一生顺利、平安吉祥等，送礼既表示他们对小孩的祝福、对其成人身份的认同，同时也是对成年者的帮衬。跪拜之后，升格直玛的父亲用香喷的牛羊肉、猪膘肉和苏里玛酒致谢客人。然后全家共进早餐，吃完早饭以后开始置办酒席，宴请村里的人。请客也有讲究，村中的每一家人必须请到，而且每家必须是男女各一人。仪式结束后，母亲领着穿上新裙的升格直玛俩到父亲家，主要以母亲家为主的亲属家拜年，拜年时送给亲友一圈猪膘肉、一坛咣当酒、一坛苏里玛酒等。亲友则回赠她们一些礼物，如：钱、首饰、衣服，最贵重有送牛羊的。送礼讲究心意第一，多少则视个人家庭经济状况而定。实在没有礼物，说一些祝福的话也可以。拜见达到了两个目的：一是接受人们的祝福与帮衬；二是无声地告诉人们，自家的孩子经历住了一生中第一个十二生肖的考验，已经是大人了，可以参加各种社交活动了等，以此获得村寨中人的认同，为她们今后的成长与参加同族活动取得"身份证"。

（二）仪式中的符号形态与功能置换

德国哲学家、人类学家恩斯特·卡西尔（Ernst Cassirer，1874—1945）在其著作《人论》中提出的著名思想之一即：人是"符号化"的动物。他认为："符号化的思维和符号化的行为是人类能够利用符号来表征世界、创造文化，从而把自己与动物等其他的存在物区别开来。"① 摩梭人成年礼仪式的细节，给卡西尔的观点提供了很好的例证。

---

① 高申春：《人性辉煌之路—班杜拉的社会学习理论》，湖北教育出版社2000年版，第47页。

虽然人们在时间流逝中创造并积累的许多经验确实是对生活的直观形象反映，但经验的主观性与易失性给传承带来一定的限制，符号化过程却能帮助人将易失的经验转变成对现实生活的稳定的认知模式。由于符号是对具体环境具体事物事件的指称，符号与符号之间的相互关系通过卡西尔所谓的符号化过程而构成人的符号系统。需要明言的是，符号本身是人主观意愿的创造物，首要特征在于它的任意性，即符号与它所指代的事物事件之间不具备必然联系，它们之间不是一一对应的关系，而是一种"功能性的价值"，① 摩梭人借助这样一些符号系统施行成年礼并完成其文化经验的传承。

整个仪式都在母屋举行，母屋中的一切在仪式中都被赋予特殊意义，并在仪式施行中潜移默化地完成了功能置换。母屋中的器物与仪式中的行为在整个仪式中浑然一体，发挥着重要的作用。为分析之便，本文将符号系统分成物的符号形态与时间的符号形态两类，并分别予以阐释。

1. 物的符号形态及其功能置换

母屋中的男女柱、火塘、锅庄，行仪式时的猪膘肉、粮食口袋，姑娘戴的首饰与小伙子配的腰刀都在该仪式中被赋予特殊意义。母屋中两根并列而置的柱子分别叫男柱（左柱）与女柱（右柱），为同一根树的上下两截，女柱为树根部分，男柱为同一根树的树梢部分。行礼时，成年者依据自己的性别分别站在象征着男柱和女柱的柱子旁举行仪式。同一根树的上下两截象征家族中男女系同根所生，同脉相承，系同一根骨。成年后如同支撑房屋的柱子成为家中的顶梁柱，要求成年之人共同承担家中的一切事务。柱子作为符号的功能在于暗示、告诫和敦促行礼者的价值取向与主体意识，有利于家族兴盛和内部凝聚力的增强。

猪膘肉与粮食口袋的象征性含义是从其对人的功能而言。人每天需要摄入大量的蛋白质与碳水化合物等营养物质。吃猪膘肉和粮食使人果

---

① ［德］恩斯特·卡西尔：《人论》，甘阳译，上海译文出版社 1985 年版，第 41 页。

腹，是人劳作、生活体力之补给，更是使人生命得以延续的必需品。该功能在后期演化中，人们又赋予猪膘肉和粮食以多重含义，两种物质的多寡成为人们评价家庭富庶与否、家人勤劳与否、节俭与否、女主人善于持家理财与否的标志，后来人们将其看作财富的象征。仪式时放置这些东西主要也是从其功能出发，借指长辈或同一"司日"成员的祈愿与祝福，祝愿即将成年之人将来衣食不愁，六畜兴旺，年年皆丰收，岁岁有盈余。

摩梭人为儿童举行成年礼有佩戴首饰的习俗，特别是男佩腰刀，女戴手镯的习俗，这除了单纯的美学含义，摩梭人也自有其解说。"成年礼时摩梭姑娘大多要佩戴手镯，有无手镯、手镯质地好坏、是否祖传等使其具有吉祥、财富与身份等多重含义。特别是祖传手镯，人们将其视做吉祥物，普遍认为它有避邪功能，可以保佑自己及其家人健康、和顺、幸福、平安，所以祖传手镯也成为摩梭人赋予多重含义的象征物。"

男孩佩带的腰刀同摩梭姑娘佩带的手镯一样，在象征意义上有着异曲同工之妙。对摩梭男性而言意味深长。以前人们靠狩猎为生，刀是最好的狩猎工具与防身武器，腰刀成为摩梭男儿勇猛、强健等身份与能力的象征。摩梭祖先用它狩猎、防身、获取实物与生活之需，从而能安全地获取猎物、养活自己并养育摩梭后人，使摩梭人得以代代相承。故腰刀除了上述含义，本身也是一吉祥物，人们佩带它用以避邪。由于腰刀本身的深刻含义，使它在现在又成为摩梭男儿送给心上人的珍贵礼物，如果哪个摩梭小伙子将腰刀送给某个摩梭姑娘，表明他已经将他的心与情送给了对方。腰刀在摩梭男儿心中又被赋予了新的含义。

母屋中的"冉巴拉"在仪式中始终居于中心地位，这与它在摩梭人宗教信仰中的特殊地位有关。冉巴拉是摩梭人崇尚火神和祭祀火神的神台，摩梭人是视火为万物生命之灵的民族。故，对火神的跪拜和供奉成为摩梭人日常生活和各种仪式的主题。在摩梭人心目中，冉巴拉既是保佑家业兴旺、人丁昌盛，使生存之火越燃越旺的神灵；又成为敦促、约束人们行为举止的先祖。

2. 时间符号形态及其在仪式中的功能置换

时间本身只是一个抽象的指代名词，但当人类把它与某个突出事件联系在一起，赋予其以某种特殊意义时，它便作为一种时间符号而存在。"每个民族都有自己独特的时间符号，这些时间符号一般产生于每个民族独特的历史行程中，凝结着该民族的集体记忆，成为该民族认同的主要标识之一。"① 冬至和大年初一对摩梭人而言亦如此。

在传统摩梭文化中，摩梭小孩举行成年礼时所穿的新衣服，必须在举行仪式那年冬至的那天缝制。当详细问询摩梭人是如何获取"冬至至长，夏至至短"这一天文信息时，四川前所摩梭人的资深老达巴打发·鲁若说："我们的先祖们在长期劳作的过程中通过观察太阳、月亮和树影的变化等逐渐总结得出的。据老祖宗讲，他们根据'母屋'坐西向东的朝向，观察每天正午时分太阳照在母屋照壁上的位置，然后用石头等在这个位置做上标记。他们发现：在冬天，太阳连着有三天时间持续晒在照壁的同一位置而无变化，经过长年累月的经验积累，他们遂将那天定为冬至，并把即将举行成年礼者缝制衣服的日子也订在冬至这天。"鲁若达巴的讲述，实际向我们透露了这样的信息：摩梭人将寿命延长等美好愿望，寄予缝制衣服的时间中，表达他们把人的生命成长蕴涵于天地运行的大系统中。将对人健康成长寄予的殷切希望，寄情于时间的选择。在摩梭文化中，冬至这个日子所包含的不再是单纯天文信息，更是一种希望、祝福的人间真情与温情。摩梭人在继承这一文化传统的同时，也继承了他们天人合一、自然崇拜、寄情于物的宗教信仰。生命的规则和大自然的运行规律一样，风雨之后方见彩虹，生命的运动何尝不是如此？行过成年礼之后的摩梭人，作为一个独立的生命个体而存在，历经的人生第一个 12 生肖的轮回，生命正充盈着无限的生机与希望。

① 侯灵战：《时间符号与民族认同》，《读书》2001 年第 10 期，第 95 页。

摩梭祖先们通过对日常生活的观察与记录等方式，总结出天地运行的普遍规律，并懂得在这个大系统中，人是置身其中，而非游离于外，再现了摩梭人天人合一、人与自然协调运行的哲学观念和价值取向。

　　大年初一在摩梭文化中，也作为一个特殊的时间符号而存在。它既是摩梭人团聚欢庆的日子，也是每个摩梭人"成年"的日子，大年初一作为摩梭人一个特殊时间符号的文化内涵借成年礼仪式得以再现。所有年满 13 岁的摩梭儿童在这天清晨举行成年仪式，至于具体时间，尚需经过摩梭达巴依据小孩属相与出生时辰占卜之后方可决定。按照摩梭达巴的描述："太阳照到最高的那座山的山顶（狮子山，又称格姆女神山）时就是兔时，那也是我们喂猪的时候了。"据个人在左所的考察资料显示，仪式的举行时间大多都在达巴所说的太阳照在狮子山山顶的时候，依据现代钟表的度量时间来算，应该是在凌晨 5: 00—7: 00 之间，即汉语中的卯时。关于仪式举行时间选择的深刻缘由，在访谈中没有得到较有说服力理由。但据摩梭达巴经文中关于木、铁、火、水、土（用汉语讲为五行）与东、西、南、北、中（五方）和十二属相、十二时辰等相关提法的联系与个人推测，摩梭人这个时间的选择与汉族"卯时春门开"以及沿袭至今的"一年之计在于春，一日之计在于晨"等古训有相通之处。至于其究竟是属于摩梭人自己的原创文化，还是各民族在彼此交往、融合的文化变迁过程中学习、吸收、涵化外族文化的结晶，尚需进一步考证。

二、对摩梭人成年礼俗中"竞争"现象的解读

　　在对摩梭人的深度访谈中获悉：如果同村中有几家小孩同时举行成年仪式，一般存在举行时间，儿童服饰，所请喇嘛达巴，宴请人数（包括老人、年轻人与其他前来赴宴的人），小孩所收礼物（以前是首饰粮食，现在则以钱为主）上的竞争。摩梭人为什么要在这些方面展开竞

争？这些竞争对摩梭人而言意义何在？它传递或再现了怎样一种情感？对此，摩梭人用自己的价值取向和思维方式解读着不同于主流意识形态中的"竞争"现象。下文是摩梭人自己对这一现象的描述。①

> 我们摩梭人有在每年大年初一早晨为小孩举行成年礼的习俗，举行成年礼的年龄依据家支的不同而不同，有的兴9岁，有的兴11岁，有的兴13岁。②
>
> 在举行仪式时，如果同村中有几家人都要举行，一般存在举行时间、喇嘛和达巴、服装、宴请客人人数（包括宴请村中老人、年青伙伴数量）、送礼等方面的竞争。
>
> 时间的竞争是本家、本家支、本司日与其他司日之间的竞争。时间的选择以达巴、喇嘛依据小孩出生时辰、属相的卜算为准，且要遵照传统。时间一般讲早，但也不是无限度的早，以前没有钟表，老人告诉我们举行时间以太阳刚刚出来，照在狮子山（格姆女神山）山顶为准。现在用钟表来看，举行仪式的时间一般在凌晨5:30—7:00左右。传统摩梭人举行成年礼的时间不能超过5:30之前，但也不能延续到7:00以后。这段时间万物俱寂，大地一片宁静，处于朦胧的可视状态，四处极其安静，而且气氛极佳，家中已逝的老人与家中的火神、灶神等所有的菩萨都能心情愉快地看见自家的小孩举行成年仪式，心中会十分欣慰。家中的人也想通过举行仪式让祖先与诸神明白，家族中人丁兴旺，小孩又已长大成人，这个家又添劳动力了。人力的增加意味着这家人以后在财力、经济、人员方面的持续增加，意味着家族以后会财源广进，人丁兴旺。希望祖先与诸神保佑家族中人健康长寿、财源滚滚、人畜平安等。"

---

① 格科次尔，摩梭人，19岁，初中毕业，四川省凉山州盐源县左所乡格撒村人。

② 摩梭达巴经之"松干经"中有相关解释：最尊贵的阿巴笃神，你赐人寿不变卦，从九岁到十三岁，从十三岁到二十五岁等。

"喇嘛或达巴的竞争以数量和德高望重为衡量标准，其中尤其以德高望重为首，这其实是一种名誉的竞争，同时也是一种迷信。该竞争表明人们心中的信仰，摩梭人认为：有能力、有德之人比无能无德的人对成年者的成长和家族行为更为有利。"

该竞争其实是摩梭人的心理寄托与精神慰藉，希望家中的刚刚"成年"之人，以后能在行为、德行等方面约束、激励与鞭策自己，能像为自己举行成年礼的达巴与喇嘛一样成为受人尊重的人。达巴和喇嘛是年长者依据自己的主观欲求和愿望为成年者树立的榜样，起着示范作用，为成年者今后的为人处事提供了一个可资参照的标准。

服装的竞争是向世人昭示该家族以前和现在是否发财。就服饰而言，女孩一般着金边衣裳，百褶裙、花腰带；首饰即装饰品有手镯、项链、头饰、耳环、戒指、腰间挂的链子（以金链子和银链子为主），在传统摩梭文化中，未举行成年礼之前，一般是与家中的长者或小孩同住，举行成年礼之后，家中里的达布（当家人）将钥匙给行礼者表示从今以后有了自己单独居住的房间与生活空间。举行仪式后意味着孩子已长大成人，可以寻找自己的伴侣，有了自己的生活空间。所以家中长辈在举行成年礼时为其准备了属于她自己房间的钥匙，在穿裙时将花房钥匙挂在姑娘腰间。在传统摩梭人的观念中，举行成年礼之后，意味着姑娘已长大成人，可以走婚，实际上摩梭青年一般都是在 20 岁左右才开始走婚。

客人、老人人数与年轻伙伴数量的竞争象征着这家人平时的待人处事，对邻居以及对村中人或族人的态度。如果平时这家人待人处事好、乐于助人、与人为善、人品好，那么来赴宴的人就多，反之则很少。老人人数的竞争象征着老人各有各的特长，行礼这将来也如这些老人一样，具备各种各样的技能与安身立命的能力，能有出息，能凭借自己的能力与手艺而出人头地。

赴宴者给小孩"礼物"多少的竞争表明人与人之间平日的礼尚往来。平日里家人待邻居、族人或村中人如何，在小孩举行成年礼时村人、族人将会通过所送"礼物"的多少予以反馈。因为平日里，彼此家中有事时送"礼"其实是另一种帮衬别人的形式，别人有事时如果你倾力相助，那么人家会心存感激并铭记于心，故当自己家中有事时，别人也会尽力相助。

竞争充分体现了摩梭人讲求互帮互助，讲求与人为善与乐善好施良好德行。值得注意的是，礼物的竞争不以金钱首饰为衡量标准，而是本着有钱出钱，有力出力的原则，故不存在等价或超值反馈的恶性循环，"礼物"的多少，主要视其个人的经济状况与心意，其中尤以心意为主。

这些"竞争"，在摩梭人的生活中无处不在，贯穿每个摩梭人人生始末。诸如：为小孩举办"满月酒"、平日的劳作或丧葬等，都有类似的"竞争"。有研究者认为：以和谐为中心的摩梭人的这种竞争，实际上是鼓励人们之间的竞争与不和谐。这种主权话语式的思维与评价方式作者个人持不同观点：因为就"竞争"的实质而言，它仅是摩梭人表达个人内在情感、价值观念的一种外显形式而已，该形式不是鼓励无节制的物质竞争与不健康的竞争心态，也不是鼓励攀比与不和谐，而是与学会做摩梭人的"规矩"休戚相关，是约束摩梭人行事规范与伦理道德的一种方式。

三、成年礼俗意义分析

成人之者，责成人礼焉也。责成人礼焉者，责为人子，为人弟，为人臣。为人少者之礼行焉。责四者之行於人。其礼可。不重与。故孝弟忠顺之行立。而后可以为人。可以为人，而后可以治人也。故圣王重礼。故曰冠者厘之始也。嘉事之重者也。是故古者重

冠。重冠故行之于庙。行之于庙者。所以尊重事，尊重事，而不敢
擅重事。不敢擅重事所以自卑而尊先祖也。

——《礼记·冠义》

（一）促进摩梭儿童性别角色的社会化

社会学家米德（Margaret Mead）从文化人类学的角度考察和分析了
儿童性别角色社会化的过程必须具备五个要素："（1）成人对儿童必须
有所告诫；（2）成人必须向儿童传授适合其性别的行为经验；（3）儿
童必须学习两性间必要的角色行为；（4）必须能理解不同年龄的异性
与自己的关系；（5）必须对自己身体的性别特征有规范化的认识。"①
在整个成年礼过程中，行礼者充分调动自己的感觉器官，用心去观察、
谛听与感觉置身其中的那种气氛。在未举行成年礼之前，摩梭人的孩子
们是在一个性的非禁忌状态和性的开明环境中成长，在同一家庭中男女
小孩生活在一起，彼此无所顾忌，并自然而然地接受成人的自然教导，
羞耻观不与性器官的暴露联系在一起。摩梭人极忌讳在火塘边，在有血
缘亲属在场的时候说任何与性有关于的话题；但另一方面传统摩梭人却
坦然接受男女老少温泉同浴，"接受与多人发生关系，也没有处女、私
生子或未婚妈妈这些概念，为何同时却又连提及性事的词汇也视作极大
的禁忌？摩梭究竟是性开放，抑或性保守？"② 作者个人认为摩梭人这
种巨大的行为反差，不能简单用现代主流社会的价值观念或话语体系来
界定，它有独特的文化价值与文化意义。传统摩梭男女儿童在大年初一
早上，由与其属相相合、性别相同、人品、口碑皆好的人为其脱去以前
的旧衣服，再在由达巴、喇嘛占卜好的时辰为男孩换上裤子，为女孩换
上裙子。那么在传统摩梭人的意识中，裙子与裤子的意义已超出取暖、

---

① 郑新蓉主编：《社会性别与妇女发展》，陕西人民教育出版社 2000 年版，第 26 页。
② 周华山：《无父无夫的国度？重女不轻男的母系摩梭》，光明日报出版社 2001
年版，第 150 页。

遮羞的涵义，它同时也是一个人成人和男女两性区分的重要标识，即服装本身成为一种区别男女性征的符号，成为摩梭儿童性别角色社会化的标志与象征。在传统摩梭人文化中，行成年礼时将儿童所有旧衣服除去换上新衣服，既有除旧迎新，重续生命，获得新生的重要含义；更重要的含义还在于一种性别、性别职能与性别角色的区分。现在仪式的表现形式已经有所改变，比如，因受汉文化影响较大，未行礼之前和之后，摩梭男孩、女孩的着装与汉族小孩几无二致，裙子和裤子也只是举行仪式时象征性的穿戴。这些变化既是摩梭人在现代文明冲击下生存和文化选择的结果，也是摩梭人在现代变迁中文化认同（对同族和异族认同）的一种表达方式。另外仪式过程和传统相比，也表现出许多差异。男孩子在行礼时脱掉除内裤外的所有衣物；女孩子则在大年初一早上起床时提前穿好除外套外的所有新装，在举行仪式时只象征性的脱掉外套，换上裙子，带上头饰。

　　在摩梭人的成年仪式中，服装成为区分男女儿童不同性征、性别角色的象征。用服装差异去界定这些性别和行为规范差异性，使人们直接从服饰这种外观的文化形式上一目了然地分清社会性别角色界线，对于相对封闭的传统社会具有重要意义。是人们在族群组织、婚姻选择、行为规范、家族延续中要考虑的重要因素。在传统摩梭习俗中，人们一般认为行完成年礼以后的男女在生理上已经发育成熟，可以寻找自己的伴侣，更重要的是赋予他们承担起家族兴衰的重任，为这个家族后继有人做准备。与仪式相关任何器物、每个人的心情、表现、语言、行为，喇嘛、达巴的经文和其他所有人的祝福所营造出的庄重、神秘的气氛，带给每个行礼者的心理感受是兴奋、激动、震撼与不安。特殊的心理历程自然而然促使摩梭儿童情感结构的变化与自我意识和性别角色的增强。仪式成为促使摩梭儿童归属到已经深深渗入他们心海的文化模式中的象征，它似乎也演变成某一具象的具有特殊意义的符号，使摩梭人深谙其道并自觉遵循行为规范与道德伦理，形成该民族文化模式下人们独特的行为方式、心理结构、认知能力、情感和自我意识。

（二）有利于摩梭儿童民族身份认同与个人地位的强化

《说文》：族，矢缝也。束之族族也。从㫃，从矢。㫃所以标众，从矢之所集。由此可知，族之本义为矢族，后衍化为亲族之意。"部落相邻之人，同事畋猎，或相争夺，于是各树旗帜，以供识别。凡在一旗之下者，即为一族。"① 古人以旗作为识别同一民族的标志。斯大林也曾将民族定义为：一个长期历史发展而来的坚固的人群共同体，具有四点原则上的共同特征，即：共同语言、共同领土、共同经济生活和文化上的共同特殊特点中所表现出的共同心理构成。摩梭人沿袭至今的成年礼在意义上类似于旗帜，雷同于斯大林区别民族四点原则上的共同特征。据此，作者认为成年礼也成为摩梭人民族识别的重要标志之一。它既是个体向族人明示自己身份的重要标志，也是族人识别自己民族成员身份的标志，仪式成为民族识别、增强民族凝聚力的重要象征。在摩梭文化中，成年礼真切体现了民族认同的深刻内涵。

仪式还有另一重要程序是由母亲带着穿上新裙、新裤子的孩子，背着礼物拜见亲友，接受人们的祝福与贺礼。家族中人也将视同己出般的送些礼物，并说许多祝福的话。第二天晚上还要特地举办热闹非凡的锅庄晚会，邀请村寨中人，大多是人们主动前来为行礼者祝福。摩梭学者认为，摩梭人行成年礼的意义在于："一是拥有了和大人一样的权利和待遇；二是赋有了成年人的义务和责任。"② 该意义具体表现在：举行仪式之后的人，可以拥有自己独立的生活空间，特别是女孩有了自己单独的房间；可以参加任何社交活动，得到家人、族人的承认与尊重；获得参与家中大小事务的权利。

走访中摩梭人告诉我："举行成年礼意味着小孩有了灵魂，长大成人，将来死后可以进祖先坟地火化、安葬，享受这个家族中任何成人的

---

① 柳诒徵编：《中国文化史》，中国大百科全书出版社1988年版，第17页。

② 汝亨·龙布：《泸沽湖·摩梭人》，中国民族摄影艺术出版社2001年版，第25页。

权利和义务。如果未举行成年礼，死后不能进祖先坟地火葬，而是请几个达巴或喇嘛念经随意火化，不能到家族中埋葬祖先的地方。"依据达巴经典的解释："祖先去世，灵魂不灭。"① 人死之后，灵魂又回到祖先发源地投生。一个人死后，如果不能进祖先坟地，就意味着丧失再生的机会，这在摩梭人的价值体系中是无法接受的。故："成年礼并非简单意义上的长大成人了，可以走婚的仪式，也不仅仅表示拥有成人的权利、待遇和责任义务，成年礼重要的意义还在于达巴教所揭示的三次生命的学说。"② 摩梭达巴认为，人一生有三次生命："第一次生命是从胎儿期到出生后的 12 年；第二次生命是从举行成年礼这年的第一天到死亡；第三次生命则是从人死以后到别处投生而获得新生。"③ 与成年礼相伴随的情绪反应，强化了年轻人、施行仪式者以及周围助阵者之间的连带感，同时也使个人自觉意识到个人地位在家中和同族人中的变化，认识到通过隆重、庄严的仪式之后，得到众人承认的社会地位的重要，同时获得身份认同与强化个人在同族人中的地位。

（三）促进摩梭儿童行为规范与伦理道德的习得

成年礼是摩梭人生命中最为重要，并具有多重意义的仪式，人们借此仪式向青年传授历史知识、生产技能、风俗习惯、行为规范和伦理道德。为成年者举行隆重、庄严的仪式，强化了成年者与家人、族人以及达巴、喇嘛之间的连带感，同时家人的告诫、达巴经文、人们的嘱托和现场气氛，都直接刺激、告诫和警示行礼者，以后如何规范自己的行为，应该遵循哪些行为规范与伦理道德。甚至连成年礼的举行缘由，摩梭人也通过口传文学的形式，赋予其神秘与深刻的教育含义。举行成年仪式年龄的选择，大多数摩梭人认同人狗换寿的神话，对神话的认同既

① 汝亨·龙布：《泸沽湖·摩梭人》，中国民族摄影艺术出版社 2001 年版，第 25 页。
② 汝亨·龙布：《泸沽湖·摩梭人》，中国民族摄影艺术出版社 2001 年版，第 27 页。
③ 汝亨·龙布：《泸沽湖·摩梭人》，中国民族摄影艺术出版社 2001 年版，第 25–26 页。

表现在摩梭人对狗的细心豢养、死后的真情埋葬，禁食狗肉的日常生活禁忌中，还表现在摩梭人为人处世的价值取向中。神话及其寓意告诫每一个行礼者要学会去爱，去关心与人一样有生命的动物，知道生命来之不易，要知恩图报，要珍视并善待生命。神话的警示，现场庄严隆重的气氛以及达巴经文等对个人情绪和心理体验的刺激，直接构成摩梭儿童成长中最难以磨灭的经验。在未成年和已成年这两个重要的人生阶段之间，用庄严的仪式，画出一道界线，筑起注目的人生里程碑，并昭示天下今后以成人待之。使个体以一种全新的精神面貌出现在社群中。仪式如同再生，要求个人沉思自己的责任、权利；仪式的举行为个人确立了新的人生起点和生活方式，使个体以全新的形象和精神面貌出现在社会群体中。成年礼如同一个"临界点"，赋予个体强烈的角色转换意识与成人意识，有利于社会规范的运作。在摩梭人生活的群体中，人们以诚信、尊老养老抚幼、不偷抢、不打架斗殴、和谐共处、谦恭和顺等作为个人和家族的行事准则。如果某一个人有不良行为，将被其他人视作是整个家屋或家族的羞耻，"一荣俱荣，一辱俱辱"的群体意识很强，个人行为总是与整个家屋、家族的荣辱休戚相关，该价值观构成摩梭人所有的行事规范与行为准则。诸如摩梭人举行成年礼时贯穿整个仪式始末的"竞争"细节，悄无声息却又掷地有声地规约着每个摩梭人的行为。喇嘛与达巴的德行、来客人数、所赠礼物的多少等外显形式成为规范和约束人们行为的准则。竞争不是比阔、彰显个人或家族实力，而是与成年者的健康成长、家人或家族修为密切相关，每个竞争细节都寄托着家人的期待与祝福。摩梭人将个人或家族的心意与愿望寄予形式上的竞争，形式成为表达个人内心世界真实想法最有效、最直观的手段与途径。由此使竞争成为摩梭人平时克勤克俭、尊老爱幼、互帮互助、团结和谐的最好教化与敦促方式。虽然这种竞争可能增加个人或家庭的心理或经济负担，但在摩梭人的意识形态和观念中，他们引以为豪，并用这种形式再现与传达个人的真实情感。竞争成为促进、规戒每个摩梭人行为与行事的规范，潜移默化地起着激励、督导、规劝、警戒、提示和教化的作用。成年礼仪式再现了摩梭人一家有事、百家相帮的热闹气氛，也象征着团结、激发人进取上进的积极情怀。

关于摩梭人的这种行事方式与准则，摩梭人也有自己的看法，用摩梭青年格科次尔的话讲就是："当一家人有事时，村中人给予帮助，给办事人长足了脸面。当自己家中有事时，别人也会竭尽所能，全力支持，从而在整个村子中形成一种内在的凝聚力。这种竞争意识内在地约束和规范着人们的行为，教人与人为善，乐于待人，相互帮助等。由此也就形成摩梭人中至今无人偷盗、打骂、抢劫、遗弃老人与小孩等恶劣行径的发生，即使有（他一再强调几乎没有或很少）也是通过家支（多指有血缘关系的亲属或家人）之间相互协调处理解决问题。"

（四）有利于摩梭儿童认知方式和价值观念的更迭与新生

人一生中的任何时候，都要继续进行文化模式和自我认同等重要的文化学习，这是没有民族区分的。后期的学习对学习者而言，既是在其心理世界中增加了新的内容，同时也会导致个人心理结构、认知世界的方式与价值观念等的继续形成和改变，使个体从新的视角去看待个人与世界的关系。摩梭儿童个人的学习过程，认知方式和价值观念的形成等在仪式的施行过程中进行。班杜拉在其社会学习理论中强调观察学习的重要性，他认为：人类个体可以通过在社会生活中相互观察而获得新的行为技能和思想方式。整个成年礼仪式对摩梭人儿童而言，提供了许多可供学习的榜样。这些榜样不限于现实的、活生生的个体人类，而且也包含各种负载有关行为规则信息的环境与符号刺激，这些刺激不管是人性的还是非人性的，都以不同的途径和方式发挥着示范作用。仪式的施行地点、时间、参与者（保爷、喇嘛、达巴等）、物（男女柱、猪膘肉、锅庄、火塘、冉巴拉、服饰等）、现场气氛以及仪式中的每一个细节，都对施礼者认知方式与价值观念的更迭与新生起着重要的示范作用。虽然示范行为是一个时间的流变过程，但在整个仪式施行中，摩梭儿童将自己的心理资源和各种感觉通道充分关注于仪式过程，加之仪式本身具有的显著性、可分辨性和复杂性特征，仪式本身所具备的功能价值与情感价值引起行礼者的充分关注。在整个仪式的施行过程中，行礼者并非简单地接受信息，同时会对环境事件进行主动的自我探索。即行礼者可能依据个人已有的认知经验对仪式极其相关符号的意义进行主体建构，将活动中获得的仪式示范行为的信息以符号表征的方式储存在记忆，在以后的生活场景中，他们可能创造性或无意识地将示范行为的认知概念或符号表征付诸行动从而调整自己的认知规范与行为表现。故，成年礼对摩梭儿童来说，在学习上的重要性并不仅仅在于传授如何做一个男人或女人的内容与秘密。更重要的意义在于：经过庄重、复杂的仪式，个体在同族人中的地位得以戏剧性的改变，"成年礼实际上是转变了一个人对其民族生活和社会习俗的关系。成年礼给新人一个新的角度来观察人生。"①

四、结论

不同民族在不同的自然环境区域中建构了自己独特的文化模式，使文化呈现出丰富多彩。文化多样性是人类创造力的源泉，人类文明也是在多样性上构建发展的。认识、挖掘摩梭人成年礼俗的多重意义，学习、借鉴、发扬与保持部落民族的优秀文化传统，走出单纯寄希望于法律规定成人年限的简单模式所带来的社会与认知弊端等，是多元文化教育、保持民族特色、促进社会发展的有效方略。

---

①　北晨编译：《当代文化人类学概要》，浙江人们出版社 1986 年版，第 94 页。

参考文献

一、中文文献

《马克思恩格斯选集》（第 1 卷），人民出版社 1972 年版。

［奥］艾·阿德勒：《理解人性》，陈刚等译，贵州人民出版社 1991 年版。

［奥］茨达其内：《教育人类学原理》，李其龙译，上海教育出版社 2001 年版。

曹孚编：《外国教育史》，人民教育出版社 1979 年版。

陈桂生：《教育原理》，华东师范大学出版社 2000 年第 3 版。

陈烈、秦振新：《最后的母系家园——泸沽湖摩梭文化》，云南人民出版社 1999 年版。

陈向明：《教师如何作质的研究》，教育科学出版社 2001 年版。

陈宗明：《汉字符号学》，江苏教育出版社 2001 年版。

《当代文化人类学概要》，北晨编译，浙江人民出版社 1987 年版。

［德］恩斯特·卡西尔，《人论》，甘阳译，上海译文出版社 1985 年版。

［德］康德：《应用人类学》，邓晓芒译，重庆出版社 1987 年版。

［德］诺贝特·埃利亚斯：《文明的进程——文明的社会起源和心理起源的研究》，袁志英译，生活·读书·新知三联出版社 1999 年版。

［德］沃尔夫冈·布雷岑卡：《教育科学的基本概念——分析、批判和建议》，胡劲松译，华东师范大学出版社 2001 年版。

［俄］顾彼得：《被遗忘的王国》，李茂春译，云南人民出版社 1992 年版。

［法］罗兰·巴尔特：《符号学原理》，生活·读书·新知三联书店 1999 年版。

［法］孔多塞：《人类精神进步史表纲要》，何兆武、何冰译，生活·读书·新知三联出版社 1998 年版。

［法］列维·布留尔：《原始思维》，丁由译，商务印书馆出版 1981 年版。

［法］列维·斯特劳斯：《野性的思维》，李幼蒸译，商务印书馆 1987 年版。

［法］米歇尔·德·塞尔托：《多元文化素养》，李树芬译，天津人民出版社 2002 年版。

［法］米歇尔·福柯：《知识考古学》，谢强译，生活·读书·新知三联书店 1999 年版。

冯友兰：《中国哲学简史》，北京大学出版社 1996 年版。

冯增俊：《教育人类学》，江苏教育出版社 1991 年版。

高申春：《人性辉煌之路——班杜拉的社会学习理论》，湖北教育出版社 2000 年版。

郭大烈、和志武：《纳西族史》，四川民族出版社 1994 年版。

郭于华主编：《仪式与社会变迁》，社会科学文献出版社 2000 年版。

胡德海：《教育学原理》，甘肃教育出版社 1998 年第 1 版。

何景熙、王建敏主编：《西方社会学说史纲》，四川大学出版社 1995 年版。

海默然：《语言人——论语言学对人文学科的贡献》，张祖建译，生活·读书·新知三联书店 1999 年版。

和钟华：《生存和文化的选择——摩梭母系制及其现代变迁》，云南教育出版社 2000 年版。

教育大辞典编撰委员会编：《教育大辞典》（第1卷），上海教育出版社1990年版。

［捷］夸美纽斯：《大教学论》，傅任敢译，教育科学出版社1999年版。

李达珠、李耕冬：《未解之谜：最后的母系部落》，四川民族出版社1996年版。

李莉主编：《实用社会调查方法》，济南大学出版社2000年版。

李书磊：《村落中的国家——文化变迁中的乡村学校》，浙江人民出版社1999年版。

梁漱溟：《中国文化要义》，学林出版社1987年版。

陆有铨：《躁动的百年》，山东教育出版社1997年版。

罗贤佑：《元代民族史》，四川民族出版社1996年版。

柳诒徵编著：《中国文化史》，中国大百科全书出版社1988年版。

《礼记·冠义》。

拉木·嘎吐萨主编：《摩梭达巴文化》，云南民族出版社1999年版。

［美］Anselm Strauss, Juliet Corbin：《质性研究概述》，徐宗国译，巨流图书公司。

［美］班杜拉：《思想和行动的社会基础——社会认知论》，林颖等译，华东师范大学出版社2002年版。

［美］露丝·本尼迪克特：《菊与刀》，吕万和译，商务印书馆1990年第1版。

［美］弗朗兹·博厄斯：《人类学与现代生活》，刘莎等译，华夏出版社1999年版。

［美］迈克尔·J.贝希：《达尔文的黑匣子生化理论对进化论的挑战》，邢锡范等译，中央编译出版社1998年版。

［美］迈克尔·M.阿普尔：《意识形态与课程》，黄忠敬译，华东师范大学出版社2001年版。

［美］米歇尔·沃尔德曼：《复杂》，陈玲译，读书·新知三联书店

1997 年版。

[美] 乔治·巴萨拉：《技术发展简史》，周光发译，复旦大学出版社 2000 年版。

[美] 乔治·E.马尔库斯：《作为文化批评的人类学——一个人文学科的实验时代》，王铭铭、蓝居达译，生活·读书·新知三联书店 1998 年版。

[美] 辛格而顿：《应用人类学》，蒋琦译，湖北人民出版社 1984 年版。

[美] 约瑟夫·洛克：《中国西南古纳西王国》，刘宗岳等译，云南美术出版社 1999 年版。

彭林注译：《仪礼》，岳麓书社 2001 年版。

彭兆荣：《西南舅权论》，云南民族出版社 1997 年版。

博尔诺夫：《教育人类学》，李其龙等译，华东师范大学出版社 1999 年版。

瞿保奎主编：《教育学文集：教育与教育学》，人民教育出版社 1993 年版。

瞿保奎主编：《教育学文集：教育与社会发展》，人民教育出版社 1989 年版。

覃光广主编：《文化学辞典》，中央民族学院出版社 1988 年版。

[日] 大河内一男、海后宗臣等：《教育学的理论问题》，曲程、迟凤年译，教育科学出版社 1984 年版。

冉光荣等：《羌族史》，四川民族出版社 1985 年版。

容观琼：《民族考古学初探》，广西民族出版社 1992 年版。

施良方：《学习论——学习心理学的理论与原理》，人民教育出版社 1994 年版。

上海古籍出版社主编：《中国文化史三百题》，上海古籍出版社 1987 年版。

莱斯利·P.斯特弗，杰里·盖尔主编：《教育中的建构主义》，高文、徐斌燕、程可拉等译，华东师范大学出版社 2002 年版。

石中英：《教育学的文化性格》，山西教育出版社 1999 年版。

石中英：《知识转型与教育改革》，教育科学出版社 2002 年版。

宋兆麟：《走婚的人们——五访泸沽湖》，团结出版社 2002 年版。

谭光鼎：《原住民教育研究》，五南图书出版公司 1998 年版。

吴鼎福等：《教育生态学》，江苏教育出版社 1990 年版。

吴洪英：《形形色色的人生礼仪与禁忌》，中央民族大学出版社 1999 年版。

肖平等：《中西文化比较概论》，西南交通大学出版社 1993 年版。

许宝强、汪晖：《发展的幻象》，中内编译出版社 2001 年第 1 版。

严汝娴等：《永宁纳西族的母系制》，云南人民出版社 1991 年版。

赵锦元等：《鲜为人知的原始民族与文化》，中央民族大学出版社 1999 年版。

［英］博伊德、金合：《西方教育史》，任宝祥、吴元训等译，人民教育出版社 1985 年版。

［英］马凌诺夫斯基：《文化论》，费孝通译，华夏出版社 2002 年版。

杨保隆：《宋辽金时期民族史》，四川民族出版社 1996 年版。

杨支柱编：《先有鸡，先有蛋？——透视中国教育》，中国民航出版社 2001 年版。

杨学琛：《清代民族史》，四川民族出版社 1996 年版。

杨福泉等：《火塘文化录》，云南人民出版社 1991 年版。

叶澜：《教育概论》，人民教育出版社 1995 年第 4 版。

云南省社会科学院宗教研究所：《宗教论稿》，云南人民出版社 1986 年版。

云南省编写组编：《宁蒗彝族自治县纳西族社会及其母系制调查之二》，云南人民出版社 1988 年版。

云南省编写组编：《宁蒗彝族自治县纳西族社会及其母系制调查之

三》，云南人民出版社 1988。

云南省编写组编：《宁蒗彝族自治县纳西族社会及其母系制调查之一》，云南人民出版社 1988 年版。

詹承绪等：《永宁纳西族的阿注婚姻和母系家庭》，上海人民出版社 1980 年版。

周大鸣等：《现代人类学》，重庆出版社 1990 年版。

郑金洲编著：《案例教学指南》，华东师范大学出版社 2000 年版。

周华山：《无父无夫的国度？重女不轻男的母系摩梭》，光明日报出版社 2001 年版。

张汝伦：《文化视野中的全球化理论——罗兰罗伯逊的全球化理论简述》，《复旦学报（社会科学版）》1996 年第 6 期。

张诗亚等：《震荡与变革——20 世纪的教育技术》，山东教育出版社 1995 年版。

张诗亚：《21 世纪中国教育发展之我见》，广东教育出版社 2000 年版。

张诗亚等：《教育科学学初探——教育科学的反思》，四川教育出版社 1990 年版。

张诗亚：《惑论——教学过程中认知发展突变论》，西南师范大学出版社 1993 年版。

张诗亚：《西南民族教育文化溯源》，上海教育出版社 1994 年版。

郑晓江主编：《中国生育文化大观》，百花洲文艺出版社 1999 年版。

郑新蓉主编：《社会性别与妇女发展》，陕西人民教育出版社 2000 年版。

吴晓蓉：《摩梭人成年礼研究》，《原住民教育季刊》第 29 卷，2003 年第 1 期。

吴晓蓉：《网络时代的教育趋向》，《教育评论》2001 年第 6 期。

吴晓蓉：《论教师在课程实施中的角色问题》，《教育探索》2002 年第 8 期。

项贤明：《教育全球化的后殖民特征》，《教育理论与实践》2000 年第 12 期。

吴晓蓉：《论教师与课程改革》，硕士学位论文，西北师范大学 2000 年。

二、外文文献

Borish, S., The Winter of Their Discontent: Cultural Compression and the Decompression in the Life Cycle of the Kibbutz Adolescent, In H. Trueba and C. Delgado – Gaitan (Eds.), *School and Society: Teaching Content Through Culture,* New York, 1988.

Erickson, F., and Mohatt, J., Cultural Organization of Participant Structure in Two Classrooms of Indian Students, In G. D. Spindler(Eds.), *Doing the Ethnograghy of Schooling: Education Anthropology in Action,* New York: Holt, Rinehart and Winston, 1982.

Ford, D. Y., *Self – perceptions of Social, Phychological, and Cultural Determinants of Achievement Gifted Black Students: A paradox of under A-chievement, Unpublished Doctoral Dissertation,* Cleveland State University, Cleveland, OH, 1991.

Hornberger, N., Iman Chay?: Quechua Children in Peru' s Schools, In H. Trueba and C. Delgado – Gaitan(Eds.), *School and Society: Teaching Content through Culture,* New York, 1998.

Hymes, D., *Foundations in Sociolinguistics: An Ethnographic Approach,* Philadelphia: University of Pennsylvania Press, 1974.

New York State Special Task Force On Equity and Excellence in Education, *A Curriculum for Inclusion: Report of the Commissioner' s Task Force on Minorities: Equity and Excellence,* (Report), New York, 1989.

Ogbu, J. U., *School Ethnography: a Multilevel Approach, Anthropology and Education Quarterly,* 1989.

Ogbu, J. U., *Minority Education in Comparative Perspective*, *Journal of Negro Education*, 1990.

Parmee, E. A., *Formal Education and Culture Change Tuscon*, Arizona: Arizona Univ. Press, 1973.

Suarez – Orozco, M., Becoming Somebody: Central American Immigrants in U. S. Inner – city Schools, *Anthropology and Education Quarterly*, 1987.

遠藤織枝著: 中國雲南摩梭族の母系社會, 誠勉出版社平成十四年二月十日.

菅原ますみ, 八木下小子, 詫摩紀子等: 夫婦關係と兒童期の子どもの抑うっ傾向との關聯——家族機能ぉよび兩親の養育を媒介として, 教育心理學研究, 2002 年第 50 卷.

小泉令三: 學校. 家庭. 地域社會連携のための教育心理學的アプローチ——アンカーボイントとしての學校の位置づけ, 教育心理學, 2002 年第 50 卷.

小泉令三: 2000, 學校・地域連携尺度の開發と地域住民による評定, 福岡教育大學記要.

小泉令三: 2001, 中學校入學生と保護者とした入學說明會改善の試み–コンサルテ–ションによる介入を通して–, 福岡教育大學心理教育相談室研究.

鍾ケ江晴彦: 1980, 地域形成と社會教育, 松原治朗 (編著), コミュニテイと教育, 學陽書房.

玉井泰之: 1998, 學校を基盤とする地域づくり活動山田定市 (監修) 大前哲彦・千葉悅子・鈴木俊正 (編著) 講座, 主體形成の社會教育學 3, 地域居民とともに, 北树出版.

田中申二: 2000, 地域は學習材の寶庫, 授業研究 21.

后记一

　　书稿终于付梓，暗暗地，还是松了口气，草长莺飞的春日，在繁忙与紧张的写作中竟也浑然不觉，真的有点忘我了。尽管双眼酸涩，腰酸背痛，心头依然宽慰。回忆三年的求学生涯与外出考察的日子，点点滴滴，充满着无限的温馨与情趣。记得刚入学时，曾有人问我读谁的博士，当其听到张诗亚的名字时，众口一词地对我说："那要经历严格训练了"，让我觉得很紧张。初为老师的弟子，常见其背负双手在西师散步，当时觉着老师不苟言笑，蛮严肃的。相处的日子久了，方知他是一位治学严谨、对我们要求极高有时甚至显得苛刻的老师，对我们充满了慈祥与仁爱，这该是老师常说的"桥归桥，路归路"吧。

　　许多时候，听张老师讲文学、艺术、诗词、歌赋、摄影、声乐、书法，甚至茶余饭后的闲聊，无不充满了睿智与见地。每当这时，我满脑子都充满着惊诧与好奇，老师哪来那么多时间与精力涉猎如此广泛的知识领域，个个都非泛泛触及。其实，入学之初，先生就对我们讲：做学问要活，读书要化，"活"与"化"该是先生读书治学的"道"吧。先生好品茶，想必茶可以洗涤尘烦，使人心闲气定，涤荡性灵，保持心境的清纯之气有关吧。正如人有不同的品性，茶亦有不同的香味，花香也罢，水果香也好，香片均能沁人心脾，历久不散，令人回味无穷。回味先生的为人、治学似有同工之妙。不管是教导、训斥、点拨，还是茶余饭后的闲聊或外出考察，先生的话总需经过慢慢领悟，方能恍然大悟。

先说田野考察的苦与乐吧。

坦率地讲，纯粹理性的理论思辨，的确不是我的长项，对事物的真实描述与意义阐释，才是我所能胜任驾驭，也是我真正的兴趣所在。这也是我选择博士学位论文，做实证研究的初衷与理由所在。

初涉人类学领域，对其最为向往的该是田野考察了，想到置身进入异域、异文化，心中真是充满了向往，有几分盼望、几分新奇与等待。渐渐的接触多了，方了解人类学的研究并非是鲜花与掌声的乐园，而是充满了艰辛与荆棘。初次的触动，源于知晓费孝通先生的夫人在随费先生的考察中献身；再次的触动是 2002 年 12 月我即将动身去泸沽湖之前的一个月，一位学生物的博士生为了标本的收集，只身考察而命丧异乡。当时，盐源县还正处于可能发生地震的恐慌中。这些使我更觉考察的劳苦与艰险，但义无反顾的，还是准备行囊，只身踏上了考察之路。这该是孤独与寂寞的开始吧，因为那个环境、那个群体的人们，他们的文化、语言、生活习惯、生存环境，都不同于我二十多年的生存环境和滋养我长大的文化群。

一直以来，置身象牙塔中的我，对不同民族文化有着无限的激情、憧憬与向往，也对儿童及其教育，充满了关怀与兴趣。这也是我早期选择学前教育专业的重要原因，但具体要到一个不同于我从小生长文化环境的民族中，带着某种研究任务展开调查，于我而言，并没有任何实际经验。更不知具体该如何着手，该做哪些准备工作，甚至对调查的结果，都满怀忐忑。无功而返的焦虑与担心，在未调查之前，也较为严重。调查会带给我哪些挑战，学理上的、知识上的、工具上的，甚至人际交往方面的，也一概未知。第一次出去，犹如初学走路的婴儿，兴奋、忐忑，也不甚惶恐。甚至可以这样讲，我对他们的陌生与好奇，远远大于他们于我的。该状况，不自觉暴露了我在心理上与他们的距离，使我不可能在短期内就融入其中，并与他们无隔阂相处，遑论成为一个局内人。刚开始，他们也不适应我在他们日常生活的介入，尤其知道我是去调查和研究他们的之后，有些在行为上有些遮掩、故意表现或防范。凡此种种，只限于调查初期的少部分人，对大多数人而言，他们依旧自然地过自己的日子，安排自己的生活。由此，他们习以为常的生活方式和习惯，便自然呈现于我眼前。他们自然无做作地生活、劳作，就此成为我的研究视域和问题，成为我理论思考和建构的现实基点。

要去到我考察的目的地，先要从西昌市进盐源县，再去到摩梭人的村寨，全程340多公里，2002年冬天，正执改道修路，道路狭窄不说，单是车子行驶在大凉山一望而不见底的高高山脊上，路面有些积满了厚厚的雪，让人难辨哪是路，哪是沟，有些则因车子碾压，气候寒冷而变成硬邦邦的冰，人虽坐在车上，心却一刻也不敢闲着，开始是紧张地盯着司机，希望他小心些，开慢点，后来干脆闭上眼睛为自己祈祷。到盐原县城后，第二天一大早就起程往泸沽湖赶，170公里左右的路程，却走了11个少时，凹凸不平的山路差点把人从车上颠下去。泸沽湖平均海拔是2700米左右，隆冬时节的高原、高寒气候，给我带来了许多不适，最初的反应是嘴巴长泡，接着是长脓溃烂，一张嘴就出血，疼痛难忍，说话、吃饭都变成一种负担。即或如此，一个多月的考察收获还是不少。第二次、第三次的考察也因锻炼而渐渐习惯，尽管一样是艰苦、孤独，但因收获，便痛并快乐着。也是在真正投身于实地调查后才发现，研究者的观点，多与其自身的学习经历、学术积累、人生经验有关。新观念的形成，旧范式的改变，多端赖于两种路径：一是思维范式的彻底转变，二是实地调查的现场唤醒。我选择了后者，试图藉此达到脱胎换骨之目的，这也更坚定了我运用实地调查方法，进行自我专业训练，促进自我学术积累与成长路径。

初访时，我首先接触了当地政府部门和学校的领导与老师，然后来到泸沽湖镇凹垮村，泸沽湖镇原名左所区，后跟随国家拆乡并镇的要求，和旅游发展之需而将其更名为泸沽湖镇。在村里安顿下来不到十天的时间里，亲眼目睹了摩梭人的"满月酒"① 和"葬礼"，② 虽此行考察的重点是成年礼。斯图尔德（Julian Steward 1902—1972）认为，如果孤立地考虑人口、居住模式、亲属关系结构、土地占有形式及使用制度、技术等文化因素，就不能掌握它们之间的关系及与环境的联系。只有把各种复杂因素联系在一起，进行整合研究，才能弄清楚环境诸因素在文化发展中的作用和地位，才能说明文化类型和文化模式怎样受制于环境。该观点，同样适用于我的研究，所以对"满月酒"和"葬礼"两大仪式的观察，于我而言意义深远。

　　研究者本身的实践智慧，从关注教育实践中去学习、总结，是进行教育理论构建的现实依据。考察中，我严格遵照人类学前辈们的经验与教诲，坚持写田野日记，记下一天里调查、访谈，甚至是生活中的真情实感，坚持了大约半个月，最终还是未能持之以恒。因为记日记时发现，伴随时光推移，初始时的新奇感、新鲜感渐渐荡然无存，写下来的东西，总有故意为之之嫌疑。既然是生活，日子本身也就平淡得无啥可写，即使记流水账般的写下来，估计意义也不是很大。也田野笔记，也需有感而发，需有对心灵的真正触动，尽管这些心境在当时的我都是有的，但总觉着有些与研究主题关系不大，所以，做田野笔记并没有天天坚持。大多时候，一天下来，经常要做的是整理当天的访谈记录，记下与交谈对象的谈话，被调查者和调查地点的背景材料。有时调查对象是一个人，有时调查对象则是好几个人，不同对象提供的调查材料，在当

---

① 是两性交往方式中女方生第一个小孩时的满月酒，其声势、规模较大，消费较高，要宴请村中所有人，摩梭人将其视作向公众宣布两个人交往的一个机会，算是一种婚姻的弥补。"月米酒"主要由男方出物力、财力、粮食等，但在女方家的天井处举行。意义上类似于汉族的婚礼，但又有别于婚礼，汉族的婚礼是在两个人未婚之前举办，摩梭人借"月米酒"的形式补办婚姻则是在有了孩子之后。

② 摩梭人一生中有三大仪式：满月酒（也称月米酒）、成年礼和葬礼，葬礼是摩梭人最讲究也举办得最为隆重的仪式。葬礼是摩梭人文化中目前保持最为完好也最有特色的一页，每一个情节和过程都极其讲究，而且极尽隆重。

时能做的只有记录，回来后则要补充一些话题。诸如中途被打断话题的内容标记，人们欲言又止内容的再设计、再追问等。

许多时候，许多场景，是真的有所感触，但不知是个人懈怠，还是反应迟钝，在场时感慨万千，离场后又觉平淡，总觉得笔端无法真实反映心中所想，干脆停笔让其留在心中。笔下所写，似乎永远不及心中所想。考察就这样进行着，慢慢归于平淡，有时甚至显得琐碎，让我怀疑自己是否真能通过实地调查，获得自己想要的材料。我甚至怀疑那些考察材料，将如何成为构筑我文章的理论素材。几多反思、几番纠结、逐渐调适，慢慢地豁然开朗：了解一个族群的人，对其所创造文化意义的解释，探寻实物、符号，与他们日常活动和生活事件的联系虽琐碎，却意义深远。在生活中寻求教育理论，或是在现实中寻求教育本质，这本身就是我的研究目的所在。斯特劳斯曾言："挖掘/注意（mind）你自己的经历吧，那里可能有'金子'。不管怎样，人类学强调认识社会现象，而认识社会现象，主要是对人的认识。对人的认识，本质上也是一种自我认识。原来，学问和文章，与生活中的事情和人情，呈"相互包含"关系。不善于洞察事理的我，在这种深刻内涵的意蕴中迂回曲折了。

在落寞与充实、新奇与熟知、成功与失败的相互交织中，我深切体会到：作为一个研究者，既要能从自己所研究的情境中抽离出来，也要能批判性地分析研究情境；既要注意并避免个人的研究偏见，更要能对调查资料有深度思考、合理地使用。实地调查方法，对研究者的理论素养、情境把握、人际关系触觉的敏锐度等，都提出较高要求。这也是我惶恐和不安之所在，因为对考察中的所见所闻，不能只是简单的描绘与叙述，更需借助调查者的学术积淀和洞察力，给予其意义解读和理论阐释。

实地考察中，得到盐源县和左所许多人的支持、鼓励与帮助，他们是：盐源县中学退休教师左克庆，盐源县组织部的左光远，盐源县教育局的殷女士，泸沽湖镇林区派出所所长龙文才一家，林区派出所胡开权，泸沽湖镇中心小学校长杨品初，泸沽湖学区负责人邓显发，木夸村教师喇次尔等的帮助。如果没有他们的鼎力相助，很难想象考察能够顺利进行并收获颇丰。感谢我的摩梭朋友们陪我聊天，带我考察，讲述你们古老、神奇和令人向往的故事给我。我将永远珍藏你们的醇厚、善良与热情，这些于我终身受益！

吴晓蓉

2003 年 3 月于文星湾家中

后记二

回顾博士毕业，至今已十三年又余。其间，经历了许多人事，走过了许多地方，历练了心智，也获得了成长。懂得了世事无常，明白了人心难测，体悟了生命脆弱……快乐过，伤心过，痛苦过。终究，还是以傲立之态，做到了不乱于心，不困于情。并且，将其作为生活对我的馈赠，淡然放下，从容前行。尤其父亲病逝，来得太快，我甚至还未来得及做好思想准备，他就撒手，离我们而去。

父亲走的突然，我始终没有办法轻松释怀。每每街头遇到和父亲类似身形、着装的老人，下意识地，脑海里就浮现出父亲的模样和笑容来。便想起，若是父亲还在，就会怎样怎样……有路人擦肩而过，方能回神。"子欲孝而亲不待"，是一种刻骨铭心的遗憾与痛楚。由此，我也常告诫自己，一定要加倍、好好地孝敬母亲。

自小，父亲对我就宠爱有加。他与母亲对儿女的最大希望，就是我们平安、健康、快乐。纵使我们一切平常，他们也常引以为傲。这种血缘亲情，该是从来都不以身体这一物质形态的在与不在为纽带。

而今，我也已为人母，为人师，为一名教育研究人员。

作为母亲，一天天、一年年的，伴着孩子成长。看他从襁褓而孩提，从发育至青春；看他从幼儿园到小学，玩儿的时间越来越少，作业的时间越来越多；看他满脸稚气，无忧无虑，到心有牵挂，烦恼渐生。我能做的，就是尽量不给他压力，不给他增加其他任何学业，不问他考试分数。只想他能多些玩耍的时间，多些用他自己的眼睛去看、自己的耳朵去听，自己的脑袋去思考、自己的嘴巴去表达的时间和空间。只盼着，他健康、快乐的，拥有他幸福的童年时光。尽量让他多和周围的小朋友一起奔跑，嬉笑，尽量带他去大自然，让他自己感受四时变化，岁月静好。可周围的孩子，都在拼命上各种培训班，学习许多东西。我不知道，我基于陶行知"六大解放"理念的家庭教育和影响，能在多大程度上赋予孩子未来生活的竞争力，能在多大程度上，帮助他为未来的完满生活做准备。因为，他终究要长大，要离开妈妈，开始他自己的人生之旅。我该如何凭自己之力，让他健康、快乐地成长，该是我作为妈妈，对儿子的最大关心与爱护了。

作为老师，一天天、一年年的，伴着学生成长。无论本科生，还是硕士、博士，我都希望，他们能不负青春，不负自己、不负岁月。但人与人，差别真的很大。越是当老师久了，越发感觉教育的无能为力，当然，也越发体会到教育的神奇。教育最终起何种作用，有多大功效，既取决于老师的责任、良心，和引导，更取决于受教育者，也即学生自己的责任、态度、兴趣与动力。我尽着为人师的本分，希望能为他们打开几扇观察世界的窗口，开启探究知识价值、人生意义的路径。

结果发现，许多大学生对手机的兴趣，远远大于书本与学习。置身大学校园，许多人对此现象该不陌生，那就是我们的大学生，他们上课看手机、下课看手机、走路看手机、聚会看手机。与他们交谈，他们会告诉我，除了这些时间，他们睡觉前一秒看的是手机，早上睁眼后一秒看的还是手机。于全国而言，这可能不是大学生的普遍现象，但我周围的许多大学生，成了名副其实的"低头族"。

我不知道，手机从什么时候开始，如此肆无忌惮地侵入到大学生的生活；我也不知道，大学生们，是从何时开始，如此的迷恋手机。我读书的时候，没有手机，于是我们有大把读书的时间，与人交流聊天的时间，与大自然充分接触的时间。今天，手机也已然成为我生活的必需品，但仅限于必须之时。许多时候的教学，仿佛成了与手机之间的较量。这场较量，处于下风的，多半是老师。因为，专业课对大学生的吸引力，除了考试、实用之价值，远不及手机赋予孩子们的世界那么多元、好玩，与多姿多彩。精神成长，对大学生而言，许多时候也会沦为空洞的说教。他们更看重眼前与不远将来的利益，诸如是否有助于保研、就业，倘若不是，他们的激情与动机，也会随之锐减。

即或如此，我还是力图做好一个引导者，试图以主题学习，探究学习等方式，激发他们的学习兴趣，让他们带着任务去学习，去思考。由此，他们必须看书、思考、动手，方能解决自己的问题，以逐渐激发其内在的学习动力和学习兴趣。同时逐渐让他们明白：第一，大学生首先应以学习为重。第二，大学生应学会人生规划，包括职业规划。明白自己想干什么，喜欢干什么，学会对自己的人生负责，学会自己的思考方向，以及如何实现目标。第三，学好自己的专业知识，尤其理论方面。理论学习固然枯燥，但理论是前人经验的总结、提炼，学好相关学科理论，便有了看待学科问题的高度；而掌握了学科背景知识，尤其学科历史，看问题便有了深度。有了深度和高度做你的左膀右臂，实践才能得心应手。任何一种专业，学好了其理论和历史，便有了某种思考问题的方法。第四，大学生应注重思维培养。如果大学生缺乏思维训练，便可能缺失思考问题的视角与方法，没有了思考问题的视角与方法，便容易流于平庸。这些，都要求大学生多读书、多思考、多践行。只有管理好自己、用好自己的时间，才能渐次提高，慢慢成长。

三是作为一名教育研究人员。研究二字，单就字源看，有两个维度，一为中文语境下，一为西文语境中。首先从中文语境看，研为形声字，本义指研墨的文具，同砚。篆文从石，开（jiān）声，隶变后楷书写作研。关于独立命名器物的"砚"字，产生于何时，无论是在考古材料，还是在文献材料中，都没有具体年代记载。目前最早出现"砚"字的文献，应为东汉许慎的《说文》，与刘熙的《释名》，根据许慎生卒年代判断，《说文》应略早于《释名》，但两者均同属于东汉时期，所属时期应相差不远。《说文·九下·石部》：研，磨也。从石，开（jiān）声。段玉裁说，谓以石磨物曰研也。后又指细细地磨。贾思勰《齐民要术·醴酪》："以汤脱去黄皮，熟研。"苏轼《和陶诗》："末路益可羞，朱墨手自磨。"再往后，就是研讨，探讨。《周易·系辞下》："能说诸心，能研诸侯之虑。定天下之凶吉，成天下之亹亹者。"陆机《文赋》："或览之而必察，或研之而后精。"李延寿《北史·马敬德传》："沈思研求，昼夜不倦。"

其次为究。究，穷也，从穴从九，九亦声。穴，指人类最早的居住建筑，是一种半地下式的土室，即在平地上先挖出一个大土坑，然后以坑壁为墙，再用茅草在坑顶上搭成斜的屋顶，这里指穴不容易穷（尽头）而最终还是有尽头；九是数的极端，数始于一而终于九，九复进位为一十，有穷尽的意思。本义是深探到底。究字内涵，几经演变，如（1）极也。说卦：其究为健；（2）推寻也。《诗·小雅》：是究是图；（3）谋也。《诗·小雅》：惟此四国爰究爰度；（4）穷也。《广雅》；（5）又深也，穷尽也。《孟子疏解》：穷而言之不敢以当——达者；（6）探求，推求。司马迁《报任安书》："亦欲以究天人之际，通古今之变。"谢灵运《答王卫年问辨宗论书》："词证理析，莫不精究。"（7）追究，追查。《诗经·小雅·节南山》："家父作诵，以究王讻"；（8）图谋，谋划。《诗经·大雅·皇矣》："维彼四国，爰究爰度。"副词：终究，究竟。

研究二字成为一合成词，意指研磨穷究。

在西方语境下，研究的应为英文表述为 Research，research 是有"re"和"search"两部分构成。"re-"这一前缀，词义丰富，表示"又""再""反复"；Search，则有搜寻、搜查、追求、探求（for），以及探究、调查（into）search into a matter，深入调查一件事等义。research 强调的是反复、多次、深入地研究。

梳理显示，研究二字，无论中文语境中，还是西文语境下，其共同之处，在于对研究状态的直观描述，与形象表达。背后反映的精神诉求，高度一致。一是研究之目的，在于深究、在于探求；二是研究之精神，在于深入调查，穷究到底。

有研究者指出，任何学术原创，在专业训练阶段，学习并掌握基本理论、研究资料，以学术积累完成"质料层"的准备很重要。而"学术原创"，分为三个层面：质料层、结构层与理念层。首先是质料层。包括研究资料、研究素材以及研究者的学术习得与积累。没有质料层的所谓学术"原创"，其实是空疏的，也经不起历史检验，因为它本身就缺乏历史维度。所以，坚实的学术积累、足够的资料占有与消化以及必要的实地调查，对原创性学术十分必要。其次是结构层。结构层是就方法与范式而言。学术首创及其学术思想的重大推进，从形式上看就是方法论和研究范式的突破。在学术发展过程中，科学哲学所说的"范式危机"的确存在。因为学术积累和发展到一定程度，必然会形成相应的方法与范式。就方法与范式的自身局限，与新方法、新范式解决问题的有效性，将共同成为研究方法论与研究范式突破的主要前提与动力。最后是理念层。理念层的创造，是整个学术原创工作的"硬核"与落脚点。提出一个新理念，创造或再造一个原理，通过它，超越既有研究传统与范式，建构新的理论体系，进而分析解释新现象，并在可能的情况下帮助人们厘清或重建价值信念。我秉持研究之精神，以深入调查、穷究到底之态度，力求达致探求、深究教育之目的。

结果怎样，姑且不论。享受这些过程，于我而言，最重要。

有书，有音乐；

有爱，有阳光；

便可淡然生活，优雅老去……

吴晓蓉

丁酉年3月西南大学田家炳412办公室